陈文庆◎著

社会救助伦理研究

邱志文题

人民出版社

目　录

前　言

　　本书是 2011 年教育部一般项目"社会救助伦理研究"的最终成果(项目编号 11YJA720002)。

　　做这个项目源于早年关注的广西五保村建设。人类社会的发展从来不能回避对弱势群体的关注,一个社会对弱势群体的关注程度,往往折射出这个社会文明进步的程度。五保户是农村中的弱势群体,是长期以来社会救助的对象。随着农村分田到户,集体经济弱化,五保户这一特殊群体的生活境况堪忧。可以说,在中国的弱势群体中,最孤苦最无助的当属农村的这些五保老人。他们栖身危房,深居简出,每逢雨季便面临房毁人亡的威胁;他们年迈体衰,丧失劳动能力,难以自食其力;他们没有子女,孑然一身,无所依傍,极度的贫困把他们逼近崩溃的边缘。

　　当历史的车轮推进到 21 世纪,在中华大地,构建和谐社会成为最响亮的时代主题,人们对弱势群体的关注,表现出前所未有的自觉。如何帮助五保老人摆脱生活的困境,使他们安度晚年、老无所忧的朴素理想变成现实,是一个追求公平正义的社会必须直面的问题。广西各级党委和政府,坚持立党为公、执政为民的执政理念,想群众之所想,急群众之所急,领导、组织社会各界的力量,团结一致,同心协力,在全区掀起了一股五保村建设热潮。这一以确保五保老人"居有其屋,食有其源,乐有其所"的民生工程解决了新中国成立多年来政府一直致力解决而未能有效解决的农村五保户救助问题,在全国引起极大的反响,被认为是我国五保供养管理模式的重大突破和创新,被誉为全国民政工作的一面旗帜。当时,这一起源于抗洪救灾中对农村处境最为艰难的五保老人的集中安顿的广西五保村建设,在短短的两三年时间,发展非常迅速。截至 2006 年 6 月,广西就建成五保村 5589 个,集中供养农村五保对象 8 万多人。与过去的分散供养和敬老院集中供养比较,五保村建设既吸收了其优点,又克服了其不足,具有人性关怀、讲求效率、多元参与、综合服务、规范管理等特点。但是,随着时间的推移,广西五保村建设存在的主要问题:如资金短缺、部门协调难、保障水平低等方面又制约了它的发展,表现出发展后劲不足。

2010 年,当我再次造访五保村时,曾经轰轰烈烈,备得赞誉的广西五保村建设显得落寞了,有些甚至已完全瘫痪。短短不到 10 年的时间,曾经的热烈,如今的冷落,这一强烈的反差让我心生伤感,且久久不能平静。在关注和参与整个五保村的建设过程中,我越来越体会到类似五保户这些弱势群体的救助不是一时热情,不是简单的解决基本生存的政策性工作。要使这样的行动持续并有成效,更重要的是观念和思想认识的问题,尤其是要解决伦理道德观念的问题。即观念认识的统一是救助项目可持续发展的必要前提。

由对五保户救助的关注,慢慢扩大到低保救助、医疗救助、法律援助等问题,也越来越认定救助项目若要可持续发展,并成为一项长久的事业而非临时的救助行动,关键在于让全体社会成员认可其存在的伦理价值,及时解决项目在推进过程中遇到的伦理问题或说困境,从内心自觉地支持并参与这一项目。正是基于这样的感悟,决定以实地走访调查的方式,从伦理的视角讨论社会救助问题。

一项自觉的救助项目通常包含着以人为本、扶危济困、利他主义、人际和谐等等正向的人伦道德观念,体现一方有难、八方支援集体主义精神,是人们追求人世温情、世道幸福的现实抓手。任何一项救助行动又都是具体的,基于同情、怜悯等无回报的给予的施舍,但是,在具体的实践中,往往又会因为行动所产生的伦理问题左右其存续及发展。如:救助中涉及的责任、权利、义务的问题;某些个人、群体与类群体之间的关系问题;生存权与发展权的关系问题;表面助人,实际上是要获得助人背后的效益,是为利益而做的捐赠与救助,等等。在实际的调查走访中,时常会感慨:好心不一定做成的是好事,好事可能会做成了坏事;看现象是做好事,而本质上可能是要得好处,等等。走访多了,听多了,看多了,更强烈地体会到:社会救助不仅是一个扶贫济困行为,本质上体现了人对人的关怀,体现了人生存与发展的伦理关系与价值。我想通过对社会救助事业的伦理视角的关注与研究,深化对社会公平正义、幸福与尊严,友爱与互助等价值观念的理解。我们人不是个人,是类,是类存在,人人都可能遇到困难,需要帮助,渴望得到帮助。正是类存在,人人都向往公平正义而又充满幸福的人生过程。探讨社会救助伦理问题,希望通过思考和研究,使人们在正确、积极的价值观念、价值判断引导下,选择参与或接受公平、正义、合理的救助行动,也希望能为社会救助事业的可持续发展,为社会救助制度的完善,为建构更合理、更具生命力和人性关怀的社会救助体系提供一点理论支撑。

整个项目研究,通过社会调查与实证分析结合法,力求掌握社会救助第一手资料,即通过问卷、访谈、实地观察,选定典型追踪调查;通过与相关部门接触、交流,获取材料。通过查阅文献资料,以文献与理论结合的方式,在总结陈述社会救助伦理的发展过程的基础上,力求揭示社会救助内涵的伦理道德因素。重视行动性问题的探讨,在深入分析目前社会救助面临的伦理困境并思考解决的方式,探讨社会救助的当下意义,论证社会救助伦理建构的价值,提出社会救助的伦理建构的建议。

水平有限,敬请批评!

陈　文　庆

2016 年 6 月于湖州

第一章　社会救助伦理概述

社会救助的伦理研究,即以社会救助这一社会活动或实践表现形式为研究的客体,而且在预设上把社会救助视为包含了道德问题的社会存在。这一研究的设定源于对社会救助和伦理学的界定和认识。社会救助本是基于同情心、恻隐心对遇到天灾人祸等人力不可抗拒因素而陷于生活困顿的同类施予临时性物质援助的行为。此后,社会救助在以救济为主的临时性,自发性慈善活动的基础上发展起来,并成为社会保障制度内容的社会福利性事业。社会救助得以建立的前提有三:一是人是一个类集体,每个人都生活在一个特定的集团或群体中。二是作为个体由于许多不可预测不可控制的因素,难免都会遇到痛苦,困难,甚而由于种种原因置身于生存危机的困境中。三是若是人与人之间能彼此相助,若是人们共同生活的集体能给予处于困难的人以帮助,给予遭受痛苦的人们以援救,那么不仅可以助受困者走出困境,同时施助者的行为使同情、友爱、互助、人道等精神得以彰显,使人们的品行、德性得到培养,美德得到弘扬,由此,可增进群体精神,增进作为人这一生命存在的幸福指数。故而社会救助从其得以发生的前提及其理论与实践建构的逻辑而言是一个典型的伦理道德问题。

在西方,伦理和道德在词义的本意都指的是风俗、习惯,或由风俗、习惯衍生并内化的品性、品德。古罗马哲学家西塞罗把亚里士多德著作中的 Ethos(伦理)译为拉丁文的 More(道德)。美国学者蒂洛也认为道德和伦理没有什么区别。当然也有学者认为这两者有区别,如康德认为只有形而上学意义上思考的道德问题才可称得上道德哲学(伦理),如权利问题,德性问题。再如黑格尔认为道德是主观的意志的法,是人们主观的内在的对责任、幸福、良知的追求和愿望。而伦理则是主观的善和客观的自在自为地存在着的善的统一,相比于道德而言更具有客观性与外在性。在中国,伦理主要强调的是人伦,是秩序辈分之间的关系,即要求人们依据各自在社会生活中的上下左右、亲疏远近等关系规范人们的言行,要求人们各守其职、各安其分,从而达到维护社会稳定、和谐的目的。道德主要是指符合社会评判标准的善的、好的、正义的品行和信念,尤其重在人的品质、修养和人格。从以上的论述可见,伦理与道德的关系存在争议,但伦理被视为关于道德的哲学这一点基本上还是能达成共识。如王海明、孙英在《美德伦理学》一书的序中,引用了布洛克(H. Gene Blocker)"伦理学是试图发现能够确证人类所有行为和最终说明使行为的正当或不正当之最高层次、最一般的原因"。① 由此,认为伦理学是道德的哲学。

道德与人类共生,比伦理具有先在性,伦理作为一门学科只能是对道德的思想。伦理探讨的是道德得以产生的本原依据,论证最有利于人、人群、人类社会得以有效发展的一般规则背后应当遵循的社会规范及应当具有的品性、品质、品格,追求的是道德问题的终极意义和存在理由。人、人类作为世界万物之灵长,有高于其他物种的智慧、理性,伦理的探讨的最终目的是通过对人们行为正误与否最一般、最普遍原因与意义的探究,使人们明了行为应当的选择,从而促进社会和谐,人们生活幸福。社会救助从其起源、目的、需求、类型、规律来看无不涉及良心、品德、人道、幸福的问题。在实践中其行为,包括行为背后的动机、心理活动过程等均会涉及个人、集体、社会的相互关系,往往离不开责任、义务、公平、正义、平等道德价值观的影响。其最终的社会成效虽然评价方式是主观的,然而依据的事实则是客观的,最终的落点还是归结为良心、品德、人道、幸福、责任、义务、公平、正义、平等、友爱等道德的观念认知。由此,社会救助不是一个简单的给予困难者物质帮助的行动,更是一个道德的问题,对其进行伦理的研究是必要且有意义的。

---

① 王海明、孙英:《美德伦理学》,北京大学出版社 2011 年版,第 2 页。

由于社会救助是一种实践活动,就目前发展的形态而言,社会救助既是对困顿者的关怀、帮助,又是涉及社会公平正义的实践行动。可以把它简要地概括为以罗尔斯为代表的正义伦理与诺丁斯为代表的关怀伦理两者结合的社会实践形式。社会救助的伦理研究首先从其存在的事实说起,在厘清其发展的历史进程的基础上,讨论社会救助的伦理主体性、客体性问题,进而研讨使主体与客体对接在一起的行为规范性原则,分析其实践呈现样式及彰显的伦理道德价值,讨论社会救助伦理冲突及解决。目的在于从伦理的视角认识、审视社会救助,肯定其存在的意义和价值,更自觉地推进其发展。

第一节 社会救助伦理的历史发展

社会救助伦理思想与行为应是伴随着人类产生就产生的,因为在动物的本能中也能观察到同类的相互帮助、彼此救助。作为群体性存在的人类,其历史有多长,社会救助就有多长。救助既是生存本能的需要,也是人类情感的需要,更是人类为了获得更好发展的理性旨归。

人类历史发展的阶段划分至今有许多角度,如马克思以生产力发展水平为依据,把人类社会发展区分为原始社会、奴隶社会、封建社会、资本主义社会、社会主义和共产主义社会五个阶段。1877 年,美国民族学家路易斯·亨利·摩尔根在其副标题为"人类从蒙昧时代经过野蛮时代到文明时代的发展过程的研究"的名著《社会学》中把人类社会区分为"蒙昧、野蛮、文明"三个历史时期。此后影响比较大的就是 1980 年以《第三次浪潮》出版而著名的美国未来学家托夫勒把人类社会区分为农业、工业、知识经济三个形态。考虑到论述的方便,兼顾前面提到的社会救助伦理思想既是生存本能和情感需要,又是人类理性旨归,即从这一角度看,社会救助伦理作为人类思想的发展过程是与人的自觉性、主体性觉悟的程度相关的,而人类的自觉性与主体性的觉悟往往又与生产方式,与技术的进步相关的现实,在此依据技术形态的人类发展进程,从"原始、农业、工业、信息"四个阶段,分别对应"启蒙、形成、发展、完善"

的关键词来讨论社会救助伦理历史发展进程。

一、人类社会救助伦理思想启蒙时期:原始阶段

启蒙时期主要是指人类发展的原始阶段。即距今 8000 年以前,以自然的狩猎与采集为生存方式的时期。这一时期由于生产力水平低下,人类在自然面前显得非常弱小,人们在遇到困难时渴望得到帮助。然而由于人类能力有限,在强大的自然力面前往往束手无策,感觉无助,因此,人们在人力之外寻求获得帮助或救助的力量。从表现形式看,这一时期作为人类生命和生存的情感需要和理性认识的社会救助伦理思想的载体主要是广泛流传的神话故事。

马克思说:"神话是已经通过人民的幻想用一种不自觉的艺术方式加工过的自然和社会形式本身。"①人类文明最早的记述是以神话传说的方式呈现的,作为人类宝贵精神财富的神话传说,其题材、内容包含了许多早期人类社会的风俗民情、文化价值观念。其中倡导慈善、友爱、同情的内容占了相当的比例,而社会救助作为人类社会表达善良意志和同情友爱的实践行动,在神话传说中就有较为丰富的表达和呈现。

救助弱者是神的本分与本能。神,万能的众神首领本就有慈悲、善良之心,对弱者出手相助是他们的职责,是本分,是本能。至于一般的普通神,无论东西方神话故事中,都有邪恶与善良之分,但善良的神,必定以慈悲为怀,以扶助、救助弱者作为自己的义务和责任。在古埃及神话大故事《伊西斯寻夫路》中写道,当时生活在尼罗河流域南部的人们,不知道什么是神明,他们只知道礼拜石头和作为生命之源的太阳。一日,上天诞生了善良的可帮助人们的奥西里斯和伊西斯,一个男人,一个女人,他们是一对夫妻。他们富于热情,有同情、帮助百姓,救助弱者之心和之行。男人奥西里斯把救助穷苦人作为自己的义务。奥西里斯帮助这一带农民改变汲水种植的困难局面,教会人们学会灌溉,改进耕作方式,减小劳动强度。奥西里斯的妻子,美丽无比的伊西斯,则能

① 《马克思恩格斯选集》第 2 卷,人民出版社 1995 年版,第 113 页。

帮助患病的人们解除痛苦。不管是什么人得病,只要伊西斯一抚,就能手到病除。当国王听说奥西里斯智慧超群,能力非凡,请求他留在宫中,把聪明才智教授给文武百官和巫师们时,奥西里斯回答道"我可以答应你的要求,但我不能忘记自己对天下的穷苦人应尽的义务。我请求国王,能让我保留像往常一样继续帮助穷人的权利"。① 这一对夫妻把帮助百姓,救助穷人当成义务,当作权利。这一古埃及神话还讲到,作为万能的太阳神更是永远把救助弱者作为自己的职责,正是因为万能至上的太阳神把普度众生,救助弱者作为自己的责任,才有上天派奥西里斯和伊西斯到人间。当奥西里斯被妒忌他的塞特所害,伊西斯为寻夫经受艰难困苦时,太阳神派出特使托特帮助伊西斯,托特在接受伊西斯感谢时说,伊西斯真要感谢的是太阳神"拉",因为太阳神"拉"永远都会帮助受欺凌的弱者。② 在中国的神话传说中,神也是以人类的幸福为己任,富于同情,扶危济困的英雄。如女娲,在《女娲造人补天》的故事中讲到,有一天,天上的水神共工和火神祝融两神由于脾性不合,打了起来,水火不容。水神共工打得非常激烈,撞断了天柱,半边天塌了下来,塌陷的天空出现了一个大窟窿,烈火、洪水涌入人间。烈火在森林中燃烧,洪水涌入大地,毒蛇猛兽吞食人类,女娲造就的人类世界由此遭受前所未有的灭顶之灾。女娲为拯救人类,帮助人们脱离苦海,在认定人类的灾难源于这天上的窟窿后,奋而用五彩石补天。③ 中国神话故事中还提到天神鲧,鲧因不忍人类遭受洪水之灾,未经天帝允许而窃取天帝的息壤,用堵的方式治水,后为天帝处死。可是鲧被处死后,尸体三月(又有说三年)不腐。终于有一天,从腹中诞生了儿子禹。禹继承父志,用疏导的方式治水。为了治水,禹公而忘私,三过家门而不入,牺牲了个人家庭的幸福,终于平息了水患,造福于民。④ 从这些神话故事

---

① 史习成主编:《东方神话传说》第二卷"西亚、北非古代神话",北京大学出版社 1999 年版,第 8—10 页。

② 史习成主编:《东方神话传说》第二卷"西亚、北非古代神话",北京大学出版社 1999 年版,第 6 页。

③ 翟文明、杨杰主编:《世界上最经典的 100 个神话故事》,中国和平出版社 2006 年版,第 239 页。

④ 袁珂主编:《中国神话传说》上册,北京中国民间文艺出版社 1984 年版,第 36 页。

中可见,扶危济困从人类开天辟地始,神就把救助弱势于神的人类作为自己的责任、本分。大凡是为人类所敬仰和尊重的神,大多数是因为他们能给予人类生存的技术,甚至于给予遭受苦难的人类以拯救于危亡的舍己为人,勇于牺牲自我的无私的帮助。

是否对困难者给予及时救助是神考验人性的方式。人天分禀赋各异,在神话故事中人的品性善恶也是天生的。神对于他们可主宰的人,是以其品性的善恶作为赐福或惩罚的依据的。而神要了解人的品性是善或恶,往往会刻意创设穷困急难的情景,以考验或检测人的道德品性。如在朝鲜韩国神话故事《天祭峰上的雷岩》中讲到,1000年前,天祭峰上有一幢大瓦房,一天,来了一个和尚,走了一天,累极了的和尚请求得到房屋主人的施舍,可是主人却以家里没钱没吃的,穷得像乞丐一样的理由,拒绝了和尚的请求,还用拳头驱赶和尚。这个和尚实际是神的化身,他对这个主人的行为不满意,由此认定这家主人没有同情之心,于是不高兴地说:"你家不久就要遭灾。"说罢拂袖而去。这家的儿媳听见了和尚说的话,从后门给和尚一些大米,请求和尚原谅自己公公的无礼,不要把灾难降临到自己的家中。和尚觉得儿媳还算有同情助人的心,于是告诉儿媳"明天这个时候你家将被水淹,你在此之前带着孩子翻过那座山逃生吧!但是假如你逃走时向后看,或许是告诉别人,不仅你的性命难保,而且你的孩子也小命难保,你可千万要小心啊!"果然洪水来袭,儿媳逃生,公公殁于洪水之中。① 在西方神话故事《夫妻树》中也写到,宙斯为考验凡人友善与否,带着儿子赫耳墨斯,变成凡人的样子走进一个村庄,请求提供一夜住宿,但是自私、冷漠的人们纷纷拒绝了他们的请求。然而,在他们快要走尽村子,绝望之时,一间简陋的草房子里的年老、贫穷的夫妇菲利门和巴乌希斯收留了他们。虽然这对夫妇贫穷,但他们却拿出了家里的好东西招待客人。饭后,宙斯告诉这对夫妻:"我们想考验一下凡人的友好程度,所以来到这里。你们的邻居十分自私,难逃厄运的惩罚。你们的热情好客打动了我们,你

---

① 史习成主编:《东方神话传说》第八卷"东北亚神话传说",北京大学出版社1999年版,第142页。

们要立即离开这间房子了,跟我们到山顶上去。这样你们就不会遭受磨难了。"不一会,原来村庄的平地变成了大海。而老人得以逃生,原来的草房子变成了庙宇。宙斯保存了这一对老夫妻生命的同时,还满足了老人想成为他的祭司,将来两夫妻一同死去的愿望。① 这两个故事从另一个侧面表明自私自利,不救急救难的人,最终为神所不容,是要被神力毁灭的。相反,本性善良、慷慨解囊、急人所难的人们则能得到神的保佑庇护,甚而得到意外的财富或荣耀。

智者善者以主持正义和扶危济困为己任。东西方神话传说中的现实的人类社会大多数还是有贫富贵贱的差别的,然而对于神而言,现实人世的地位差别只存在人的生活中,对于神而言,人人都是平等的,神若要救助困难、急难的人们时是不分其身份高低的,从而表达了众生平等,神明普爱的观念。如佛教神话传说《大隧道本性》中记述了一位灵药童子,他年纪虽小,但却先知先明。灵药童子因为感慨游戏时的地方拥挤不堪,甚至使人受伤,他为使人人得到一个宽敞的游戏地方和人们可避风雨的空间,集资修造广厦大厅。这个大厅不仅提供孩童玩耍的环境,还提供穷人住宿休息的堂室,提供妇女生产的产房,有为过往客商提供存货的仓库,接待过往客人的客厅,审判案件的法厅,说法讲经的经堂。而这一年仅七岁的灵药童子因此而被人们尊为灵药菩萨,并因其善举而以贤人达人的形象进入国王梦境。在《关于牛的问题》、《关于项带的问题》、《关于棉线的问题》、《关于儿子的问题》等十几个故事中,灵药童子,又称灵药菩萨皆以智慧,以主持正义的方式揭露别有用心、贪得无厌之人的诡计及不良用心,帮助、支持弱者,主持公道。国王也因灵药童子的智慧、正义将其视为可以辅佐国事的贤达圣人,为此遣人寻找灵药童子入宫辅政。在灵药童子的帮助下,国家克服困难,实现了国富民强。② 再如在中国福建、广东,人们朝拜的妈祖,妈祖最早并不是神身,本是宋代一个道德高尚的女子。相传这个本名叫林默的女子,由于有特异功能,能乘席渡海,能预测吉凶,在南海海

① 赵霞主编:《西方神话故事》,天地出版社 2008 年版,第 37 页。
② 邓殿臣主编:《东方神话传说》第五卷"佛教、耆那教与斯里兰卡、尼泊尔神话",北京大学出版社 1999 年版,第 28—29 页。

域,遇到在海上遇难呼救的渔民、商船,她都会出手相救。由于妈祖一生以普度众生、行善济世、保护百姓为己任,因而被后人奉为神。类似这样的故事说明,早期人们由于技术水平低,生活、生产更多地受制于自然的约束,于是,对那些富于聪明才智,舍己为人的智者、善者赋予神性。人也是神,人也可为神,而人为神的标准则是把众生平等、扶危济困作为自己的自觉、自己的责任。

善恶各有报应是社会基本法则。时常说善有善报,恶有恶报,善恶各有报应是人世间的基本法则。善恶各有报应还因此作为道德的约束,是劝导人们向善,多做好事、善事的行为规范。这一法则及行为规范在神话的故事中最具有普遍性。如在古罗马的故事《亚努斯和萨图恩》中讲述了作为天神之父的萨图思为逃避天神的追捕,来到了台伯河地区,他对国王亚努斯说:"尊敬的陛下,我叫萨图恩,遭到了一个强大的国王的迫害,所以来到了这里,希望您能收留我。同样,为了表达我对您的感激,我给您和您的臣民带来了享受高尚生活的本领和艺术。"亚努斯因萨图恩的诚恳而收留了他,作为人们收留、帮助他的回报,萨图恩教会了台伯河地区的人们用驯服的牛耕地,用山羊的毛编织衣物,还学会养殖蜜蜂酿蜜,懂得种植稻谷,建造房屋。正是因为人们有善良的心,有稳定的物质生产活动,在台伯河地区,人们没有高低贵贱之分,主人和奴隶没有区别,没有仇恨和厮杀,到处是和平、宁静的气氛。① 再如日本的故事《鹤妻》中讲述了一个叫嘉六的男人,本来很穷,靠砍柴、烧炭来维持与母亲的生活。在一个很冷的冬天,为了过冬,嘉六只得拿出家里仅有的一点钱去城里买被子。可是,在路上,嘉六发现一只仙鹤因困于猎人的圈套很可怜。富于同情和怜悯心的嘉六解救了仙鹤,并用买被子的钱跟猎人赎出仙鹤,放其逃生。因为钱用于赎了仙鹤,没能买回被子。晚上很冷,但是同样有善良之心的嘉六的母亲,不但没有批评儿子,而是认为儿子做得对,母子俩挨过了一个寒冷的夜晚。好人好报,到了第二天,一个美貌佳人来到嘉六家,让嘉六娶她为妻,其实这个美貌佳人就是仙鹤为报答嘉六变的。她还用自己身上的羽毛编

---

① 翟文明、杨杰主编:《世界上最经典的100个神话故事》,中国和平出版社2006年版,第73—74页。

织上好的绸缎，让嘉六拿到王爷那里换两千两银子。① 同样是日本的故事《富士山与筑波山》，讲述了以微服私访的方式体察民情祖先神的故事。一天，祖先神化装成衣衫褴褛的游客，夜晚到富士山借宿，富士山神因祖先神模样不好，以今日为祭祀日，屋子已打扫干净，唯恐不洁之物亵渎神灵为理由，拒绝提供住宿。祖先神非常气愤，指着富士山神诅咒着："既然你这样没有人情味，那我就让富士山从今以后无论冬夏终年积雪，气候严寒，没有人再来登山，再也没人来供奉你。"相反，祖先神到筑波山上借宿时，富于同情心、怜悯心的筑波山神说："寒舍虽然简陋，但是今夜恰好是新尝祭，房间倒是彻底地打扫了一番，可以舒舒服服地睡个好觉。若不嫌弃就请进吧。"有感于筑波山神的热情，与富士山常年积雪，游人少至相反，祖先神让筑波山成为游客络绎不绝，春华秋实的名山。② 在这些朴素的故事中，以神的名义预示善恶因果报应的必然规律，倡导了慈悲为怀，善良之心，遇人求助，必以热情相待的处世哲学。

缺乏友善互助的人类会被万能的主神毁灭。在众多神话故事中，人是神按自己的形象创造的。如中国的女娲造人，那是因为女娲难耐寂寞和孤独，为有聊天的玩伴，按自己的样子造人。在苏美尔神话《安启造人》中讲道，神为了获得面包、衣服得辛苦地劳动，时间长了，神觉得日出而作、日落而息是一种很大的负担。为了减轻劳动的负累，"为众神造些仆人，让仆人生产粮食供神灵们享用"，智慧之神安启与其母亲，也是众神之母的南玛赫一起用海底的泥塑造了人类。在巴比伦的神话中，使众神得到顶礼膜拜，造就大地的马尔德神用自己的血伴着泥土造人。这些故事表明神造人的初衷是希望人具有纯洁、善良、慷慨、质朴的品性的，神造人，是要人为神所服务，听从神的安排。但是人造出之后，却未必能如神的意愿和期望。《安启造人》的故事中讲述道，随着人的数量增加，人们在生活、生产中的矛盾和隔阂的产生，有些人只知不择手段追求享乐、追求荣华富贵，甚至变得冷漠无情。而对于这样的缺乏友善互

---

① 史习成主编：《东方神话传说》第八卷"东北亚神话传说"，北京大学出版社1999年版，第346—348页。

② 史习成主编：《东方神话传说》第八卷"东北亚神话传说"，北京大学出版社1999年版，第285页。

助的人类,如果让神感觉到痛心时,神会以灾难的方式,不惜毁灭他们创造的人类。如《安启造人》之后,马尔德神,看到人类最初的美德消失,大地充满邪恶,伤心不已。马尔德神最后一怒之下,发动洪水,以汹涌的洪水的方式,把人类中的恶劣、堕落等冲刷殆尽。在《人类的重生》中也讲到,人类因放纵自己的行为,做了许多坏事,造下许多罪孽。人类犯下的过错传到宙斯的耳朵里,宙斯化成普通人到人间一看,发现所见比所听还要严重。于是宙斯召集众神,经过讨论,决定以洪水的方式毁灭人类。先知普罗米修斯救出了善良的卡利翁和皮拉登夫妻。当宙斯看到罪恶的人都消失了,只留下这两个善良的、对神敬畏的人才停止对人类的惩罚,让洪水回归江海。① 神话故事中的灾难其实也是对人类的拯救。当人类失去美德,特别是不知敬神,不懂得帮助他人,变得自私自利时,神会用冲洗一切、毁灭人类的方式涤荡人世的罪恶,但同时保存人类本性中应当有的纯洁和善良。

虽然世界各国,由于民族、文化、历史传统的区别,神话故事的人物、情节有所不同,但是从以上的神话故事中关于救助的问题,从伦理价值取向而言,反映了现实生活中人们对善良、怜悯、同情、友爱的诉求。从个人的道德实践上,强调善良的人,富于同情心的人,具有美德品性的人,对处于苦难、困顿中的他人会及时给予救助,这应当是人本性使然,并由此表达了人们对崇高品质的肯定和追求。从人类社会的整体的道德判断而言,神话故事对于处于困难的人们的及时帮助或救助,是人们心性品质的外化,故事以善恶因果报应的不同行为结果的对比方式,突出对品性单纯、质朴的社会品德的推崇。通过借助无上权威的神的力量,对一个缺乏同情、慈悲之心,自私自利的人类社会的毁灭的描述,表达人们对社会总体道德的价值指向:友爱互助的社会是幸福的,美好的,可延续的,反之冷漠、缺乏同情、缺乏友爱互助的社会是邪恶、堕落的,并最终会招致毁灭的。

---

① 史习成主编:《东方神话传说》第二卷"西亚、北非古代神话",北京大学出版社 1999 年版,第 177—178 页。

二、人类社会救助伦理思想形成时期:农业阶段

形成时期主要是对应人类社会发展的农业阶段。在长期与自然斗争的过程中,逐渐放弃简单的狩猎和采集这样完全依赖自然的生存方式,人类慢慢学会制造简单的工具,慢慢学会耕种,学会编织,进入自给自足的农业生产时期。这一时期人们救助思想的反映不再单一地存在于神话故事中,还呈现在一些教育人何以为人的文献读本之中。这反映了人从原来的蒙昧状态进入自我意识阶段,脱离神并开始有属于人自身的独立意识。在人类社会救助伦理思想的发展上,救助作为人与人之间在困难时必要、必然的援助方式,日益成为社会生活内容的一部分,其自觉性、自主性日益突出,甚至成为国家管理的一项手段和重要内容。

救济穷困是君主赢得民心的手段。在诸子百家的典集中,时常强调得人心者得天下,而人心主要是百姓之心,能得到百姓拥戴,被百姓歌颂,这样的人才应该拥有天下,这样的人才配拥有天下,因而救济穷困,帮助百姓是君主赢得民心的主要手段。在《晏子春秋·外篇第八·德者居之》中讲到景公问晏子,谁可以得到他那漂亮的寝宫时,晏子回答应为田氏,田氏应该得到寝宫成为景公的继承人。晏子认为田氏之所以应该得到寝宫而成为景公的继承人的前提是做好事的人是君王鼓励的。田氏一门虽然出身贫寒,第一代是靠敲梆子打更为生的人家,父传子,哥传弟,历经三代。由于田氏这一家为人忠诚老实,其家族在做木材、鱼鲜买卖时不欺诈,价钱公道,逐渐积累了财富。在由穷变富,积累财富后,不以财富欺人,而是能行善做好事。在年成不好的近来,连野菜都难以充饥,路上饿死人的年头,田氏一族大斗借出粮食,小斗收回,救济百姓,让百姓得恩惠。若是以田氏讲求诚实善良、乐善好施的行为与景公的繁重赋税、横征暴敛相比,田氏自然得百姓之心,得百姓拥戴,国家归于田氏自然是应该的了。[①] 在《战国策·齐策六·齐襄王求誉》中也提到,一次过淄水,相国田单看见一个老人过水后因年老受不住寒冷,田单把自己的衣服脱给了老

[①] 　赵子仪主编:《诸子百家精粹》,中国纺织出版社2007年版,第191页。

人穿。齐襄王看在眼里,觉得田单是笼络人心,阴谋篡位。后来,一个工匠给齐襄王出主意,通过嘉奖田单,把田单救助、帮助他人的行为变成君王的主张,通过对田单的敬重,犒劳使百姓以为田单之善举是君王的教导,把他人的"优心"变成自己的"优心"。此外,齐襄王再以君王的名义发布收容遭遇饥寒困苦的老百姓,派人听取百姓的意见,由此得到百姓的爱戴,获得民心。① 在古希腊,古罗马时期,城邦实际上与"民众的"、"集体的"为同一个概念,虽然在价值观上推崇力量、勇敢,强调勇者胜,但是,作为统治者要给予民众庇护,必然要对处于困难的民众给予救助,这是身为君王力量的又一体现方式。君王要得人心,得民心,以强者之力给予弱者现实的帮助是他们赢得荣誉、获得民众拥护和爱戴的重要方式。亚里士多德说:"城邦的一般含义就是为了要维持自给生活而具有足够人数的一个公民集团。"②在这样的集团中,君王虽然高高在上,但若是不能为平民、穷苦人做些事情,会招致民众的反对。为维护统治,以扶危济困方式出现的行为是善良、德行的表现,勇者也是善者,为赢得民心,尤其是平民的支持,往往在政治的主张中有济贫互助的主张,如在梭伦的改革中,对当时的平民和小农就有均分土地、取消债务、扶危济困的主张。因为,如果忽略平民的困难,有可能在生存的压力下,平民为生存而斗争会形成对政权的冲击。

扶危济困是对有德之士的考量及奖赏的依据。在诸子百家的典籍中,讨论到有德之人时,皆会列举其救助百姓、扶危济困的表现,并且把这些行为视为为国担责、为君王分忧的美德。认为这样的美德是君王所鼓励及提倡的必然,因此作为君王对有如此美德的人应该提拔重用,给予奖励。《战国策·齐策四·赵威后之问》中讲到处士钟离为人善良,自己有粮食时,给别人粮食,即使自己没有粮食也给别人粮食;自己有衣服穿时给别人衣服,自己没有衣服穿也给别人衣服穿。赵威后称赞钟离士的为人是怜爱鳏寡,供养孤独,救济贫困,其行为是帮助国君养活人民,因而质问使臣,为何对这样的人没有给予工

① [俄]塞尔格叶夫:《古希腊史》,缪灵珠译,高等教育出版社 1955 年版,第 366 页。
② 刘文泰:《古希腊城邦政制》,吉林人民出版社 2005 年版,第 25—26 页。

作？由赵威后的质问可见,在当时象钟离士这样的行为不仅是个人同情弱者、帮助困难民众的行动而已,而是此人善良、有德,其行为是尽着国君应当做的事。帮助百姓生活下去,就是为国君服务,这样的人应该得到奖励和重用。同样在赵威后之问中也提到另一人物:於陵仲子。此人不照顾家,不参与国事,是对家、对国皆不负责任的人。像於陵仲子这样的人不仅不应在要职上,而且还要杀掉。① 赵威后其实是用对比的方式提到的对这两个行事不同的人物,应有不同的态度及处置方式,其本意是在肯定、主张扶危济困的价值和意义的同时,把扶危济困看作人格品德的表现,是国君甄别、选拔、任用人才的依据。在西方,如雅典雄霸的时代,有钱人,生活富足的人要参与国事,必然先要勇于承担社会的义务,而社会的义务之一就是乐于拿出钱财帮助平民,不歧视平民。在雅典人看来,公民都是平等的,国家要任用的人是有德、有大义的人。而最能显示德义的是对待平民及穷困的态度。由此,扶危济困是对人的品性、德行的考量,是君王奖赏民众、选人用人的依据。在西方,由于宗教情结,特别是基督精神,奉上帝之命,扶危济困是人性善良的表现,托马斯·阿奎那认为,救济穷困潦倒的孤儿寡母既是慈善之行,也是自身保持节制、不让心灵受世俗污染的行为。公元前8世纪的希伯来人专门设置税制,把此特殊税收所得用于救助那些贫困需要救济的人们。② 在他们眼里,贫困不幸,但贫困不是过错,贫困应当得到帮助,而给予贫困者帮助是施助者美德体现的方式,是获得心灵纯净不为世俗污染的方式。

扶危济困是国家安定的保障机制。国家安定的前提是所有百姓生存与发展的物质基础有所保障。由于生产力发展水平所限及不可预测的天灾人祸,遭遇困难,需要帮助是难免的,因而,人与人之间的互助友爱是社会安定团结的重要支点。扶危济困从物质层面上是解决遇到困难的民众生存与发展的物质需要问题;从精神层面上是满足社会中人与人之间互助友爱的情感需要;从行动层面上是道德良知及人与人关系的互惠互利原则的实际践履。扶危济困

---

① 赵子仪主编:《诸子百家精粹》,中国纺织出版社2007年版,第228页。

② 戚小村:《论西方公益伦理思想的两大历史传统》,《湖南科技大学学报(社会科学版)》2006年第4期。

的作用小到关系个人安身立命,大到关系社稷安危。在春秋战国时期,《左传·宣公十二年》里就有"民生在勤,勤则不匮"。① 鲁宣公的意思是说老百姓的生计在于勤劳,勤劳就不会缺少衣食。《尚书·五子之歌》提出"民惟邦本,本固邦宁";②《管子·霸业》指出,"以人为本,本治则国固,本乱则国危";③《左传·庄公三十三年》强调"政之所兴,在顺民心";④《孟子·尽心下》讲"民为贵,社稷次之,君为轻",⑤这些论述既强调社会安定、民生幸福在于勤劳致富,作为一国君主应达济天下,以民为本,利民、裕民、养民、惠民为本责,力求实现国家安康,社稷太平。在当时由于对自然规律缺乏认识,农耕生产主要是靠天吃饭,当时水灾、旱灾、霜冻、虫灾发生频率较高,解决灾荒时期老百姓的生活、生存问题成为一项重要的责任。把扶危济困作为国家安定的保障机制在《春秋穀梁传》、《左传》、《公羊传》、《管子》、《晏子》、《礼记》等篇章中都有表达,主要体现为赈灾、济荒、救民的描写与思想中。在《春秋穀梁传》中有"一年不艾而百姓饥,君子非之"⑥。到宋代中国社会救助制度从灾情上报,灾民登记,救灾物资发放形成了完整并非常成熟的体系。宋徽宗时更是专门成立了居养院、安济坊、漏泽园,在全国范围内救助鳏寡孤独疾废者。在古代因灾荒,利用灾民起义夺权也不鲜见。如绿林赤眉起义,当时王莽新政,老百姓赋税极重,天凤四年,荆州一带外加天灾发生饥荒,饥民为求生存,以王匡、王凤为领袖发动了起义。发生于东汉末年的黄巾起义,贫穷饥饿、水害灾荒、民不聊生是导致起义发生的直接原因。当时黄巾军没收贪官地主的土地财务,开仓救济贫民,其义举引起广泛影响,各地纷纷响应黄巾军行动,起义大规模爆发。王小波、李顺起义,方腊起义,红巾军大起义等等都与饥荒灾民相关。为避免民众因饥荒造反,避免流民引起社会不安,除了给困难民众发放生活物资,施行救济外,还有组织生产、以工代赈、减免赋税、安置流民等救

---

① 夏勇:《中国民权哲学》,三联书店 2004 年版,第 49 页。
② 夏勇:《中国民权哲学》,三联书店 2004 年版,第 49 页。
③ 夏勇:《中国民权哲学》,三联书店 2004 年版,第 49 页。
④ 夏勇:《中国民权哲学》,三联书店 2004 年版,第 49 页。
⑤ 夏勇:《中国民权哲学》,三联书店 2004 年版,第 49 页。
⑥ 阮元:《十三经注疏》,中华书局 1980 年版,第 2388 页。

助手段和方式。在古代西方的历史中,民不聊生往往是改革、变革、革命的原因。如罗马改革就是由于连年征战,田地荒芜,平民为求生存不得已把土地出卖给贵族,当出卖土地都不能解决生存问题时,再出卖妻子儿女,最后自己也因交不起税而沦为贵族奴隶。平民为生存放弃罗马城,逃往其他城市。在平民以放弃、逃离的无声反抗下,不得已的贵族只能妥协,允许平民选举代表平民利益的保民官。格拉古兄弟在当选为保民官期间,他们提出限制贵族占有土地的数量,要贵族把多占有的土地分给无地的平民。① 虽然当时没有使用救济、救助的概念,但其行为属于劫富济贫。而劫富济贫的目的表面上是为平民争取权益、利益,从其功能上则是为维护社会的稳定,促进国家的安定。

互济互助是族群(城邦)共同的责任义务。人类的生活是群体性的,尤其在农业或农耕时代。人们以熟人为聚居方式,同姓、同宗、同族是最为普遍和常见的方式。手足相助往往是增进邻里亲情的手段,也是人们日常维系自然的血缘关系的添加剂。在我国农耕时代,族群聚居为最主要、最普遍的方式,人们品评一个家庭、家族时,也往往以其家庭、族群的关系为第一条件。而家庭、族群的关系好与不好,直接反映为遇到困难时能否互相帮助,彼此之间能否荣辱与共。这种一家、一族的责任、义务因家国同构的政治模式而引申到整个国家或社会的大同理想。人们认为只有如兄弟姐妹亲人般互相帮助,彼此怜惜的社会才是美好的理想的社会,只有爱民如子的君王才是明君贤王。这种观念又称推己及人、由此及彼、感同身受。如墨子在描述理想社会及人伦关系时,说:“视人之国若视其国,视人之家若视其家,视人之身若视其身,是故诸侯相爱则不野战,家主相爱则不相篡,人与人相爱则不相贼,君臣相爱则惠忠,父子相爱则慈孝,兄弟相爱则和调。天下之人皆相爱,强不执弱,众不劫寡,富不侮贫,贵不傲贱,诈不欺愚。凡天下祸篡怨恨,可使毋起者,以相爱生也。是以仁者誉之。”②墨子主张是用兼相爱、交互利的思想化解人与人、人与国、国与国的矛盾,不以强凌弱,不以贵压贱,不以富欺贫。梁启超在解读墨子

① 文聘元:《西方历史的故事》,百花文艺出版社 2001 年版,第 63 页。
② 水渭松:《国学经典导读·墨子》,中国国际广播出版社 2011 年版,第 134 页。

的兼爱、交相利思想时说墨家子弟人人能"急人之难,解人之困,爱众亲仁,推衣解食,视人如己"。① 类似的说法在《孟子·离娄章句下》中有"禹、稷当平世,三过其门而不入,孔子贤之。颜子当乱世,居于陋巷,一箪食,一瓢饮,人不堪其忧,颜子不改其乐,孔子贤之。孟子曰:'禹、稷、颜回同道。禹思天下有溺者,由己溺之也;稷思天下有饥者,由己饥之也,是以如是其急也。禹、稷、颜子易地则皆然'"。② 墨子的兼爱思想、孟子由己及人的逻辑,从内容形式上是以感同身受出发点,由小家及大家,直至把天下当成一家而产生的由此及彼,由你及我的朴素情感。这样的情感虽然朴素,但却是以国家、社会整体的安定团结为目的的,把每个人视为国家、社会的组成成员,因而他们所强调的是作为国家一分子,作为社会成员,在国家、社会的人伦秩序中,兼爱互助是应然的责任和义务。即,若想国家、社会安宁、幸福,每个人都应该推己及人,对遇到困难的人给予帮助就像是感同身受给予自己帮助一样。在西方,希腊人实行城邦制,如亚里士多德所认为的"城邦是维持自主生活而具有足够人数的公民集体"。城邦不仅是人们生活的共同体,而且是人们通往生活幸福的方式。幸福在希腊人看来不是简单个人财富的增加,而在于理性、公正和平等的城邦精神。帮助人们解除困难和痛苦是君主之责,是贵族之职。③ 在雅典雄霸的时代,国家必然想方设法救济生活困顿、贫苦无着的自由民。拥有财富者通过缴纳额外租税、承担公债等形式,承担起社会的义务。④ 当时的慈善理论家西塞罗认为最具有人性光辉,最能体现公民道德和境界的就是为增进公共福利而慷慨解囊。从而可见,人类为何以群的方式,以城的方式共同生产、生活,其本质是使个人利益尤其是在困难时能得到集体的救助,互济互助是族群(城邦)共同的责任义务。而且由这一共同的责任义务上升为对公共福利、公共生活的共同关注与建设。

---

① 御风锦衣夜行:《百家争鸣 百花齐放》,新浪博客 2008 年 1 月 15 日,见 http://blog.sina.com.cn/notoday。
② 徐强译:《孟子》,山东画报出版社 2013 年版,第 162 页。
③ 刘文泰:《古希腊城邦政制》,吉林人民出版社 2005 年版,第 26 页。
④ (晋)范宁注:《四库家藏 春秋穀梁传注疏》,山东画报出版社 2004 年版,第 96 页。

自救、求助,援助是国与国外交力量制衡的方略。从古代至今,最能超越国界,超越族群,最富于人类普遍性的活动是对遇到困难的一方给予及时的救济和援助。尤其是因不可抗的自然灾害受困,能得到来自各国的救助为最多。在《春秋穀梁传》中记载当时各国所遭遇的灾害不少,昭公十八年宋、卫、陈、郑皆受灾,襄公九年宋国发生水灾和火灾,宣公十六年,齐国大灾。① 自然灾害的发生是不可回避的,备荒以自救不仅是一国为国的根本,是本国安定团结的重要物质之基础,也是一国对外彰显实力,树立形象,表明有足够的力量抵御外敌,在国与国之间有相互抗衡之力量的依据或必要条件,因而有"国无三年之蓄,曰国非其国也"②之说。在《春秋穀梁传》中还有记载,鲁国受水灾,稻、麦无收,民饥荒,于是派大夫藏文仲,又称藏孙辰去齐国买米。文中说"一年不升,告籴诸侯,不正","故举藏孙辰以为私行也,为内讳,故不称使","藏孙辰告籴于齐,告然后与之,言内之无外交也"③。意思是如果以一国之力若是连一年的自救都做不到而要向其他诸侯买米,不妥当也不正常,所以"一年不升,告籴诸侯,不正"。正是因为无法自救,尤其是短短一年的灾荒都不能应对,不得不向别国买米,对内是极其被忌讳的,因而作为鲁国大夫的藏孙辰只能以私人名义出行齐国,不能以使者外交身份出访齐国,即"故举藏孙辰以为私行也,为内讳,故不称使"。尽管藏孙辰因鲁国水灾,稻、麦无收,求助于齐国,齐国虽然答应给予救助了,但藏孙辰此次告急求助于齐国的出访,对内只能说是私人行为,却不能以国与国的交往说是外交。在我们今天看来很正常的遇到灾荒,国与国之间的救助在当时为何如此避讳呢? 因为在古代诸侯国每年抽十分之一的税,而且非常注意积蓄,丰年补歉是惯例。如果一个国家连一年的自救能力都没有,说明这个国家的国力极弱,在当时诸侯纷争的情况下,求助就意味着家底不足,露出了自己的最大的弱点,亡国是迟早的事了。天灾如同水火无情,往往由自然天灾,变成人祸,变成战祸,变成国祸。即使你求助时,别人答应了你,但你的家底一露,你国力穷乏,很快就会被他国知晓,

① (晋)范宁注:《四库家藏 春秋穀梁传注疏》,山东画报出版社2004年版,第109页。
② (晋)范宁注:《四库家藏 春秋穀梁传注疏》,山东画报出版社2004年版,第109页。
③ (晋)范宁注:《四库家藏 春秋穀梁传注疏》,山东画报出版社2004年版,第109页。

别国,甚至是给你援助的国家,反过来也会发起战争,消灭你。昭公十八年冬,齐国伐鲁国,最终鲁国为齐国所灭。因灾而无法自救,最终被外国所灭的还有宋国、卫国、陈国、郑国等。在《韩非子·说林上》中,叔牙救刑中讲道,"晋闻人攻打别国、齐桓公正要发兵去援救刑国,齐桓公的大臣鲍叔牙说:'时间还太早。刑国不灭亡,晋国就不会衰微,齐国就显不出重要性。况且扶持危难小国家的功劳,不如挽救快灭亡的国家功德大。你不如晚一点去救刑国,使晋国疲惫不堪,这对我们齐国是有利的。等到刑国快灭亡了,而我们使刑国重新复国,那样我们的名声就真正美好了。'齐桓公于是就不去援救刑国"。① 可见,救,还是不救?还有个审时度势的问题。并不是有困难就去帮助,更要考虑的是国与国的关系及自身利益,最终的落点是国与国的力量在外交上的相互制衡,甚至从长远的慎重的角度,还要考虑服从争霸的需要。在西方,实行城邦制。而城邦通常是方圆百里,人口几万。虽然称为国,但人们常常都沾亲带故,彼此熟悉。当时各国政治观念不同,利益不同,同样存在国与国之间的战争。各城邦为了生存和发展,会彼此在利益相近,观念相近的情况下结成同盟,盟国与盟国之间会彼此救援。军事上政治上的救援,往往受盟主影响比较大。比如斯巴达是伯罗奔尼撒同盟的盟主,斯巴达实行的是寡头政治,它就支持那些与它一样实行或赞成寡头政治的城邦和政治势力。雅典是提洛同盟的首领,雅典实行的是民主政体,它就支持那些与它一样实行或赞成民主政治的城邦和政治势力。② 同盟内部给予帮助,而敌对势力之间则相互孤立并破坏。在征战的过程中,也有利用饥荒造成敌人内部混乱,从而达到占领并统治征服地的目的。

三、人类社会救助伦理思想发展时期:工业阶段

发展时期主要是对应人类社会发展的工业化发展阶段。工业化就是用机

---

① 赵子仪主编:《诸子百家精粹》,中国纺织出版社 2007 年版,第 126 页。
② 刘文泰:《古希腊城邦政制》,吉林人民出版社 2005 年版,第 30 页。

器代替农业时代的手工劳动的过程。工业化是一个渐进的过程,按人均 GDP 280—560 美元,560—1120 美元,2100—3300 美元划分为前期、中期、后期三段。农业劳动力在社会劳动力的比重由 80% 到 50%—80% 再到 25%。制造业在整个商品生产的比重由 20%—40% 到 40%—60% 到 50%—80%。[1] 从工业化渐进的过程可见,工业化阶段人们改造自然,获取生产、生活资料的方式突破了人本身的自然力量,更多地借助机械、机器。而机械、机器的普遍使用,人们的生产方式更强调协作合作,由此,社会人更明显也更突出,个人抗风险的能力下降,而更多的依赖社会整体的力量。当然也由于生产分工使社会合作更为紧密,彼此之间关注与互助的意识更强。这一时期人们救助思想的反映不再是基于人性教育,基于宗教信仰的劝人向善,不再是守望相助的良心、道德、责任和义务,而是作为社会人的权利的必然结果,救济、救助也是社会责任。由此,救助超越个体、族群、地区,从整个社会制度的层面得以确立。救助作为社会分配调节的手段,作为社会公民的权利,更明确地成为国家管理和社会生活的重要内容,并日渐以制度的方式固化。其制度化、法制化的标杆就是 1601 年伊丽莎白《济贫法》的颁布与实施。

获得救助是公民的基本权利,是政府的责任。在封建时代的中国,缺乏民权,谈不上民主,强调精英治世,奉行"劳心者治人,劳力者治于人"[2],对于普通百姓而言无所谓公民权利。中国近代从洋务运动开始,历经北洋政府、国民政府约 109 年。国破家亡,战乱不断,国弱民贫,再加上连年灾荒,民众生活于水深火热之中的时期也是社会救济、慈善事业发展的一个时期。鸦片战争失败后,为救亡图存而兴起的洋务运动,不只是新技术的引进,还带来了新的生产方式,使商业在某些地区得以发展,产生了新的商业阶层。虽然当时人们并没有公民的意识,但由于商品流通的加剧,一些新型产业的出现,使传统的自给自足的自然经济受到了冲击,一些破产的农民成为早期的产业工人或城市盲流,外加当时自然灾害,饥饿贫困现象更为突出。为避免社会动荡、尤其是

---

[1] Konrad G.Szelenyiz.*social' conflics of uaden/l' balvlhaolon*;*captive cities*,New Yourk:John wiley,1997:157,173.

[2] 焦循:《诸子集成》第一册"孟子滕文公章句上",中华书局 1954 年版,第 185 页。

饥荒而发生的针对当权者的战争抗议,一些有识之士上书当权者,要求对穷困者给予救助,建立救助制度。虽然当时没能从公民基本权利的角度认识救济救助问题,但已从国家的层面注意灾荒穷困救济救助的重要性,强调政府的责任和作为。如孙中山在1894年上书李鸿章,"灾荒频见,完善之地已形觅食之艰,凶之区难免流离之祸,是丰年不免于冻馁,而荒年必至于死亡,由斯而往,其势必至日甚一日,不急挽救,岂能无忧"。① 孙中山这里的"忧",忧的是有人乘灾荒、饥饿穷困为害天下,甚至于危及国家。光绪1898年戊戌变法虽然主旨是学习西方,建立君主立宪制度,在康有为呈上的新政纲领中提出以局管事,所设的社会局下有布施会。变法期间一些拥护变法的人士上书讨论变法及施政纲领中也有涉及救济的问题。如安徽太平县优贡教职陈继良在条陈中有:"为今日计,欲图自强在于靖外侮,欲靖外侮在于防教案,欲防教案在于缉游民,欲缉游民在筹生计。"清末,随着外来殖民者入侵,西方基督教新教在中国也取得传教特权,当时国内民众以反对外来入侵为名,与教会人士时有冲突,发生烧杀事件,称为教案。从1856年至1899年,重大教案达700多起。陈继良认为教案多发主要还是民生问题,他主张对游民,特别是那些衣食无着的游民给予安置。而安置的方法学习西方(泰西)尤其是欧美各国"集捐"和"教化"的方式。"集捐"的具体操作是在各省设立专用基金,筹款来源于有钱的官员、绅士。多方筹集到的官方用于救济的资金由地方行政机构"藩司"通过"典当"经营方式产生利息。至于游民,以州县为单位进行登记造册申报,经地方行政机构"藩司"核实后按月发放若干钱文给游民。一些寺院道观,凡是不载祀典的六成改成学堂,四成改成贫民院,以收留游民。"教化"即学习欧美各国的做法,教育游民,通过教导学习使游民学会制造、绘画、种植、建筑等,使之具有一技之长,能自食其力。根据当时中国的情况,陈继良认为若是像西方教人学制造、绘画成本太高了,可以以家务学堂为主,对于经"教化"的游民可让他们随工垦种,还可以沿边开荒设屯。② 西方近代化进程比较早,伴

① 孙中山:《孙中山全集》第一卷,中华书局1981年版,第17页。
② 茅海建:《救时的偏方:戊戌变法期间司员士民上书中军事外交论》,《近代史研究》2005年第1期。

随着文艺复兴,科技革命,在 1640 年英国爆发了资产阶级革命和工业革命。如前面所提到的西方早期由于宗教信仰,博爱精神,社会救济比较普遍,特别是宗教界。而社会救济、救助作为公民权利和政府责任明确地界定则是工业革命,尤其是圈地运动之后。16、17 世纪,由于编织业的发展,特别是大量出口羊毛编织品的需要,圈地养羊出卖羊毛的收益远远大于种植庄稼,种草养羊是种植业两倍多的收入。当时农民由于利益驱动,弃耕种草养羊者日益增多。随着赢利,资本日益扩张,一些羊毛纺织厂一方面要扩大原料来源,另一方面需要大量生产一线工人。于是有些农民在金钱的利诱下,出让了土地,进入工厂成为工人。然而,工业生产是周期性的,当市场利好,资本扩大,可吸纳工人。市场收缩,资本减少,则减少用工。此外,加上机器生产流水线的应用,机器又排挤工人。这样一来,在工业化的资本时代,大量放弃土地而涌入城市的农民,受经济周期及工业革命的影响失业导致生活无着,沦为乞丐,甚至为生存偷盗犯罪,社会动荡。而且当时流浪汉、乞丐的数量之多已不是教堂能收容的了。为缓和社会矛盾,维持社会稳定,1531 年英国国王亨利八世颁布了救济令,为解决救济金的来源,于 1527 年开始征救济税。面对由于资本生产的周期性而产生的贫困问题,人们也逐渐认识到贫困的产生不只是个人的原因,不是一个简单的勤劳与懒惰的问题,而有深刻的社会原因,为使救济在法律上得到确认,1601 年伊丽莎白一世颁布了《济贫法》,规定各教区向居民征收济贫税,组织失业者生产劳动,安排未成年孤儿学工。由此救济上升到法律的层面,接受救济是贫困人们的公民权利,给予救济是政府的当然责任,社会救济成为一项法律制度,即以立法的形式确立其正当性、合理性。

救助方式和水平有法律的规定和程序。农耕时代救济、救助主要是应急,更多地着眼于天灾人祸。救助的方式以临时性的、应急性的为主,缺乏长期性。在救助的程序上体现为随意性、自发性,缺乏程序性、规范性。进入工业化时代,救济、救助进入国家自觉的层面,纳为国家应当履行的社会职责。在救济救助的方式和水平上慢慢也进入法律的规定,并有相应的法制或规定程序。在中国社会救济历史上最具法律意义的是 1943 年颁布的《社会救济法》。该法以"三民主义"即"民族、民权、民生"为理念,其目的在制度层面完善社会救济事业。在《社会救济法》中明确地规定了救济的对象,救济的范围、救济的方式方法、救济设施、救济经费。救济分常规救济与应急救济,救济程序可从一些规程反映出来,如在《赈务委员会四川省查放规程》有如下描述:首先是专门的人员(查赈员)到各家各户查实,核定符合条件可以给予救济的人员。其次根据查户的情况,填写救济的标准。标准规定很细,13 岁算成人了,两个 13 岁以下的孩子算一个成人,1 到 3 口人的救济标准是一元钱,4 到 5 口人的救济标准是二元,6 口以上的救济标准为三元,最低救济标准一元,最高三元。衰老幼弱孕产疾病包括一些独立抚养数孩的妇女都可以酌情获得救济。对灾民,给予衣裤,给衣服视为"慈",给裤子视为"惠"。凡是接受救济的由查赈长会同县赈务分会公告救济人员姓名及获得救济的等次。对于错过救济,而符合救济条件的可补办申请,查实后可照发。① 这就说明当时的救济程序是非常严谨的,力求做到"登门核实、分层施救、公开公正、惠及受众"。对于特殊的应急的救济、救助则由专门的社群组织来进行,以确保救济迅速到位并有序开展。救济院有救济院法规,游民有游民救济的章程,慈善捐助奖励有制度有章程,救济金管理有法规,整体上按规则、制度、法制的层面来规约和执行。这就说明中国农耕时代宗亲、慈善、临时性、应急式救济向规则、程序转变,这一转变事实上反映了人们对救济、救助追求的公平、公正性。在西方近代救济、救助的法律规定的程序也是相对规范的。英国 1536 年亨利颁布济贫令,1601 年伊丽莎白有《济贫法》,1948 年有《国民救济法》。1723 年瑞典学习英国颁布《济贫法》,于 1871 年做了修订,再次颁布《济贫法》。1935年美国《社会保障法》,在法律中规定对老人、残疾人,生活无着的儿童给予社会救助,同时规定救助要进行听证。西方在救济救助上的法制观念比中国早。在程序上,如英国规定受救济对象要提出申请、接受调查、按国会规定的救济贫困线给予救济。救济金来源于全体国民的贫困税收这一特殊税种。瑞典要接受救济也要接受调查,美国为防止救济欺诈还要进行第三方听证。在早期,

---

① 蔡勤禹:《国家社会与弱势群体:民国时期的社会救济(1927—1949)》,天津人民出版社 2003
年版,第 98—99 页。

接受政府救济不是件光荣的事,虽然作为国民有获得救济的权利,但是接受救济也要付出代价,剥夺选举权被选举权,接受政府提供的学习技能的机会,进入政府安排的救济院的工作,认可个人信息公告。早期这样的制度设计虽然有些侵犯权益,但其设计认同的前提是:一个需要救济的人没有能力参与政治,强调的是有得有失,避免产生救济依赖,即在一定的层面上仍然是基于对公共救济金使用的公平正义的追求。

　　救助方案具有更强的预设性并面向全体民众。农耕时代社会救济、救助的预设性主要是针对自然灾害,以粮食的储备为主要方式。救济、救助的对象比较狭窄,主要针对不可抗力造成的灾难和贫困,且以临时性、应急性救济、救助为主。可获得救助的主要是自由民。处于社会下层的奴隶、雇农由于身份卑微,得到救助的可能性很小,甚至为零。工业化时代,生产的规模效应明显,生产方式的协作性增强,生产周期性缩小或扩张所产生的失业并导致的贫困日益突出。在这样的生产方式下,人们对贫困的认识不再局限于不可抗力造成的灾难。人们认识到生产的周期性也是贫困产生的一种重要方式,并且这种周期性生产缩小与扩大造成的贫困同样是个人无法改变的。农耕时代土地是人们生产的资源,有土地就有生活,而工业化时代,特别是机器大生产,失去流水线的岗位就失去生存的资源,所以工人又称无产者,他们生存的社会性更为突出。正是这一社会性,人们认识到贫困不仅是个人造成的,也是社会造成的,因而,对于贫困者的救助是必然的、应该的、合理的。考虑到生产的周期性,并且生产周期性发生存在时间的不确定性,兼顾到贫困产生人群的确定与非确定性并存的现实,工业化时代救助方案具有更强的预设性,其救助对象面向全体民众,以体现救助的社会和国家的责任的同时,肯定接受救助是公民应然权利。近代中国,国弱民贫,北洋政府也对贫民等弱势群体进行救助,像孙中山这样的以天下为己任的政治人士,把济贫救困与国之兴亡联系在一起,强调救济、救助是政府当然责任,民众的贫困是政府无能的结果。孙中山还把民生作为社会一切活动的原动力,民生幸福是各种历史活动的中心问题,强调对流浪者等弱势群体的救助,即在孙中山的"三民主义"中民生问题是最基本的面向全体民众的生存问题。宋庆龄在追随孙中山革命的过程中,把面向公众的慈善救助事业作为最大的民生问题,因而在慈善救助事业上做了许多卓有成效的工作。在这一点上,处于工业化发展阶段的英国表现得更为明显。在1572年以前,英国的社会救济主要来源于教会和民众的慈善捐助,1572年以后,以国家的强制力要求每个国民必须交纳济贫基金,1601年伊丽莎白颁布的《济贫法》更是把济贫与纳税结合起来,出现了济贫税。这就说明当时英国从国民的权利与义务关系来设定救助前提,而这一前提得以成立的假设是每个国民都可能会遇到贫困需要救济的情形,政府作为社会生活的组织者以权利与义务对等的关系为全体国民设计及实施贫困救济。救助方案具有更强的预设性并面向全体民众。这就说明:此时的人们更强调并重视贫困产生的客观原因,同时更关注贫困产生影响的社会面,因为贫困产生的社会影响若得不到及时的控制,其后果不只是个人承受的,还会波及社会的安定团结,影响社会发展。

四、人类社会救助伦理思想完善时期:信息阶段

完善阶段对应工业化发展的中后期的信息化发展阶段。工业化中后期生产分工更为细致,社会化合作的程度进一步提高,因为分工细化,生产、生活的中间需求、中间环节更为丰富、复杂,交互链条延长,科学技术对生产效率、效益贡献更大。尤其是网络信息技术使人人交往缩小为地球村,产业结构调整变化的速度更快,范围更广。这样的生产方式的改变使人们在生产、生活中更深刻地意识到合作的意义及社会整体的价值,在思想认识上更强调社会的整体性,这一整体性不仅是一个国家的整体性,而且是世界的,国际的,全球的整体性。这一时期的社会救助具有国际性及全球性,国际性合作救助活动同时也是各国比拼综合实力的较劲场。

救助的内容更具全面性与整体性。早期的救助或多或少也涉及政治和文化,但主要以经济层面为主,对施助对象主要给予的是物质的援助,如钱币、衣物、粮食等。到了工业时代,机器化大生产使社会化程度提高,政治、经济、文化等多方面利益的结合越来越密切,尤其是到工业化的中后期,社会分工细

化,社会依赖性更强,人们生产、生活方式的改变使人们的思维更具社会整体性,人们在思考贫困问题时也更具体、细致,认识更为全面。人们越来越意识到贫困不只是经济上的,而且起因可能是由于政治地位的不平等,由于受教育程度的差别等造成的。人们认为政治地位的缺失,教育的空白同样与自然灾害一样是一种不可抗力,是个人的力量无法改变的,因而对贫困的救助慢慢涉及政治、经济、文化多方面,救助内容或项目的全面性、整体性逐渐得以完善。中国由于人口基数大,工业化发展滞后,加上以家庭为本位的文化情结,使中国的救助发展与西方各国不同,至今没能像西方各国在社会救助的基础上,建立覆盖全民的社会福利制度,但在社会救助的层面上,救助人群有选择性,而救助的内容涵盖了经济、政治、文化教育等方面,救助内容的全面性与整体性的发展走向非常明显。相对而言,西方特别是一些工业化起点早,发展程度比较完善的西方国家,社会救助内容包括救助对象都体现出全面性与整体性。如作为福利制度源泉或模板的英国,在济贫救困的基础上,建立了涵盖“生老病死”各个方面而被称为从摇篮到墓坟的覆盖全体国民的福利制度。一向以英国为榜样的瑞典的社会救助对象包括了所有就业困难及就业收入无法满足生存需要的对象,甚至因照顾孩子无法寻找工作的人们也在救助的范围内。救助的水平比较高,如住房的救助可达到住房资金的70%。1993 年,为提高社会救助的成效及社会救助基金的利用效率,瑞典政府在财政基金的划拨上,变具体项目救助为综合救助。因历史的渊源,美国和加拿大的社会救助也是仿效英国的,美国以社会保障制度呈现的社会救助内容多达 70 多项,其中主要的有八大项,即抚养未成年子女家庭补助,补充保障收入,医疗补助,食品券和儿童营养项目,一般援助,社会服务和儿童福利服务,住房补助,教育补助。从受众来看全面覆盖了老弱病残,救助的对象有针对个人的,也有针对家庭整体的,救助的项目包括生存及发展的需要,救助的程度区分为完全和补充两种类型。[1] 加拿大在社会保险及社会保障的基础上保持社会救助,以确保公民的基本生活及生存。救助的对象包括所有生活困难者,即老少病残困及生活

---

[1]　廖鸿:《美国的社会救助》,《中国民政》2002 年第 9 期。

无着的妇女都可以依法依程序获得救助,救助内容包括医疗、养老、生育、住房等生活的各个方面。在救助语言的表达式上淡化救助一词,更多地使用"福利"这一概念。

救助的程序体现社会的公平和正义。早期的救助多数基于同情心,出于对同类的关怀或带有宗教情结的慈悲心。虽然宗教力量在救助中的地位和作用仍然是不可替代的,但是随着科技的进步,神在人们心中的地位或多或少受到了影响,救助的问题不再局限于同情、善良、慈悲的情结,人们越来越从社会整体的角度思考贫困问题,当贫困作为社会问题日益为人们所接受,政府对贫困救助责任越来越自觉,并把救助作为一项重要的民生、民心工程。当救助成为"民生"、"民心"工程时,政府以财政的方式解决贫困问题成为主要方式。由此救助不再是简单的对弱者、困难者的给予,而是作为面向民众的"民心"、"民生"工程,人们越来越强调救助的公平和正义性。在救助的程序设计和结果追求的整个过程,公平和正义均成为救助的价值诉求,甚至成为第一原则。如英国,早期英国社会救助最主要是针对失业等生活无着的人口,随着社会救助制度的日益完善,本为社会特殊群体设置的救助项目慢慢成为面向全体公民的社会福利性公共事业。作为公共福利事业的社会救助其对公平和正义的追求首先反映在救助的原则上。救助首先要遵循普遍性原则,即制度设计要面向全体民众,只要符合制度设计条件,就有申请机会和权利。如救助对象的指向明确为三种人:无依无靠、没有劳动能力、没有生活来源的,如孤老残疾无社会保险的人可申请救助;收入低于法定最低标准的人可申请救助;虽有劳动能力和收入来源,但因自然或社会意外灾害,致生活暂时无着的人可申请救助。这一描述或说可获得救助的前提不是针对某个具体的人或某些具体的群体,而是指向在生活、生存中呈现以上三种状态的人均具有申请、接受社会救助的权利。获得救助作为一项权利有一个具体的发展过程,并不是一蹴而就的。在英国早年,接受政府救济是要付出代价的,如 1601 年《济贫法》中有歧视性规定,接受政府救济者被剥夺部分公民权利,被强制并监督劳动,被剥夺选举权和被选举权。1795 年颁布的《斯宾汉姆法》中在提到救济对象时,虽然强调救助的普及性,但在可获得救助的对象前加上了定语用词"每个贫穷而勤劳的人"。早年英国救济从伦理上主要出于同情心,是社会强势群体对弱势群体给予的恩赐和施舍。对于弱势群体而言,接受救济必然以丧失人格尊严为代价。对于政府而言虽然其行为反映政府的公共济贫责任,但其出发点及主要目的是谋求社会稳定,减少社会动荡的影响因素。到 19 世纪,人们对 18 世纪的社会救济越来越抗拒,在拒绝和反思的过程中,人们越来越强调救济的人道性,越来越要求突出救济的公共责任的特点,从而在救济中强调维护个人尊严的原则,即接受救助是公民权利,其人格尊严及相应的公民权不受侵害。为此"救济"一词逐渐演变为"救助"一词,再由"救助"逐渐演变为"公共福利"。英国政府以一系列法律规定的形式,如《老年年金法》、《失业保险与健康保险法》、《寡妇孤儿及老年年金法》、《家庭津贴法》、《国民保险法》、《国民工伤保险法》、《国民健康服务法》的方式建构保险及困难补助方式,为全体公民拉起了一道生存风险及生存危机预防线。[①] 1948 年英国还颁布了《国民救助法》,在面向全民的风险预防体制下又加了一道防线,即特困的特殊群体仍然以其国民身份,可依法获得政府救助。有西方社会保障制度之父之称的贝弗里奇更是建构了被称为"从摇篮到坟墓"的最具福利性的公民生存风险预防保障制度。直至今天,虽然欧洲一些国家遇到了经济危机,收支不等,为减少国家财政,采取削减福利的做法,但是,削减福利在具体实行时非常困难。如撒切尔夫人在任首相时,意欲推行福利改革,以削弱全民福利的方式,增加特困救助的改革设计遇到了当时民众的强烈反对,甚而引发示威游行。英国这一社会救助制度设计的价值追求和定位成为后续国家,包括美国、加拿大、中国等世界各国的模板。在这一时期,全球均认可贫困救助是应然的,在救助的起点、过程、终点的各环节都强调公平和正义的伦理价值诉求。

救助的方式强调物质与精神的结合。贫困最直接地表现为物质缺乏,生活无着,因而,在救助的方式上多以物质帮助为主要方式。俗话说"人穷志短",在物质缺乏,面临生活困顿之时,人们的精神状态往往是萎靡不振的。

---

① 杨思斌:《英国社会救助制度变迁及启示——英国社会研究》,2011 年 6 月 23 日,见中国社会科学网 http://www.cssn.cn/sf/bwsf_fx/201312/t20131206_896705.shtml。

在强势群体的心理感受，包括在早期，政府的认识中也认为贫穷是个人"非懒即笨"所造成的，贫困者必然要比非贫困者在人格上低一层，在政治权利上要有所折扣。我们走访贫困户，与他们的交流中，听到最多的也是"穷，没办法"，"穷，别人看不起"。在村民的集会或社区民众的会议中，通常贫困户都以沉默不语、认真听会的面目出现。在众人面前极少有表达自己的看法和意见的情形。民政部门、慈善机构、救援单位和团体给贫困者送去的多是物资。遇到部门、机构、企事业单位的救助活动时，贫困者为配合媒体报道、宣传还得拍摄、播报新闻。我们走访调查中发现，有些受助者认为尽管在心中不乐意以被救助者的形象示众，但人穷志短，别人给予救助就应该听从安排。当然也有些受助者认为被拍摄、上新闻没有什么不妥，事实就是这样。有些受助者从来没想过妥不妥的问题，只要有人给予接济、帮助都是好的。从施助方来说，做了好事要张扬，特别是一些企业，做好事是事实，但是，希望通过做好事树立企业形象，因而，媒体的宣传和报道是不可免的确定程序和必需环节。正如张莉的《精神救助》一文中写到的"自信掩盖着虚荣，善良掺杂着自私"。① 我们一般给予救助对象援助是出于可怜同情，也存在潜在的自我优越感，在施助者内心并不把受助者当作人格平等、独立的个体生命看待，只是把对方当成可怜的、人格低于自己、需要给予救助的对象而已。在给予上，一般平常人家只是把自己多余的用不上的东西给对方，如我们时常看到的救助活动募集时的用语"你家有用不上的，他家用得上，给我吧"。很自然的或者可以说是必然的，接受别人的救助，很多时候人格上就低人一等了。随着工业化进程日益深化，人的主体性，人的社会性日益凸显，以人为本的原则越来越为人们所接受，且理解日益突破阶级、阶层，更强调人类群体性，人们对贫困的救助的认识有所改变。越来越多的民众提出社会救助也要体现人本主义，在救助的过程中彰显人文主义精神，在现实的行动中，主张在物质上给予救援的同时，给予精神上的支持，给予受助者身心的关爱，强调其人格的平等性，避免在救助过程中造成人际隔膜。当然这个问题在现实中人们已经注意到了，但是在实践中要

---

① 　张莉:《精神救助》,《语文世界》(高中版)2002 年第 2 期。

解决这个物质救助与精神救助的完美结合并不是简单的问题。

救助的终极目标指向社会普世幸福。早期的救助主要是基于对特困者的援助，直接指向的对象是特殊群体，是帮助遇到困难的民众摆脱困境。如我们所熟悉的守望相助、互助共济的宗族邻里习俗。这种救助主要是特惠的个别的某些群体的主体指向，其价值指向是具体地解决某个、某时的困难。随着人类社会慢慢进入工业化，特别是工业化的中后期，由于社会的分工，人与人之间的分工合作越来越强，人类群体的整体性越来越突出，社会救助不再是简单的指向个人及某些特殊群体，而在价值观念上，突显整体性，强调救助存在的普世价值和意义。今天帮助别人是为明天有人帮助自己，今天给予困难者援助，是为社会营造温情，让每个人在这种友爱中有身为人群中一员的"整体温暖感与幸福感"。近代来自西方人士，给予中国人的救助既是出于对灾难深重的民众的同情，也是出于人类这一大同世界的共同意识。民国早年的一些富于民族心和社会责任心的新进人士，对国民的救助既有对下层的同情，也有民族的整体观念。如孙中山，把对贫困者的救助视为民生中的第一层次，对贫困者的帮助视为民生幸福的起点。新中国成立后，虽然救助有稳定社会的功效，然而，其中价值观念指向是：新中国的成立，翻身解放的成果应为每一个中国人所享有。这显然包含了整体幸福的价值指向。如今，社会救助成为社会保障的重要内容，在民生主题的时代，在全面建成小康社会、实现中国梦的进程中，救助的整体幸福指向更明确了。在西方国家，到了近现代，虽然有功利主义者从市场经济的优胜劣汰的视角，把救助作为补偿方式，但以罗尔斯、麦金太尔等为代表的学者，从美德伦理中表达了对弱势群体予以救助的思想，更强调救助所彰显的社会公平与正义，即从普惠的角度突出救助的价值。西方许多国家，如英国、德国、瑞典、芬兰、美国、澳大利亚、新西兰等，以立法的形式规定接受并获得救助是社会福利的部分，是公民的权利。从而，社会救助作为政府的责任及公民的权利，作为民生幸福、社会安康的重要内容在国家意识层面以法制的形式得以确立的同时，也使救助的对象指向社会全体，其终极目标和价值指向社会的普世价值。如2014年3月8日，马来西亚航空公司一架波音777—200客机MH370，从吉隆坡飞往北京途中失联。在这次失联飞机的搜救中,除马来西亚外,中国、美国、泰国、越南、菲律宾、澳大利亚、英国、新加坡、新西兰等共计25个国家和地区参与了搜救工作。这里面有基于国际人道主义的国际义务和责任,也体现了人类共同面对灾难的团结互助精神,而这种共同的承担恰好反映了救助指向的超越种族、超越国家政治利益的大爱,普世的幸福追求。

第二节　社会救助的主要内容形式及伦理意蕴

一、社会救助的主要内容

由以上关于社会救助伦理的发展历程描述可见,救助是由情感到理性的实践道德。社会救助确实是从同情、怜悯的感同身受出发,在道德的视角被视为基于人与人之间的爱心行动,在社会伦理上则是人们基于爱心,表达为理性的对社会整体公平正义及人类整体普世幸福的共同秩序的追求。而这一共同秩序的追求随着人类对自然认识及改造的力量增强,由最原始对自然灾难所带来的困境的无奈抗争,慢慢成为对自然不可抗力造成的灾害的自觉共同应对的同时,逐渐扩大到对人类社会本身竞争造成的贫困等社会问题的事后补充的一大制度设计。当然不管其形式、内容如何变化,救助最根本的追求仍然是人类社会的合作精神或类整体互爱互助的美德的实践表现形式。

社会救助的内容依划分依据不同,陈述不同。依据提供救助的具体项目,社会救助的内容主要包括:生活救助、医疗救助、司法救助、教育救助几大类。

生活救助,即对生活贫困难以维持自身生存的人们给予基本生活物资的支持或补给,其目的是保证每个公民的基本生存权。生活救助是最古老也最具传统的救助内容,从古至今,从内到外、亲人邻里、政府国家对于那些遭遇天灾人祸而生活无着的人们都要给予物质上的救助,帮助他们度过困难。随着社会化程度日渐提高,当社会进入资本的时代,生活救助日渐作为社会再次分配的手段,用于帮助社会竞争中处于弱势和边缘的群体,以作为社会保障的手段,因此又称之为社会安全网。自古到今,那份浓浓的扶危济困的情结使生活救助充满了人道主义精神。

医疗救助,即对那些身患疾病而因贫困及经济条件限制无法正常求医治疗的民众给予帮助和支持,其目的是使受助对象恢复身体健康,维持生命,也是保证公民基本生存权的救助。贫困产生的原因多样,其中由于疾病而造成的贫困及生命危机与自然灾害一样具有不可抗性。随着国家政府职能的扩大,医疗保障制度的建立健全,对因贫困无法进行疾病治疗或因大病出现治疗困难的人们,给予医疗费用上的减免。这一救助既是反贫困的需要,也是对公民健康权、生命权的重视与关注。对于一些如五保户、低保救助对象等特困人群可通过给予资助参与医疗保险的方式获得就医前救助。对于一些大病患者,为避免因病致贫,给予及时的大病救助或适度的医疗费用减免,给予就医中救助。病疗救助对象再患病后,可自己先垫付医药费,再通过医疗机构申请获得医疗费用事后补偿,即就医后救助。从医疗救助的前、中、后三种设计来看,医疗救助,既考虑到医疗救治的重要,也兼顾到医疗救助在实行中的事实性,以避免出现骗取医疗救助款的情况。

司法救助,即对因与司法审判相关的人、事而产生生活贫困,或申诉无着的人们给予的帮助和支持,其既是公民基本生存权的救助,更是保证公民政治权及社会权的政府制度设计。最早的司法救助是对因违法及犯罪因素引起受害人及其直系亲属遭遇生活困难,而其他的救助方式无法给予救助的对象给予的经济补偿及司法诉讼费用的减免,以减轻其经济负担,避免生活困难的加剧或贫困发生的援助。其后扩大到当弱势群体权利受损,自身无法承担司法诉讼时,给予免除诉讼费的司法援助。再后来,为维护社会秩序,避免一些矛盾扩大,诉讼司法救助还扩大到一个特殊的群体,即一些处于司法判决可争议范围,不服从判决而不断申诉而造成经济困难,且确实有其申诉合理性并愿意在接受司法救助后息诉的对象也给予救助。再往后,基于犯罪分子的产生也有一定的社会根源的认识,司法救助扩大到对一部分家有犯罪分子被判刑后,因犯罪分子服刑使其家属失去主要经济来源而产生生活和经济困难的,由司法机关对其家属进行救助。还有基于对未成年人重新犯罪的预防和对未成年犯人的彻底挽救的考虑,对出狱后生活无着的未成年犯也给予一定的救助。从司法救助的发展及救助的对象与内容可把司法救助视为生存权、政治权和社会权的综合救助,当然司法救助中对有争议者息诉的补偿存在社会功利主义的工具性质。此外,司法救助本意是善良的,但作为一项指向社会特殊人群的政府制度设计,也引起并存在公平、正义的争论,争议的落点主要集中在对犯罪家属的救助,这一救助方式使犯罪成本降低,削弱了社会对罪犯的惩罚力度。如果认为家属生活困难虽然是因为罪犯服刑失去主要收入来源所造成,但家属毕竟是无辜的,且从挽救罪犯,让家属配合司法机关做好罪犯服刑,通过救助可使罪犯感受社会温情,从而改过自新的结果看,司法救助比其他任何的救助更彰显救助的人道主义色彩。

教育救助,即对那些因经济原因无法获得教育机会及无法完成特定阶段学习任务的对象提供相应减免教育费用或提供经济援助,其目的是保证公民的受教育权,最终是通过教育权的保护,解决其未来的生存权和发展权。教育救助也是在社会经济发展的基础上,普及教育,提高公民文化素质的背景下得以提出并实施的。对处于义务教育阶段的对象,免费提供学习用品,一些贫困地区还免费提供早餐及午饭,一些特困的家庭还额外给予生活补助。我国早在 2006 年就开始全部免除西部地区农村义务教育阶段学生学杂费,2007 年扩大到了中部和东部地区。据统计,全国农村中小学每年可取消学杂费达 150 亿元,分摊到每名中、小学生身上,分别为 180 元和 140 元。[①] 为体现国家对贫困学生的关怀,非义务教育阶段也有教育救助,如普通高校、高等中等职业学校,普通高中生给予学费、生活费的资助。目前已形成了以国家奖学金、国家励志奖学金、国家助学金、国家助学贷款、师范生免费教育、勤工助学、学费减免等多种形式并存的高校家庭经济困难学生资助政策体系。如,国家助学金由中央和地方政府共同出资设立,主要资助学生的生活费开支,资助标准

---

① 温家宝:《国务院:明年西部地区义务教育学杂费全免》,2005 年 12 月 23 日,见新华网 http://news.xinhuanet.com/politics/2005−12/23/content_3961514.htm。

全国平均为每生每年 2000 元。① 教育救助实质上是通过资助适龄贫困人口完成学业，提高文体水平，学得谋生一技之长，最终解决适龄贫困人口的生计与未来职业发展的问题。此外，为使贫困者获得谋生的手段和技艺，还给予失业的工人、农民提供免费的短期的技术、技艺学习培训，这一类培训与基础教育及学历教育虽然从教育的层面上有区别，但社会功能上是一致的，即学得谋生一技之长，最终解决贫困人口生计及就业的制度设计。这一设计潜藏着社会就业起起平等的伦理诉求。

除了以上几大传统且成形的救助项目外，从宽泛的救助视角，还有政治救助、技术救助、精神救助等。政治救助，一是对那些因政治原因无法获得生存和发展权益的对象提供救助，二是对某些群体提出的政治主张给予支持。技术救助，即对那些因缺乏技术，生存、生活困难的对象给以救助。比如东部地区的技术向西部落后地区转移、传授。我国多年来为改变非洲一些国家因殖民地性质导致生产的单一性，无偿地派出农技人员教他们种植水稻等多种农作物，同时提供种子、提供生产工具。精神救助，即对那些精神贫乏、精神痛苦得自己本身无法解脱的对象提供救助。人不只吃饱穿暖，还有精神的需要。生活的贫困不只是物质的贫乏，还有精神的匮乏。自然灾害不只是损毁灾区民众的生产、生活，还对灾区民众的生活自信是一大打击。许多经历大灾大难的人们，同时得承受精神上的巨大打击。一直以来，当人们给予困顿者物质救助时，同时会给予精神的安慰和鼓励。社会竞争压力越来越大，一方面是社会合作的增强，另一方面是个体自我意识越来越强，人们在渴望群体归宿的同时，又渴望发展个体性，现代社会人们的精神贫困，精神痛苦客观并事实存在，抑郁症患者越来越多就是例证精神救助也越来越引起人们的关注和重视。心理、精神救助这些年有了长足的发展，有些心理组织或机构旗帜鲜明地向社会提供义务服务。精神救助从存在形式上相对于物质性救助更隐性，更具关怀伦理倾向。总体上，社会救助越发展，其延伸的面越广，救助的项目和内容越

---

① 国务院：《国务院关于建立健全普通本科高校、高等职业学校和中等职业学校家庭经济困难学生资助政策体系的意见》（国发〔2007〕13 号）。

来越多,范围越来越广。

二、社会救助的主要方式

方式,即方法与形式的合成词,指事物内在要素的结构及表现与呈现方式。社会救助作为一个社会源于理念、而表现为实践行动的帮助贫困者减少困难甚至解困的制度设计,对其主要方式的理解及把握见仁见智。鉴于前面内容的论述,此处的方式指的是社会救助通常表现的运作方法和操作具体形式。由于界定的前提和区分的角度差别,社会救助的主要方式可表达为以下四组:

政府救助与非政府救助。从施助主体的角度,社会救助可区分为政府救助与非政府救助。政府作为国家行政机构是社会公共权利的最大承载者及实践者,无论是体现社会公共管理,还是彰显政府的执政为民,社会救助都是政府的职责之一。社会救助的制度化可追溯到1601年英伊丽莎白一世的《济贫法》,而进入法制规范的标志是1644年由贝弗里奇倡导而制定的《国民救济法》。然而政府救济的起源自古有之,如我国早在西周时期就已经有政府济贫思想与行动。社会救助作为一种公共产品,对于政府而言,对遇到困难及灾难的民众给予救助或援助,其直接的功能就是社会治理,即维护社会的稳定,以避免因贫困产生不利于社会管理及统治的问题。非政府救助是与政府相对的一个概念,对于何为非政府组织存在争议,但在救助的领域,非政府组织是相对于政府与受救助人的第三方,具有民间自组织非营利性的特征。社会救助是社会保障的最基本、最低水平的保障设计,因而政府自然是社会救助的主要力量,承担最大责任。但是救助不只是社会制度,还是对贫困者出于人道和感同身受的慈善援助,人类是一个群体或整体,非受困者或处于社会相对优势的非贫困群体不管是出于理性的思考或是情感的暂时的情绪,会在一定的情景下,自愿对受困者伸出援助之手,而致力于把这些分散在社会中的对贫困救助有意愿的民众组织起来的中介或第三方组织就为社会救助的非政府组织,由这些非政府组织给予的贫困救助即为非政府救助。当然,从广义的角度非政府救助应该是政府救助之外的一切救助,包括个人的非组织性的对贫困及受困者的不求回报的相助。在地位上,非政府救助是政府救助的补充,主要是弥补政府救助的不足,即对政府救助无法到达或不能及时到达的贫困及受困者给予及时的帮助。通常政府救助由于其公共性,其制度的宏观性、整体性要求更强,而非政府救助虽然最终也具有并指向公共性,但由于其存在的群众组织的特征,其活动的灵活性、机动性在一些方面要强于政府救助。通常把非政府救助的优势归纳为三点:更贴近弱势群体且惠及面更广;更便于整合各方救济资源及力量;更能得到群众的支持。政府救助与非政府救助两者配合默契,弱势群体可获得及时救助,减少风险、提高社会保障水准。政府与非政府的相互配合与促进,使弱势群体救助成为社会整体的责任与义务,在伦理学上体现了人们对人类整体的团结与互助友爱的认同及认可。

临时(应急)救助与长期救助。从施助时间长短的角度,社会救助可区分为临时救助与长期救助。临时性救助主要是突出其短时效应。临时性救助的方式一是在突发性自然灾害发生时,为帮助受困者解决暂时的生活及生存问题,对灾民给予紧急的、应急性的救助,包括生活救助及灾害后生活、生产重建的救助。二是对于一些贫困人群,特别是一些没有进入财政固定救助预算的流浪人群,在其贫困程度及身份确认前,为解决其一时生活困难,在遣返户籍所在地前,民政部门给予临时性的收容及物质救助。临时救助本意是救急和缓解贫困,但从实际操作的角度,也有暂时归治社会秩序的目的性。如,2003年6月20日,国务院温家宝总理签署公布了《城市生活无着的流浪乞讨人员救助管理办法》,紧接着国家民政部于2003年7月21日颁布了《城市生活无着的流浪乞讨人员救助管理办法实施细则》。至此,我国对城市流浪乞讨人员的临时性救助有了制度及文件依据,这两个文件的工具性价值最主要的是城市的社会秩序的治理,贫困的救助是从属于城市管理需要的。这一城市秩序治理的工具性目的定位,主要基于城市流浪乞讨存在的复杂性及城市秩序化的需要产生的矛盾。城市流浪乞讨的存在有多种原因,有些确实是生活无着,有一些则是职业生存状态选择。针对城市流浪乞讨人员的临时性救助有救助的成分,但从政策制定的出发点及具体的操作实践成效看,其城市管理的功能更强于对弱势群体救助伦理道德的价值。在具体的执行中,由于救助的临时性及救助的水平低,一些已把流浪乞讨作为职业习惯的流浪乞讨人员拒绝接受救助,回避、逃避救助。一些真正的生活无着的流浪乞讨人员,尤其是一些未成年人,确实生活无着,对临时性救助产生依赖。这两种情况对城市生活无着的流浪乞讨人员救助工作的开展形成了程度不一的负面影响。长期救助,又称经常性救助,主要是一些自身力量无法改变贫困残疾等困难的群体,最典型的就是生活救助了。有些贫困是年老体弱多病造成的,有些贫困是由于社会竞争淘汰机制造成的。我国目前的民政部门采取自己申请,或主动摸查,对符合条件的不可抗力造成而凭自身能力已无法克服困难的群众给予长期性救助,如最低城乡生活保障、农村五保供养、农村特困户生活救助以及城乡医疗救助等专项救助都属于长期性救助。早在新中国成立初期,我国对农村中生活无着的孤寡老人就开始进行长期救助,俗称"五保户"。对城市里的"三无人员"及社会特殊的优抚对象也给予长期的造册救助。此后,基于和谐社会建设,将企业改制中精简的下岗职工,城乡发展中,由于竞争不力而生活困难的群众、家庭生活困难的大学生、因病或因工致残的特困群众也纳入了长期救助的范围。2013 年 11 月 2—3 日在武汉召开的第三届中国社会救助研讨会暨中欧社会救助政策比较研讨会上,民政部副部长窦玉沛说,截至 2013 年 9 月,民政部门直接实施救助的经常性救助对象为 7967 万人,约占全国总人口数的 6%;城乡最低生活保障标准分别达到每月 362 元和 196 元,分别比 2010 年提高了 44% 和 67.5%;2012 年各级财政投入的城乡低保、农村五保和医疗救助资金达到 1741 亿元,较 2010 年增长了 45%。[1] 从长期救助的发展过程看,长期救助虽然也有社会管理的成本工具性,但更是社会主义温暖大家庭的集体主义观念在政策上的践履。从全国看,尤其在和谐社会建设的大背景下,我国社会保障制度日益健全,低保全覆盖,长期救助机制建立,且制度也日益完善,表明我国为实现社会发展成果为全民所共享的整体观念不仅得到

---

[1] 魏铭言:《全国近 8 千万人接受经常性民政救助》,2013 年 11 月 4 日,见新京报网 http://www.bjnews.com.cn/news/2013/11/04/290818.html。

落实及体现,而且还在不断提升及动态发展中。

扶持性救助与完全性救助。从施助的程度深浅,社会救助可区分为扶持性救助与完全性救助。《孟子·滕文公章句上》提到:"出入相友,守望相助,疾病相扶持。"①扶持本义是搀扶、支持、帮助、照顾之义,作为扶持性救助的"扶持"实为帮助、支持的意思。农耕时代,对于遇到困难的邻里亲友给予临时性的应急帮助既是情义也是应当。如今的扶持,除了传统的守望相助的临时性的力所能及的帮助外,还有帮助落后者谋求发展,追赶先进的内涵。扶持性救助的前提是救助对象本身有通过帮助可以克服困难,通过帮助可以由后进追赶先进的潜质。即扶持性救助除了帮一把,还有带一把的意思。比如在我们的观念中,农村、交通不便的山区、工业基础弱的落后地区,都相应地比城镇、交通便利的、工业基础好的地区要落后。出于平衡发展、共同富裕的政治价值定位,对落后者给予一些帮扶,如政策上的税收减免、财政上投入、低息信贷、免费技术培训等一些带有扶贫性质的政策、经济、技术上的倾斜与额外投入就属于扶持性救助。这一扶持性的救助,如果达到一定发展程度,如经济上的脱贫指标,这些政策、经济、技术上的倾斜与额外投入就终止。再如,医疗救助中有些疾病救助是有最高上限的,医前救助,最高限额为 1500 元,未参保和未参合等各类申请对象的医疗救助,按其总医药费用的 10%—15% 予以救助,年救助金额不超过 6000 元等,这一类救助也属于扶持性的救助。完全有完整、齐全、完善、全部、全然、纯粹等义,作为完全性救助的"完全"强调的是完整、百分百的意思。完全性救助的前提是救助对象自身无法克服困难,必须完全依赖帮助维持生存。如农村中孤寡老人丧失劳动能力,又无儿女,其养老送终的问题必然要通过国家政府给予解决,像这样的救助就属于完全救助。扶持性救助和完全性救助都有社会管理及人道主义的意义和功效,扶持性救助的社会平衡及管理功能更强,而完全性救助在人道主义的慈善意义上更重。

物质性救助与精神性救助。从施助的内容指向,社会救助可区分为物质性救助与精神性救助。物质性救助是最古老也最基础的,因为生存第一,帮助

---

①　焦循:《诸子集成》第一册"孟子滕文公章句上",中华书局 1954 年版,第 185 页。

困难者生存最基础的就是提供物质性救助。早在春秋战国时期就有济贫救荒，在《礼记》中把施舍、给穷困者生存物资作为一项基本的治国之策，视为大同社会的应然之举。公元前 500 多年前的古希腊古罗马，对于因战争残疾，因灾荒生活困难的人们，也给予抚恤和物资帮助。今日，最低生活保障更是各国基本福利及民政政策。可见，古今中外，物质救助是普遍被接受的。物质性救助最早是源于对国民生命权的认可及认同，即任何人都有活下去的本能需要，有维持生命的权利，作为邻里国民，对于同类的困苦往往可以感同身受、由人及己，出于同情和本能都会也应当给予困难者维系生命的物质性救助。随着社会分工的发展，人与人之间的联系越来越紧密，社会的整体性意识越来越强，物质性救助不只是生命的维系，还是作为公民的最基本权利，即生存权的必需，把物质性救助视为人格保护的最低限。如《经济、社会和文化权利国际公约》第十一条就明确规定"人人享有免于饥饿的基本权利"。和"人人有权为他自己和家庭获得相当的生活水准，包括足够的食物、衣着和住房，并能不断改进生活条件"。[①] 在我国，把获得基本生活保障作为基本权利写入宪法，并以《最低生活保障法》的方式进一步加以确定。救灾款、粮食、衣物也是最常见的救助物资。精神性救助得以认可并在实践中实行，主要是灾难、困难不仅表现为物质上的贫乏，还表现为精神上的萎靡不振及心理上的焦虑不安。如，因自然灾害发生而导致穷困的人们，在灾害发生时是惊恐，在灾害过程中是悲观，在生活重建时缺乏信心。因社会竞争或个人力量欠缺导致生活贫困的人们，在人群中感觉被排斥，被他人视为人群中的另类，贫困者往往因此而产生自卑心理，进而否定生命存在的意义或价值。人是情感的，也是理性的，给予受困者的救助不只是物质的，还包括精神的安慰及鼓励。如，当灾难发生时，政府部门、社会群众会相继发出慰问电，相关的部门会派出人员，奔赴现场，一些新闻媒体及文化宣传部门会以各种形式报道、鼓励人们面对困难，树立克服困难的勇气和决心。近年来，随着心理咨询的普及，对灾区民众，对生

---

① 本社:《〈经济、社会、文化权利国际公约〉国内实施读本》,北京大学出版社 2011 年版,第 6 页。

活困难的人们进行心理疏导也进入扶危济困的程序。无论是针对群体的团体性心理辅导,还是针对个人的心理咨询,其目的都是帮助受困者缓解压力,放松心情,从而能在平衡的心境下,积极面对困难,并树立克服困难的勇气和信心。此外,还有一种把物质性救助与精神性救助两者联结起来的中介状态的救助形式,如政策性救助和技术(技能)救助。表面上看政策性救助及技术(技能)上的救助没有直接表现为物质的给予及精神上的安慰,但这两者在事实上会带来物质支持和精神慰藉。政策不是虚空的,政策上的扶持与救助会产生直接的经济及物质效应。如减免税收,土地使用,行业准入照顾及降低等。技术、技能的救助,直接表现为弱势群体及困难户个人素质、技术、能力的提升,而当他们参与社会竞争时,提高了生存竞争的能力,显然是提高收入,获得物质利益的手段及前提。政策及技术、技能的救助,在精神上也是一种支持及鼓励,政策上的扶持,技术、技能上的扶持培训表明政府对这些群体的关注及重视,无形中就是精神上的极大支持及鼓舞,从而使这些群体能更积极、主动地面对生活,迎接挑战。

总之,这些内容的设置及表现的样式说明,社会救助实质上是人类类群体的感同身受的同情、怜悯心在社会生活中的朴素表达,是团结友爱的实践印证,是社会公平、正义伦理秩序的追求在制度上的实践。

第二章 社会救助的工具性及价值性

如今,以国家财政拨款、社会募集资金为主要方式的社会救助事业既是贫困者生活的重要来源,又是全体民众作为公民的一项基本权利,是全体国民作为国家或社会一员享有生活保障的制度设计。然而,由于对社会救助事业存在依据的理解和认识不同,在对贫困者进行国家财政拨款、社会募集资金为主要方式的救助的过程中,社会出现了关于救助"合理、应当、公平、正义"的讨论。2013 年 4 月 20 日,四川雅安发生 7.0 级地震,地震发生 30 分钟后立刻启动了对雅安灾区的紧急救援行动。可是在香港社会募集救灾资金时,遇到一件非常尴尬的事情,即曾经为日本地震捐助的香港人,以"内地善款缺乏监督,担心被贪污"为由部分港民拒绝捐款。① 这一事件引起了人们对社会救助"合理、应当、公平、正义"问题的讨论。在一瞬间,社会救助的现实与理想的讨论变得非常热烈。最早只是因慈善,即基于人的善良意志,基于感同身受的同情之心的救助,因这一捐助事件引起了"合理、应当、公平、正义"这一工具性及价值性的思考。其质疑超过了事件本身。传统观念的社会救助更多的是人们情感的被触动,然而,随着社会日益现代化,救助不再只是局限于当下的情感,还涉及"合理、应当、公平、正义"这些工具性及价值性的理性问题。正是基于这一事件的触动,在此,意在探讨基于慈善的救助,分析由慈善而引发的救助的"合理、应当、公平、正义"的工具性及价值性问题。以下将从现象、

---

① 妆点网:《部分香港人抵制赈灾捐款 理由:怕捐款被贪污》,2013 年 5 月 2 日,见 http://sztv.cutv.com/news/china/201305/0286268802.shtml。

责权、价值、方法四个角度展开讨论。

第一节　现象的角度

人们普遍认为救助的出发点是人的善良,是人类的"慈善之心",即人类的情感在人际交往中,对弱势、穷困者感同身受的由人及己的情感。救助行为是这一情感迁移,并由此选择的行动方式。若从人性行为的出发点着眼,社会救助本身是以社会整体的方式表现的具有社会生活公共性的慈善之心,但现代社会中,社会救助在其功能上又表现为基于人类整体生存秩序,以维护社会稳定为直接目的的公共选择。当救助成为一项公共选择时,它就超越了它作为本身存在的慈善之心,而被赋予直观现象性的与社会功能一致的"合理、应当、公平、正义"等权利相关的工具性及价值性追求。当考虑到救助的社会性时,这一以慈悲之心为自身存在的行为,涉及的领域和现象就变得复杂了,即表现为社会救助本身存在与社会救助现象表达式的既对立又统一的二重性。救助本是源于人类最自然的最原生的感同身受的自发的本性之"慈善之心"。这一建立在本能、本性基础上的救助是人类作为整体的完美情感。当救助成为社会选择或公共行政责任时,虽然作为本身存在的"慈善之心"仍然存在,但却由于涉及的受众面广,其结果不仅是简单的生存和生活,还是影响社会整体秩序的因素,那么救助就蒙上了世俗的面纱。救助由最初以"慈善之心"为内核的本源性存在,变为以"合理、应当、公平、正义"的面目出现的,以维护社会秩序的工具性及价值性存在。作为工具及价值,社会救助可以是"善的"、"好的",也可以是"恶的"、"坏的"。当社会救助确实是出于"慈善之心",即其表现与本身一致时,是善的、好的。当社会救助是以"慈善之心"为面具,以谋取其他利益为终点时,即表现与本身存在不统一、不一致时,是恶的、坏的。如我们现实生活中的虚假救助、讹助等。某些商家为名利双收而做的功利性救助,还有那些表面无私奉献,实质损人利己的异化救助皆为恶的、坏的。

社会救助从人性的角度是基于"慈善",从社会功能的角度又有维护社会秩序的表现为现象的工具性及价值性。基于"慈善"的人性是更本质的，内在的，而工具性及价值性是表面的、现象的。哪一面作用更大，取决于社会救助的具体内容，取决于救助本身的发展过程。在小国寡民的时代，救助主要是救急，给予一些临时的生活物资是最常见的，而且其时效短暂、暂时，因而在其表征的现象上的人性的功能更突出。人们一般不会考虑"合理、应当、公平、正义"的问题，在行动中，人们只考虑到感同身受，出于善良的慈悲之心。救助在此时是很自然的当下行动而已。随着生产力的发展，人们社会关系交集越来越密集，救助的功能不只是救急、救难，还有稳定社会秩序，缓和阶级阶层差别的工具及价值导向的需要，救助内容更多，范围更广，时间更长。当社会救助工具及价值性更强时，其"慈善"的本质消退，人们甚至只关注其现象的工具及价值性，一些接受救助的弱势群体，并由此产生终身依赖救助的想法，甚而因为救助不如其意，而产生怨愤等不良情绪。为避免一些矛盾的冲突，政府把一些维稳对象纳入救助行列。如我国对低保人员遵循应保尽保，有些人享受着低保不知足，甚至会提出非分的要求。黑龙江安庆枪击事件的主角徐纯合每年以 6000 元的租金将自家土地出租他人，全家享受着低保之外，还外出乞讨，而本次枪击案发生就是此人携母亲孩子外出乞讨在火车站因醉酒与警察发生冲突而引发的事件。据网络资料，徐纯合一家，在外乞讨一天能收入1000 多元，而村里为他们全家乞讨遣返就出资了 3 万多元。徐纯合在此次事件前几年，就多次表示不满意低保，多次提出要让其母亲进养老院，孩子进福利院的要求。① 可见，救助的社会操作性、应用性增强之后，其社会性功能就强于其人性的本能了。由此，救助的"慈善"本源性弱化，救助以现象方式体现的"合理、应当、公平、正义"的权利的工具性及价值性相关问题更引起人们的关注。

在全面建成小康社会、努力实现中国梦的背景下，为实现社会财富为全体国民所共享，加强社会救助，把对弱势群体的救助更自觉地纳入公共产品供给

---

① 赵复多、范小舟：《安庆枪击案死者徐纯合"无上访史"》，2015 年 5 月 13 日，见财新网 http://china.caixin.com/2015-05-13/100808901.html。

的范畴,以体现执政党及当下政府"天下为公,为民造福"的使命感,这是必须肯定的。但社会救助的力度、幅度比以往更大,即其工具性、价值性表现也更强,由此产生的社会问题同样是不容忽视的。如果从直观上,人们觉得救助被滥用,救助不公,救助损害公平,那么救助的负面性就会大于正面性。救助负面性的影响不只是影响救助的组织,更重要的是损害救助存在的"慈善"的认同。由此,在实践中应使社会救助本质与现象一致,即尽可能克服救助中的慈善及与由救助行动引发的"合理、应当、公平、正义"的工具性及价值性问题两者对立和分离的情形,让人们在救助的过程中获得其他行为无法给予的幸福与安乐情感体验的同时,感受到公平正义。

第二节　责权的角度

从社会救助发生的最初形态看,救助与责权无关,只是出于人与生俱来的慈悲之心、善良意志。对穷困者施以援手,是因为人都是有感情的,正是"慈善"这一主要的情感使人们面对同类的穷困潦倒不会视而不见,而是很自然的由人及己。特别是在人类早期,尤其是遭遇不可抗的自然灾害侵袭,对遭受困顿的人们伸出援手是人的本能、本性。当然在这一问题上,也有一种说法是无所谓善恶,只是一种完全的本能。其实本能是有善恶之分的,只是人们是否自觉意识到而已,因而人哪怕是潜意识地给予困顿者援助都是出于慈悲之心、善良意志。这也是我们所说的人之所以为人,人与动物的分别,更是人以群体方式生存的价值和意义得以存在的依据之一在于人的"慈善"。然而,如前文讨论到的问题,当社会生产方式由自给自足的农耕时代进入工业时代后,人们遇到的贫困问题不像农耕时代单纯。人的贫困主要的不是因为不可抗的自然灾害,而是不可预测的时而扩大、时而缩小的社会化大生产。当生产扩张时,离开并失去土地,依靠生产流水线某个环节工作挣得生活费的人们面对失业带来的生活无着同样如自然灾害不可抗,同样是个人力量无法解决的。同时,由失业而产生的贫困问题如同历史上其他原因产生的贫困一样,会影响社会的稳定。这一时期,因失业而产生的贫困问题相比于历史上其他原因产生的贫困问题更具有社会属性。其阶级、阶层的财富差别在人们的认识中不再简单地归因于先天的禀赋,人们更从社会阶级的差别思考问题,并把这些问题看作社会的不公。由此,才有《乌托邦》的作者,空想社会主义者托马斯·莫尔在担任大法官期间给贫苦百姓帮助的同时,向当时的国王呼吁给予贫困者补助。再如在 1572 年以前,英国的社会救济主要来源于教会和民众的慈善捐助,即 1572 年以前的社会救助的起点是基于社会救助本源性的"慈善之心",而 1572 年以后,社会救助的责任与权利问题更甚于"慈善"。由此,以国家的强制力要求每个国民必须交纳济贫基金成为国家的决策。1601 年伊丽莎白颁布的《济贫法》更是把济贫与纳税结合起来,出现了济贫税。[1] 这就说明,在机器化大生产之后,人们对贫困产生的根源不再简单地局限于不可抗的自然力,而是从社会生产、生活的群体性、整体性来分析贫困所带来的社会阶级、阶层分化的后果。这一后果不只是贫困者生存的问题,还会殃及统治者利益,因为其会引发为生存而起的对统治者的颠覆性斗争。由此,救助不只是基于"慈善之心"的行为,还应当是作为政府及国民的"责任"与"权利"问题。即贫困有自身的原因或责任,而更多的是社会的原因或责任;获得社会救助不只是接受他人的施舍,而是作为社会一员的权利。此时,"慈善之心"这一救助的自然本性,衍生为具有社会连带关系的社会利益与个人利益的平衡器,表现为以"责任和权利"面目出现的公共的带有工具性的行为选择。这样一来"合理、应当、公平、正义"的问题自然成为人们看待、评价救助的重要问题之一了。

在全面建成小康社会、努力实现中国梦的背景下,救助中"合理、应当、公平、正义"的问题的关注也已成为我们的共识。社会救助不只是"慈善"的本能,还要成为国家及政府的自觉责任,获得救助应当成为贫困者的权利。因为我国贫困群体的产生原因是多重的,当然贫困产生不排除个人的原因,但社会的原因更大。我国改革开放采取的是效率优先,摸着石头过河的改革探索方

---

① 丁建定、杨风娟:《英国社会保障制度的发展》,中国劳动社会保障出版社 2004 年版,第 5 页。

式,使部分群体在改革的试验中失去部分利益,导致贫困。如由于工业区的建设,地方政府征用了农民的土地,使农民失去了最基本的生产资料,而工业区由于各种原因发展不良,又不能及时吸纳失去土地的农民,使农民转变为企业工人,从而产生失地农民的生活贫困。再如中小型企业的转制,使部分年长又缺乏新技能的工人被改制或转制淘汰而下岗,导致生活无着。我们在早年为摆脱贫困谋求发展的改革可能是导致贫困或弱势群体产生的原因,那么解决贫困,给予救助不再是"慈善之心"了,而是国家、社会必然要承担的责任,是弱势群体的必然权利。从责任和权利的意义上把握救助,使社会救助成为国家和政府的自觉行动并获得更多的财政支持对于救助的发展更有益。党的十八大报告第七大点强调:在改善民生中谋求社会发展,"要多谋民生之利,多解民生之忧,解决好人民最关心最直接最现实的利益问题,在学有所教、劳有所得、病有所医、老有所养、住有所居上持续取得新进展,努力让人民过上更好生活"。[1] 这一目标显然包含了弱势群体在内的对全体国民基本生存及发展的自觉责任与使命意识。我们肯定政府的民生意识,但是,如果过度或只突出社会、国家(政府)的责任,突出弱势者的权利,而淡化、弱化、甚至忽视救助的"慈善"性,救助的施舍性,依赖救助,因救助不到位而产生的怨愤情绪将不利于社会的发展。如前面提到的徐纯合,据称,徐纯合 2014 年 12 月 12 日曾在网上发帖求助:"我的家人一个老妈妈,82 岁。三个孩子,一个神经病的妻子45 岁,我本人 45 岁,先天性心脏病,风湿性肾炎,病史 3 年有余,我家 5 个人的低保,可每个季度 3 个月两千元,我该怎么办,望大家帮我想想办法,我该怎么办?"2014 年 4 月,他上传 24 张自家房子照片,咨询网友是否可以申请"低保房"。因有人认为此人好吃懒做,有网民跟着留言:"帮你什么,你游手好闲,大男人不要脸不挣钱,活该这样。"[2]由此,社会救助中,坚持"慈善"本源性,关注社会救助中的"合理、应当、公平、正义"性,注意国家(政府)责任,个人权利有限性,以避免产生救助依赖,尤其要避免产生因救助得不到或不如意

---

① 丁建定、杨凤娟:《英国社会保障制度的发展》,中国劳动社会保障出版社 2004 年版,第 5 页。
② 墨黑纸白:《真相之前:徐纯合究竟是不是一个暴徒?》,2015 年 5 月 13 日,见 http://blog. sina.com.cn/s/blog_68ee03e70102vl4h.html。

而产生的负面情绪也是一个问题。

第三节　价值的角度

社会救助是实践伦理,价值自在其中。价值是由本源性决定的,价值是通过现象为人感知的,即价值为人所认同是以本源存在或与本源相关的现象为依据的。人们是否接受救助的事实,是否投身于救助的活动,其认识和行动的出发点、行动的根据是本源性的存在,即本源性的存在为工具及价值性认同提供理论支撑。关于救助的认识有多种,如救助应该是基于感同身受,出于完全并纯粹的慈善之心,善良意志的不求回报的施舍、给予;或救助是基于社会、国家整体安定团结秩序的公民权利;救助是代表公权的政府责任等。不同时期,不同的救助情形,救助的价值问题不同,但在社会化程度越来越高的工业化大生产之后,救助的价值问题主要关注及解决的是这一事物或现象存在的"合理、应当、公平、正义"性,而不是是否出于慈善之心,善良意志的"同情"和"怜悯"。救助不只是要告知人们什么样的救助及行为具有存在的必然性,还要体现什么样的救助才是"合理、应当、公平、正义"的。在实践中,救助是否基于"慈善"这一本源意义就让位于救助的价值问题了,即人们在选择行动时,不再考虑我的救助行为到底是因何而起,是不是出于与生俱来的感同身受的同情,怜悯的"慈善",而更多考虑的是救助的起因、过程和结果的"合理、应当、公平、正义"。如我们在文章开篇所提到的,香港人为日本地震捐款很自然,因为都是地球一员,还是邻里,对地震这样不可抗自然力造成的灾难,人们自然地有帮助、扶助的发自感同身受的以"慈善"、"同情"为主的心理动机。以此类推,在四川雅安发生 7.0 级地震同样要给予救助,然而部分香港人拒绝出手相助,理由是"内地善款缺乏监督,担心被贪污"。在过去,面对困难,作为同类,更作为同胞,对受苦受难的民众以及时帮助是很自然的,把这份源自感同身受的发于"慈善"的暖暖情意送到是人之常情,不需要太多顾虑,不必考虑善款的妥善使用,质疑善款使用。然而,这一救助拒绝,从现象表面上看是管理的问题,但实质上反映出人们对救助的"合理、应当、公平、正义"的重视甚于"慈善"的考量,救助在当下,人们更关注其"合理、应当、公平、正义"性。在救助实践中,我们常遇到的问题,如这个善款是不是应当由民众捐呢? 是不是应当由政府全部负责呢? 如果是民众捐助,善款是不是都能到达人们意向的捐助对象呢? 如果善款募集很多,多余的又应该如何处理呢? 如果这些多余的善款送不到受困者手中,不用于最初发动捐助时公告的救助者,是否违背了捐助人捐助意向呢? 这一"合理、应当、公平、正义"的价值性思维的向度反过来已影响对救助本源的定位。即当救助的"合理、应当、公平、正义"无法确定时,同情、慈悲、怜悯就没有意义,人们担心"慈善"被利用、被滥用。我们在街头看到的职业乞讨,由于其职业性,大多数人路过、走过,却视而不见,哪怕是乞讨者把手伸到面前,也一并拒绝。也正是由于职业乞丐现象的存在,使人们对救助存在的本源依据——"慈善"的被否定,使救助存在的必然性的支柱夭折。从这个角度上看,救助价值是影响到救助本源终极存在的主观、能动性选择因素,在救助中,尤其在救助的实践中,救助的"慈善"本源性,不可避免地要与救助的价值"合理、应然、公平、正义"结合在一起。也正是如此,在救助的态度上,有主张"慈善"的本源论,即只要是出于人本性的同情、怜悯、慈悲就行,不管善款善资如何使用,作为捐助人本身,只要对得起自己的良心就好,只要出于慈悲之心就行,其他不必操心。有主张"合理、应然、公平、正义"的价值论。救助不只是对受众的慈善行动,救助还要考虑对全体民众的价值诉求。当然最理想的是"慈善"的本源性和主张"合理、应然、公平、正义"的价值两者的统一,使人类的美好情感和理性相吻合。

在全面建成小康社会、努力实现中国梦的背景下,公平正义成为当前出现频率最高的用词,建立"权利公平、机会公平、规则公平为主要内容的社会公平保障体系"是党的十八大提出的一个奋斗目标。[①] 党的十八届三中全会也强调人民福祉是工作的出发点和落脚点,深化改革的价值导向依然是社会公

---

① 胡锦涛:《坚定不移沿着中国特色社会主义道路前进　为全面建成小康社会而奋斗——在中国共产党第十八次全国代表大会上的报告》(2012 年 11 月 8 日),《党建研究》2012 年第12 期。

平正义,公共服务要均等化。^① 作为对弱势群体或灾害受困人群的社会救助,也是保障和改善民生的保底工程,应当把"合理、应当、公平、正义"的价值理念放在突出的位置。这一本出自"慈善"的公益事业作为和谐社会建构的一个砝码,不只是善良愿望,还要考虑其在增进社会公平,促进社会和谐上的作用。在人们觉悟和自我意识日益凸显的当下,应当加强慈善救助事业的管理和创新,增强管理的透明度,在善款善资的募集过程中,不只强调捐赠的"慈善"本源性,还要突出善款、善资管理运作的流程,化解民众对善款、善资使用的担忧和质疑,即彰显救助的"合理、应然、公平、正义"的价值导向。

第四节　方法的角度

一般本源问题与认识问题是连在一起的,由于本源问题与认识问题相连,自然就与方法问题相关。当然,本源与认识及方法的辩证统一有个发展的过程。在马克思以前,受主客二分的影响,本源大多数时候是客观的纯粹的存在,而主观无法真正认识反映本源,人们对本源的认识充其量是模糊的意向概括。如康德就认为人们至多能认识到事物的现象。社会救助的本源是"慈善",这是从人作为同类生而有之的本源性、先在性去定位的。那么在社会生活中,人们表现出对受困者的同情、怜悯并在行动上给予救助是因为在社会现象上的人的类存在,即人是以群体的方式生产、生活的。正如马克思主义所说的人类社会最基本的矛盾是生产力与生产关系。在生活的现实中,社会救助在表现上就不会是单纯地以"慈善"出现,它还会反映并指向由生产力决定的生产关系,反映并指向人与人的利益关系,由此,救助就超越了"慈善",而具有了权利、责任、义务的属性,由此就产生了"合理、应然、公平、正义"等问题。由这些问题就影响甚至决定人们对贫困采取的方法。这一逻辑描述起来就

---

① 中国共产党第十八届中央委员会:《中国共产党十八届三中全会公报》(2013 年 11 月 12 日),《中国合作经济》2013 年第 11 期。

是:本源决定价值,价值决定态度,态度决定方法。人们在"救助是什么","救助应该是什么"的问题分析基础上,对救助应当采取的方法方式做出选择并表现为行动(行为)。如香港捐款的问题,他们认为善良之心不能被利用,因而在四川雅安发生7.0级地震时,以"内地善款缺乏监督,担心被贪污"为由部分港民拒绝捐款。虽然如此,但是雅安发生7.0级地震过程中,有些志愿者,自己亲赴灾区,直接把捐赠送至灾民。如体育明星林丹、谢杏芳直接赴灾区捐赠220万元。① 接着,2013年4月22日,各媒体报道,香港政府向灾区拨款1亿港币救灾。为解决港人的担忧,香港政务司司长林郑月娥发言并通过媒体报道,保证严格监管善款用途。香港政府通过恰当的方法解决捐助过程中可能出现的违背捐赠意志的问题。紧接着,虽然质疑的声音还在,但捐赠救助活动很快发展起来,而同时,善款、善资的使用的公开机制也随之跟上。至于前文提到的徐纯合案,关键是把救助的条件具体化,避免过于概括的原则性语言,以影响当事人对救助的客观判断和适度、合理的期待。

由此可见,社会救助的"慈善"本源仍然是其存在的根本,而至于"合理、应然、公平、正义"等问题是操作性的,工具及价值导向性的,可以通过妥善的方法解决的问题。若要使救助事业得以持续并有效地发展,使救助获得广大人民的支持,必然要把本源性与工具及价值性问题有机地结合起来,即本源是出于"慈善",那么施行的方法上又要凸显"合理、应然、公平、正义"的价值诉求。行动方案的设定、具体的操作流程,救助产生的成效及时地公示,使"慈善"的本源意义得以真实实现,那么救助就可以得到支持,操作性的,工具及价值导向性的"合理、应然、公平、正义"的问题自然不是问题。

总之,人们思考及讨论问题时,一般不会满足于某种事物现象或文本的认识,而是追问其存在的价值和意义。尤其在今日市场经济深入人心,民主意识增强,个人利益相对凸显的社会现实下,当一项工作、一项事业提出,人们往往会问"为什么","这样做的意义何在","这项工作或事业的普遍意义或普遍价值何在"等。这些问题或追问,不能简单批评说是"吃饱了饭,没事干"的所谓

① 许苗.《林丹谢杏芳前往灾区帮助救灾 捐款220万元》,《广州日报》2013年4月23日。

形而上情结。正是这样的追问和思考,反映了人们对事物的认识超越了现象和事件本身,人们欲探求现象背后的具有普遍意义和价值的存在依据,并希望对这些问题的解答使人们能更理性地面对和处理问题的同时,更积极并主动投身于这项事业建设及发展中去。在全面建成小康社会、努力实现中国梦的背景下,深化改革,推进社会领域的制度创新,离不开对事物更全面的把握。如果能从本源到本质到现象呈现、价值引导、方式方法的一贯性把握社会救助,那么深化社会救助改革既有宏观的高起点,又有现实的实践落脚点。社会救助作为实践伦理,既能从理论上反映人性,也有实践上行动及结果的落实,救助的"慈善"与救助的"合理、应当、公平、正义"如能做到结合,不只是促进救助事业发展,对弘扬传统美德,培育社会主义核心价值观都有促进的作用。

第三章　社会救助的基本伦理规则

社会救助是指社会为保证每个公民享有基本生活权利,而对因自然灾害、意外事故和残疾等原因而无力维持基本生活的灾民、贫民提供必要的生活物资、保障设施,生产资料、劳务、技术、信息服务等的扶持和帮助形式,自然灾害救助、失业救助、孤寡病残救助和城乡困难户救助是最主要的大方面。社会救助的目的是扶危济困,接受社会救助的对象不需付出,可无偿获得生活、生产等物质及精神上的无偿援助,这也是社会救助最核心最本质的特征。但由于社会救助针对的是弱势群体或生存困难的人们而并非全体民众,在指向群体上有特殊性,即救助获得的个别性及选择性。社会救助以政府财政为主要的援助来源,以非政府组织及个人的捐赠为补充,因而,为避免纳税人的钱被滥用,避免慈善之心被亵渎,社会救助必定有法定的依据。综合以上的分析,可总结概括为:"社会救助具有鲜明的目的性、无偿性、特殊性、法定性。"

在现实的操作中,要确保社会救助的真正公益性,必然要具备两个条件:一是救助对象存在的困难的真实性。二是救助操作过程应当遵从并自觉运用基本的伦理规则。事实的认定可以是经验的,通过调查凭借经验就可以确定基本事实,虽然事实不等于真实,但救助的特殊性大多数情况下仍然是可以依靠经验确定,且避免发生偏差的把握是较大的。社会救助中容易产生分歧的主要方面更多在于操作层面。操作上出现的分歧和偏差的主要原因往往是人们对救助中应当遵从的规则认识不一致,在运行的过程中无法认同运作的前提及程序。当然,在不同的历史时期,由于制度变革,文化传播及演变等影响,社会救助伦理观念也随时代发展而动态变化,由此,对救助当与不当,该与不该的讨论始终是存在的。讨论或厘清社会救助基本伦理规则的目的是希望借此可有利于全面并综合把握社会救助及其有效操作、运行的基本伦理问题。

规则,指的是人们行为所依据的准则或规范,其既包含着明文规定的或约定俗成的标准,又包含规范人们行动的操作尺度。社会救助作为实践伦理,虽然不同时期不同的学者由于研究的视角不同,立场不同,对社会救助中伦理规则看法不同,观点不同,但是,社会救助中包含的人本主义思想,平等主义观念,生命共存的价值理念,互爱互助精神等道德规范或曰伦理观念则是被普遍认同的,即其伦理的特征或特性始终如一为人们所认可。这就意味着社会救助的伦理规则首先得体现明文规定或约定俗成的道德标准。在今天社会救助已不仅是一项扶助弱者的基于慈善及同情心的自发行为,而是已经演变为一项基于社会福利及社会保障的制度性设计,因而,社会救助的伦理规则不只是伦理观念的认可,还必然是在操作中需要遵守的标准及尺度。社会救助伦理基本规则应为:基本规则=标准尺度+操作规范。在此,由于标准尺度及操作规范的量化及把握认识还不足,仅就救助伦理中涉及的基本规则的关系进行探讨。

人不管如何强调其个体性、主体性存在,但是人类社会作为一个共同体存在的事实不可改变,也正是因为个人是人类社会这一共同体的一员,才有社会救助存在的可能及必需,才有最初的临时性救济发展到今天的社会保障性的救助制度设计。因而,社会救助的道德标准要求是基于或秉承社会契约的传统的,社会救助操作的规范是把社会救助作为社会管理中所需要解决及遵循的社会生存的道德秩序来对待的对伦理关系的价值判断。正是基于这样的认识,在此,主要从"责任、权利、义务";"公平、正义、平等";"尊严、文明、幸福";"社会、集体、个人"四大关系探讨社会救助的基本伦理规则。这四大关系涉及的词是模糊的,随着历史进程及时代的变革可以有不同的理解,因而我们在讨论中以历史的发展过程为线索。

历史的发展过程,直接体现为时间的顺序性,表现为朝代的更迭,以时间为叙述的对象是强调发展的线索及观念选择更新的过程性。鉴于朝代的复杂,虽然对社会形态的划分有争议,但考虑到论述的时间线索相对归整,依据

第一章划分的启蒙、形成、发展、完善的不同阶段进行讨论。

第一节　责任、权利、义务

　　责任、权利、义务皆是人们因社会关系而起,由所扮演的社会角色而赋予。责任指应当完成的带有强制性的任务及因不能完成任务而必须承担的不可推卸的后果。权利是由相应的社会角色而获得的社会资格及对社会资源、某些利益的支配及主张的力量与依据。义务是作为社会人应该尽到的责任及不求回报的行动付出。马克思说:"人不是处在某种虚幻的离群索居和固定不变状态的人,而是处在现实的,可以通过经验观察到的,在一定条件下进行的发展过程中的人"。① 这就意味着要认识并规划人们的行动,就得把人放在群体或社会中,从具体的经验观察中界定、认识、规范人。

　　在责任、权利、义务的问题上,柏拉图及斯多葛派认为虽然人本身先天就有某种权利,但是对责任、权利、义务的认识是有一个过程性的。在原始社会,由于生产资料的原始公有,实行原始的平均主义,在社会生活中不存在阶级差别,人与人具有同等的社会地位,因而责任、权利、义务在原始社会是混淆于一体,没有区分的。作为氏族最高首领的酋长负有保卫民众的使命,但是,无论是酋长,还是氏族成员因其角色应当获得的权利,应当承担的责任和义务是不为人们所具体认识并理性区分的,皆为笼统的意识。责任、权利、义务的具体的分化或区分是随着阶级产生之后产生的。由于阶级的分化,处于不同阶级的人们所应当获得的权利并由权利而应当承担的责任与义务不同。不同社会形态,责任、权利、义务的大小、要求不同。总体上而言,私有化程度越高,专制程度越高,权利对有产者而言就越高,对于无产者而言就越低;反之,责任、义务对有产者而言就越低,对于无产者而言就越高。在奴隶社会,奴隶主拥有至高无上的权利,而责任、义务几乎不予考虑;而奴隶处于完全的服从地位,只有

---

① 《马克思恩格斯选集》第 2 卷,人民出版社 1995 年版,第 73 页。

责任、义务,权利却无从谈起。在封建社会责任、权利、义务有所改善,但是地主阶级在权利上仍然优于农民。在资本主义社会,虽然强调人生而平等,表面上强调权利、责任、义务的对等,由于资产的差别,权利、责任、义务事实上不平等,即财产的不平等使权利、责任、义务的平等流于文本而形式化、表面化。社会主义社会,从理想的境界上,力求实现权利、责任、义务的平等,消灭阶级的差别。事实上,社会主义社会的理想毕竟不是现实,由于经济、地位等事实的差异,权利、责任、义务的关系仍然是有差别的,只是在现实中,随着发展的阶段性的进展,日益向理想的状态迈进。

权利、责任、义务的历史阶段性的发展变化,也相应地反映在社会救助的问题上。启蒙时期,权利、责任、义务混淆,当遇到困难时,作为同宗、同族、同类,人们自然且本能地共同应对;而作为氏族酋长,对于遇到生活困难的族人,亦然从保护的自然本能出发,会号召并给予受困的人们临时性的接济。此时的自然本能的救济、救助与生产力发展水平直接相关。在当时,人与自然更多的是融合状态,人的力量有限,无力抗击自然的风险,对遇到困难,尤其是自然灾害生活无着的人们,往往会基于感同身受的同情心和恻隐心给予力所能及的临时性接济及帮助。同时,由于人的能力有限,对于无法抗拒的自然力,人们赋予有神论的解释,给予遭遇困难的人们以帮助,同样也会在族人中借以神的名义。总之,给予困难者帮助是自然而然的,应分的,是神的要求,即无论是给予还是获得救助皆为自然本性使然,此时,救助的权利、责任、义务是不加以区别的。这可以反映在众多的神话故事中,无论东西方的神话传说中,都普遍存在这样的内容,反映相似的自发的伦理道德取向。如第一章里讲到的古埃及神话故事《伊西斯寻夫路》中的奥西里斯和伊西斯,中国神话传说中的女娲、大禹,他们的救苦救难就是神的责任和本分。无论东西方,凡是得到人们尊重、敬佩的神都有舍弃自我、普度众生的故事及传说。

形成时期,农耕时代。国王至高无上,奴隶主贵族处于社会上层的优越地位,为缓和阶级矛盾,维护奴隶主阶级利益,避免因危机而产生过分激烈的阶级冲突,从而对整个社会稳定不利,他们从缓和阶级矛盾的需要出发,把给予穷困者地位,帮助穷困者渡过难关作为治国的方略之一。如枭雄一时的巴比伦国王汉谟拉比把"遇到困难时应当相互帮助"写入了法典。虽然这里的"相互帮助"限于城邦国家的自由公民,不包括奴隶,但这一写入法典的条款在成为城邦人人格平等、公平相处的基本要求的同时,把城邦人凝聚一体的"同一心"强化了,有利于促进城邦人的团结合作精神。古罗马在公元前100年,也规定一旦城邦里的公民遇到生活无着的困境时,城邦贵族要给受困的公民施以谷物等生活用品。在中国古代"仁仁"思想也是重要的内容,儒家经典《论语》强调的仁爱、仁政、仁者爱人,就包含对穷困者给予全心全意的、由人及己、感同身受的帮助,这种帮助之心既是人品的表现,也是统治者以"仁仁"思想约束人们社会生活的一种方式,由此,救助的伦理规则成为巩固政治权威、维护政治统治的一种手段。如果从阶级本质的角度分析,此时的救助对于统治者而言是基于需要,利用了民众的同情心及困难处境作为巩固统治地位的工具,并没有把救助作为国家、君王的责任、义务的认识,被救助一方也不会从权利的角度认识救助。反而,被救助一方基于困境的现实需要及对君王给予的救助感恩戴德的心理情结而产生对君王、官员的简单崇拜,更加顺从、服从于统治。

农耕发展进入土地租赁时期,即封建社会。由于生产力的发展,社会组织的管理也日益发展、完善,危机应对的意识越来越强,不再是简单的遇事处事,而是从制度的层面设计应灾、抗灾、救灾的制度体系,从而救助的社会性、常规性得以确立。中国早在西周,尤其是秦始皇统一大业后,为应对自然及战争的灾害,就有应急的仓储制度,对因灾而流亡的百姓给予安置,对于因灾无法进行生产的农户给予复耕帮助的同时减免税费,对于鳏寡孤独废疾者给予养恤、救济。我国宋代,社会救助或救济制度通过对旧制度的改造、发展达到成熟的境界,此时从仓储、赋税、赈济、养恤等涉及灾民及贫民的救济、救助都形成了有制度化规约的惯例。在《宋史·食货志》中对宋代的政府救济、救助制度给予高度评价"宋之为治,一本于仁厚,凡赈贫恤患之意,视前代尤为切至"。①宋代为使灾荒年月不起纷争,减少流民,使赈贫恤患更及时有效,完善了早在西周就开始的仓储制度,设立了用途不同、储备意义各具特色的各种仓库,有

---

① 虞祖尧:《历代食货志今译》,江西人民出版社1990年版,第52页。

用于应急,平抑荒年粮食价格的平仓;有发挥民间力量,鼓励人们捐助用于济民救荒的义仓、社仓;有用于贫困接济的广惠仓、惠民仓;有为丰收之年储备多余粮食以备荒年而建造的丰储仓。为了避免鳏寡孤独废疾者流离失所,还设立了收留机构,称之为福田院、居养院、安济坊、慈幼局、养济院、漏泽园等。宋代还有医疗的救助,对一些因疾病而致贫,无力治疗的病人,还给发钱发药,庆历年间称之为"善救方"。值得指出的是,在宋代,不仅政府在救济、救助上形成惯例,而且民间救济、救助也很发达,尤其在社会经济发展的苏杭一带,救济、救助的情结深入人心,吴兴的王回就自己出资创办利济院。在当年的吴兴,即今日湖州的衣裳街至今还可以从石板上看到表彰民间慈善人士的石刻。其中一则是表彰一名寡妇收养弃婴,照顾街坊孤寡老人的事迹记载,石刻碑文还有要求街坊邻里向她学习的句子。宋代,族群观念也很强,因宗亲、血缘关系而施以救助的更是普遍。宗亲的贫困救助涉及求学、婚姻嫁娶等生活各个方面。若是遇到困难,族群中有宗亲、血缘关系的必然得各尽其力给予困难者帮助,吝啬的对于有宗亲、血缘关系的困难者不顾的人会被社会舆论所指责,被视为薄情寡义、自私自利的人,从而为亲戚、族群等熟人社会所不容。明清,封建社会晚期,救济、救助制度更加完善的同时,救助的力度加大了很多,即帝王用于救济、救助的银两增加。从帝王到将相对救济、救助的认识也更为自觉。《明史·成祖本纪》中有"闻河南饥,有司匿而不报,逮治之并榜示天下,今后有水旱灾作伤不报者,罪不赦"。[1] 清乾隆强调"赈恤一事,乃地方大吏第一要务"。[2] 乾隆还警告官员,有对灾情的失察、讳报者将治以重罪。对于受灾严重之地,还有减免税赋,免交公粮,免服兵役的灾免制度。封建社会救助制度的发展、完善主要仍然是出于政治权力的维护。如清代乾隆,他被称为最具慈善之心,在救助上最舍得投入的皇帝,之所以重视对灾荒饥民的救助,主要的原因是清朝之所以得天下,是因为明朝的灭亡是由于灾荒饥民之乱,他们从前朝的灭亡中吸取教训的结果。利用灾荒饥民之乱,利用民众情绪,煽动饥

---

① 线装经典编委会:《白话明清史》,云南教育出版社 2010 年版,第 16 页。
② 中国第一档案馆编:《乾隆朝上谕档》第 2 册,档案出版社 1991 年版,第 42 页。

民造反,是很多朝代发生政治动荡,甚至覆亡的直接原因。

农耕时代,在救助的权利、责任、义务的问题上虽然动机根源是维护帝王的统治,接受救助不是被救助对象的权利,但是救助灾荒饥民成为帝王将相的当下责任、义务成为现实。对于民众而言,虽然不能从权利的视角理解、认识获得救助,但是,救助的事实客观上还是体现了人与人的温情与友善,体现了人类作为类整体,至少在一个地区,一个国家,国民、族群整体内部人与人的彼此关爱,互相帮助。尽自己的力量或心意给予困难者救助的习惯性思维及行动使社会救济、救助无形中成为世俗的既定的责任和义务。

社会救助发展时期,由农耕时代进入工业时代,即资本的时代,社会在工业化变革的发展中,不仅是生产力水平的提高,更带来社会化发展程度的提高。如最早出台的济贫法是 1601 年英国女王伊丽莎白颁布的《济贫法》,其出台的背景是,由于圈地运动,一部分农民失去土地而加入工厂成为工人,但是由于市场需求的变化,工业生产时而扩大,时而缩小,一部分工人由于技能等各种原因被工厂解雇。而被解雇的工人又没有土地,这些失业而无土地耕种的农民,因生活的经济来源无法解决,导致偷盗、流浪现象增加,迫于生计成为真正意义的无业游民。这一现象让当时的英国政府感觉到是一个社会不稳定因素的同时,也意识到贫困产生的原因不只是个人的,也是社会的。在此认识的基础上,英格兰、威尔士开始征收济贫税,设立教养院,收容失业流浪人员。为使济贫有法律的依据,更具有权威性,1601 年,英国女王伊丽莎白颁布了第一个归属于国家法律的重要文献《济贫法》。《济贫法》虽然直接的现实的目的仍然是维护社会的稳定,但是出台《济贫法》把贫困救助纳入到国家法律层面,政府承担贫困的社会责任的意识从此得以明确确立,这具有划时代的意义。1662 年斯图亚特王朝通过《住所法》,该法规定贫困者要在所在的教区居住一定期限才可以得到贫困救济。《住所法》这一规定把居住区域及居住时间作为获得贫困救济的前提,即政府对贫困人员救助设置了属地原则,表明救济成为政府工作的一项内容的同时,政府认可救济是居民所在地政府应担的责任及义务。而对于流浪者而言,在某地居住一定时间是获得救济的条件,更是作为当地人获得当地政府贫困救济的权利。1795 年,伯克郡通过了"斯皮纳姆兰制",对低于公认的最低生活标准的工人提供补助,这可以视为最低生活保障救济制度的开始。这一补助更从政府行动的层面进一步强调了贫困救助是政府责任与义务,获得救助是贫困者为维持生存可向政府申请或获得救助的权利。此后,社会救助在法律化之后,其社会化、制度化程度更高,救助的权利、责任、义务更是日益明确。救助从最早的完全基于人性道德的怜悯、同情、仁爱之心成为基于权利、责任及义务的带有法律性质的社会管理及秩序维护的实践伦理行动。

社会救助完善时期,工业、工业后时代,即对资本主义反思、反叛而建立的社会主义时代。此时人民群众无论是事实或名义上都成为国家的主人,政党、政治、政府都要从人民群众的利益出发,如同毛泽东所题写的"全心全意为人民服务"。此时,救助的权利、责任、义务的认识和界定更为明确、清晰且自觉。当遇到灾荒、困难得到国家、政府的救济、救助是人民的当然权利,更是政府的应然责任和义务。在中国共产党的灾荒救助史上,救助不是同情、给予,而是基于社会主义大家庭的对灾荒、困难的自觉的共同应对。基于"全世界无产阶级联合起来的"的阶级理念,同为社会主义国家,人道主义的援助也是跨越国界的。如,1949年,历经多年革命,新成立的中华人民共和国,百废待兴,斯大林领导的苏联动用人力、物力,帮助中方编制计划,援建项目,供应设备,传授技术,代培人才,提供低息贷款,并派出3000多名专家和顾问来华帮助建设。虽然中国自己也很困难,但是毛泽东时代的中国援助了越南、蒙古、柬埔寨、阿尔巴尼亚、阿尔及利亚、缅甸、老挝等上百个更弱小的国家。当时,类似这样的跨越国界的援助,表现出高度的国际主义精神。国际都如此,对于本国的人民,给予和获得救助自然既是权利,也是责任与义务了。正是基于社会主义公有制的认识,人民就是国家的主人,随着生产力的发展,救助作为社会保障机制也就日益得到巩固及完善。社会主义在建设的过程中,也越来越理性地认识到救助不只是一种阶级的感情,也要考虑现实的水平及需要。当理智和情感的结合成为救助制度设计的选择立场,以中国为代表的社会主义国家,从现实的生产力发展水平出发,对社会救助的制度设计也日益追求权利、责任、义务的适度性,即既要给予穷困及遇到困难者帮助,又要避免权利、责任、义务不清而产生救助依赖或救助不当。

在此，特别需要指出，在给予贫困者救助是政府责任及义务，获得救助是贫困者作为公民的权利的认识基础上，工业及工业后时代，无论是资本主义或社会主义，救助逐渐成为各国社会福利及保障的重要内容。当社会救助成为社会保障的内容时，社会救助就真正成为公民的基本权利了。此时的权利、责任、义务也有了更多更清晰的法律文本的支持。如最具福利性救助的英国，针对老年人的生存问题，于1908年颁布了《老年年金法》。依据《老年年金法》凡是到70岁的老人，若生活水平低于社会基本平均生活水平，可获得政府提供的老年生活保障金。1925年颁布《寡妇孤儿及老年年金法》，1934年颁布《失业法》，1945年《家庭津贴法》，1945年《国民救助法》，1986年《社会保障法》……这一系列的法律把失业贫困纳入政府责任，成为政府有责任与义务保障公民生存权的法律依据的同时，把接受救助作为公民维护生存权的基本权利以法律的形式明确确立，贫困的救助转化为全民的社会生活基本保障。但是当越来越多的救助项目进入政府责任及义务范畴，接受及获得救助的公民权利越来越大，政府的负担也随之加重。当救助转化为全民的基本生存保障后，救助的依赖也增强。20世纪70—80年代，拥有从出生到坟墓的完美福利制度保障的英国，由于经济发展速度放缓，庞大的社会福利开支越来越成为沉重的政府负担，英国启动了社会福利改革，削减福利，增强救助的针对性、有效性，减小福利，这一举措其实也是减少救助的依赖。尤其在撒切尔夫人执政期间，她用了梯子和安全网的比喻，认为社会要给人们梯子，供人们自己努力改善生活，也要给人安全网，而安全网只是防止人们跌入深渊而已。撒切尔夫人严格控制失业救济申请条件，缩小救济范围，一些对救济存在高依赖的特殊群体如失业的年轻人、单身父母、长期依赖救济的失业者就得去工作。撒切尔夫人主张缩减福利开支，压缩救助对象的目的是促使有工作能力的人去工作，而理由及依据是获得救助的权利与义务应该对等，即获得救济不只是一个困难的客观事实，还存在一个主观因素的问题。如果救济对象尽到了自己的能力去工作，而没有工作的机会，可获得救助。如果受救济对象没有尽到自己的能力去工作，而是存在救助依赖或对政府福利的依赖，那么救济申请的权利就受限。由此,社会福利保障下,因困难的事实就可以申领救济的应当、应该、应然权利,转变为工作或争取工作的这一义务前提下的权利。当时提出的口号是"为工作付酬","不承担义务就没有权利"。救助的责任、权利、义务的认识除了与生产力发展水平相关外,还与人们的价值观直接对应。崇尚"独立"、"自主"精神的美国,在救助的责任、权利、义务的问题上,始终保持理性和客观。在经济危机时期,由罗斯福于1933年通过了《联邦紧急救助法》,1935年通过《社会保障法》把妇女儿童、老年人、残疾人等纳入社会救助范围,但美国在救助的问题上始终强调责任、义务与权利对等。政府救助的责任和义务有限,只有经过努力,其主观愿望无法应对并解决困难的群体才可以成为救助的对象,即要获得政府的救助,首要的前提是自己是否尽到了努力。克林顿执政期间通过了《个人责任与就业机会调整法案》,布什通过了《为自立而工作的法案》。虽然从福利的角度上,美国的社会救助水平有所提高,但是美国的救助申请设定的前提和条件很多,特别突出"独立"、"自主"的精神,救助以能工作或帮助其工作作为前提及条件。在具体的实践中,美国政府救助第一环节是提供工作培训及辅助服务,能工作者一定得工作。政府提供的救助对于有工作可能的人也有时限,连续接受救济24个月,就得开始工作。这样的规定就说明个人尽职尽能力工作,政府提供工作帮助,受助者应当接受工作是最重要的受助者获得救助权利应当尽到的义务。

由以上的论述,可见,救助的伦理涉及权利、责任、义务的关系问题,三者之间关系的处理方式往往是救助应该不应该的衡量尺度之一,或在实践中处理救助所涉及的规则内容之一。由于不同的社会生产力发展水平,社会制度的差别,权利、责任、义务的具体内容及指向的对象在不同的发展阶段有所区别,但总体而言,这三者经历了早期的模糊不分到今日已日益朝着权利、责任、义务的对等的方向发展。救助不只是早期对弱势的同情、怜悯,也是带有法制的规则性的关系问题,作为社会人获得救助是权利,不再是简单的施舍,即获得救助成为权利的同时,不只是考虑困难的现实,还要考虑人本身主观上是否有尽到个人的努力,当然对于确实以自己个人主观愿望无法改变困境的人们,如老人、儿童、残疾无法工作的人们除外。总体上,对于救助依赖人们给予谴责。对救助依赖的谴责不只是在贫困救助中存在，即使在自然的灾荒救助中，人们在道义上也不认同。如2008年5月12日，四川绵阳地震，就有救助依赖现象被报道批评，对受灾地区发出呼吁："发挥灾后重建的主体作用，不能只依赖国家力量来建设一个新家园——因为，躺在受灾温床上，比地震更可怕。"①因而，当救助日益从权利、责任、义务的角度给予认识后，传统的带有怜悯、施舍性的临时性救助由此弱化。在现实中最典型的是，当我们在遇到有困难的人们时，更直觉的是给予困难者提供寻求民政等类似政府机构的信息帮助，而不是直接给予现实的钱财、物资的施舍。一些在街头求乞的人们，得到人们的同情也不容易，对街头求乞一见即心生怜悯的人越来越少了。究其原因：一是人们怀疑其困难的真实性，二是人们认为救助不再是一个简单地同情问题，而是一个政府应当解决的社会保障的问题。对贫困救助的权利、责任、义务的认识已上升到社会、国家的层面，而不是个人的，或者亲邻的怜悯及同情。在我们走访的乡村中也发现，村民对村中的贫困户不再是同情、不再是简单的给予救助。在说到某人遇到困难时，人们无一例外还会提到其困难产生的原因。如果是因为疾病等天灾人祸等不可抗拒的原因而导致的贫穷，人们会表达同情。在我们走访的乡村中，我们更多听到的是人们对贫困户的批评，如缺乏技能，不会处理家庭、社会关系，性格缺陷……即村民们很自然地强调贫困产生的个人因素。这样的现象说明，时下村民对贫困不再是自然心生同情出手相助，人们更习惯并首先从权利、责任、义务去认识或思考贫困救助的问题。

第二节　公平、正义、平等

公平、正义、平等虽然也是一个社会关系问题，公平、正义、平等从其直接的学科归属上还是一个实践法学的范畴，即归属于实践伦理的最基本规则及要求。公平、正义、平等还是政治学的核心概念，即人们在社会关系中追求的

---

① 莫清华：《警惕灾后"救助依赖症"》，《海南日报》2008年6月13日。

最佳存在秩序的价值指向,是人们对人类生存的理想的价值定位。公平,是"公"和"平"的联合词语,公,即"公正、合理",平,即"平等、平均"。《管子·形势解》中有"天公平而无私,故美恶莫不覆;地公平而无私,故大小莫不载"。① 意为:上天公平没有私心,所以无论是美还是恶都为天所覆盖;大地公平没有私心,所以无论事物大小都为地所承载。这里的"公平"包含两方面内容,一是不存在所有权的差异,众人所享,众物所有。二是不存在利益拥有或获得的差异,无论大小,无论性质优劣都可以享有。如苍天、大地如此的无所不包,无所不容的"公平"只能是理想的非现实的,但这样的"公平"之境作为理想在现实的社会生活中被定义和理解为在一定的秩序及规则下,人们应当获得的无差别待遇。这样的公平所依存的秩序及规则,在现代社会一般是以法律、风俗习惯、协约为依据的。

正义,这一词首先让人们想到罗尔斯的《正义论》,人们往往习惯把正义观作为西方的主要价值理念,而非中国本土的哲学。罗尔斯对正义进行了相对系统的解读,但正义的认识、理解与把握在中国也是早已有之。正义是"正"和"义"的联合词语,正,即"不偏不倚",指的是方位,引申为合乎法度,引喻为人们处理方式的"居中"方式或"中立"的态度,由此,正也是"忠直",直接指的是人之优秀道德品质。义,即道义,适宜的合宜的有利于公益的情感、行为、道理。在人们处理社会关系时所用到的"义",主要是强调有利于民众,对社会大众有益的事情,因而有"君子喻于义,小人喻于利"。② 即君子,道德高尚的人看重的是道义,而小人,道德低劣的人看重的是利益。"君子义以为质,礼以行之",③"不义而富且贵,于我如浮云"。④ 孟子还说"生,亦我所欲

---

① 出自《管子·形势解》,转引自刘晓靖:《公平、公正、正义、平等辨析》,《郑州大学学报(哲学社会科学版)》2009 年第 1 期。

② 出自《论语·里仁》,转引自陈光磊等编著:《中国古代名句辞典》,上海辞书出版社 1986 年版,第 316 页。

③ 出自《论语·卫灵公》,转引自陈光磊等编著:《中国古代名句辞典》,上海辞书出版社 1986 年版,第 158 页。

④ 出自《论语·述而》,转引自陈光磊等编著:《中国古代名句辞典》,上海辞书出版社 1986 年版,第 145 页。

也,义,亦我所欲也,二者不可得兼,舍生而取义者也"。① 在中国正义是君子之道,是大众的利益所在,正义之举即为大众所谋。西方,正义也古已有之。柏拉图说:"正义就是给每个人以适如其分的报答"②;是善及智慧;更是社会必需的规则。近代功利主义集大成者穆勒说:"坚持给予每个人应得之物的原则,不但是我们业已界定的正义理念中不可分割的一部分,而且也是正义感指向的正确目标。"③罗尔斯的《正义论》中的正义在功利主义的基础上,附加了制度安排的前提,即在合理的社会制度的安排下,合理合法地划分各社会群体的利益与负担,合理分配各社会成员的权利及义务。在罗尔斯的正义论中,正义不只是应得,更是选择及分配权利的公平,强调社会不同阶层、不同群体应当在平等及机会均等的前提下享有权利,分担义务。即在他的正义观中,自由与平等成为正义的先决条件。与中国的正义观比较,中国正义观强调的是品德道义,强调的是为大众而牺牲个体或个人利益。在西方正义对于社会而言,主要着眼于契约精神,是指社会应当给每个人获得其应当得到的利益的合理制度设计。西方的正义解读更符合现代政治及法制的诉求。

平等在今日是一个侧重于人权的政治概念,由于中国长期的封建专制,等级森严,平等也被视为西方的舶来之词,但作为词在中国古代是存在的。如在《聊斋志异·商三官》中写道:"优人孙淳携二弟子往执役。其一王成,姿容平等,而音词清彻,群赞赏焉。"④此处蒲松龄用的"平等"没有政治的意义,只是对一名叫王成的人的姿态相貌的评价,相当于"平常、普通、一般"的代名词。在中国古代,政治上没有使用"平等"一词,但平等的思想或观念是存在的。如《吕氏春秋》中认为人们享有的天地、日月、四季是一样的,没有差别。"天无私覆也,地无私载也,日月无私烛,四时无私行也,行其德而万物得遂长

---

①　出自《孟子·告子上·鱼我所欲也》,转引自陈光磊等编著:《中国古代名句辞典》,上海辞书出版社 1986 年版,第 245 页。

②　[古希腊]柏拉图:《理想国》,郭斌和、张竹明译,商务印书馆 1986 年版,第 7 页。

③　[英]约翰·斯图亚特·穆勒:《功利主义》,叶建新译,九州出版社 2007 年版,第 141 页。

④　蒲松龄著、朱其铠编:《聊斋志异》(二),人民文学出版社 1989 年版,第 243 页。

焉"①,这里表达的是自然平等观,教育的平等观在中国古代也是显见的。孔子认为有教无类。孟子虽然讨论的是人性生而善良而提出:"人皆可以为尧舜"。② 荀子说人生而性恶,但积善成德,"圣可积而致,途之人可以为禹"③。虽然孟子和荀子讨论的是人性问题,但他们的共同点是,肯定人可能生而有异,但通过行善,通过积善,或者说教育,人人都可能成为如同尧舜一样的圣人。这里没有用"平等"一词,却强调了人若都能遵循社会的准则,接受教育,向善积圣,其前途或最终的结果是可以一致的。即这一"人人可为圣人"的观点,在肯定人们努力的前途或最终通过努力可达到或实现的目标问题上是存在平等的可能的,普通人和圣人是可以转化的。由古印度传入中国的《百喻经》中的《劫盗分财喻》中也讲到,曾经有一群贼共同打劫偷盗,得了许多财物后,就一起按等分的方式分财物。这一喻言故事在中国传播,说明分配的平等或曰同一行动,分配均等的观念是为人们所接受的。到了近代,由于西学东渐,更由于反对封建专制制度的需要,激进的革命者,以孙中山为代表的民主斗士引进了西方的自由、平等观。孙中山在同盟会的《革命方略》中提出"虽纬经万端,要其一贯之精神,则为自由、平等、博爱"④"平均地权,文明之福祉,国民平等以享之;我国民循序以进,养成自由平等之资格,中华民国之根本胥于是乎在焉;国人相视皆伯叔兄弟诸姑姐妹,一切平等,无有贵贱之差、贫富之别"。⑤ 此后,平等作为国民政治权利越来越为人们所认识、重视并成为人们社会生活争取的权利。伴随着自由主义的传统,平等在西方萌于古希腊、古罗马时代。尽管古希腊、古罗马作为欧洲公元前的奴隶制城邦国家,阶级等级差

---

① 出自《吕氏春秋·孟春纪》,转引刘晓靖:《公平、公正、正义、平等辨析》,《郑州大学学报(哲学社会科学版)》2009 年第 1 期。

② 出自《孟子·告子章句(下)》,转引自陈光磊等编著:《中国古代名句辞典》,上海辞书出版社1986 年版,第 298 页。

③ 出自《荀子·性恶》,转引自陈光磊等编著:《中国古代名句辞典》,上海辞书出版社 1986 年版,第 326 页。

④ 出自《孙中山全集》(第 1 卷)282 页,转引自屈建军:《孙中山的自由平等观》,《西安政治学院学报》2000 年第 4 期。

⑤ 出自《孙中山全集》(第 1 卷)290—310 页,转引自罗耀九:《孙中山的自由平等观》,《商丘师范学院学报》2000 年第 3 期。

别仍是不可逾越、森严壁垒,但是城邦公民间却早有"平等"的思想。亚里士多德把平等视为每个公民的权利,还把平等区分为比例的平等和结果的平等。中世纪宗教神学占主导地位,但在上帝面前,人人却是平等的。17 至 19 世纪,平等观念更是得以彰扬。如极具西方民主传统的法国,让-雅克·卢梭作为资产阶级启蒙思想家,在他的《人类不平等的起源和基础》一书中,批判了封建君主专制,他认为封建专制政权是社会不平等的根源。卢梭主张经社会契约的形式,建立民主共和国,依据法律以实现公民的政治权利的平等。深受卢梭思想影响的 19 世纪空想社会主义者皮埃尔·勒鲁在他的《论平等》一书中,开篇的序言中就写道:"现代的社会,无论从哪一方面看,除了平等的信条外,再没有别的基础。"①皮埃尔·勒鲁把"自由、平等、博爱"作为法国革命最神圣、最重要的三个词,因由法国革命,这三个词在他眼里已像神的意旨一样,深深地铭刻于人们的心中。当全体人民大声地说出平等这个词时,他说"平等这个词就成为一种原则、一种信条、一种信念、一种信仰、一种宗教"。② 皮埃尔·勒鲁强调的平等不只是公民的,更是人的平等,此处的人指的是人类,每一个存在于这一世界上的人。

公平、正义、平等作为政治的法学的伦理的概念,在最具人道精神的社会救助中也必然存在并一直影响着社会救助。公平、正义、平等同时也是人们参与及评价社会救助合理与否,当与不当的基本规则。原始阶段,即原始社会,人们以采集及狩猎为生,与自然相融的同时,人们抵抗自然灾害的力量非常有限,能拯救人类于危难的要么是神,要么是圣贤。以慈悲为怀的神及圣贤对世间万物没有歧视,皆一视同仁,以拯救天下大众为己任。也正因为人类自身力量弱小,人们把神、圣人视为在穷途末路时可以给予自身拯救的异己的特殊的力量给予顶礼膜拜。除邪恶之神外,代表智者善者的神,尤其是代表神的最高统帅的太阳之神,天皇地母皆以众人之神的至上性为人们所认可,掌握生杀予夺的大权,是人世间公平、正义的化身。如在东西方神话传说中,对于人而言,

① ［法］皮埃尔·勒鲁:《论平等》,王允道译,商务印书馆 1988 年版,第 5 页。
② ［法］皮埃尔·勒鲁:《论平等》,王允道译,商务印书馆 1988 年版,第 21 页。

现实的人类社会是有贫富贵贱的差别的,然而对于神而言,现实的人世间的地位差别只存在人间生活中,但世俗之人无论贫富贵贱皆是世间生灵,在神面前都是平等的。而众生之所以平等,首先,人是神所创,是神按自己的形象创造了人。如中国的女娲造人,那是因为女娲难耐寂寞和孤独,为有聊天的玩伴,按自己的样子造人。在苏美尔神话《安启造人》中讲道,神为了获得面包、衣服得辛苦地劳动。时间长了,神觉得日出而作、日落而息是一种很大的负担。为了减轻劳动的负累,"为众神造些仆人,让仆人生产粮食供神灵们享用",神因而造人。[①] 人是神所造,神若要救助遭遇困难急难的人们时,是不分其身份高低的,众生平等,皆为神明普爱。众神,尤其是圣明之神,皆为人类排除疾困,关键时刻救民于水火。如中国传说中的防风氏错过了诸侯盟会,是因为半路遇到洪水,解救灾民才误了到会的时间。而尧错杀防风氏,把首领之位传与儿子禹,自然为后人有争议,但是,尧传位于禹,是尧认为禹更能救民于水火,能造福人类。正是基于这样的价值观念,一些舍己救民于水火的人也被赋予伟大普爱的神性。在此,再次提到在中国福建、广东,人们信拜的妈祖,妈祖最早并不是神身,本是宋代一个道德高尚的名叫林默的女子因普度众生、行善济世而成为神。人也是神,人也可为神,而人为神的标准则是心性无私、公平正义,具有超越普通百姓的众生平等、扶危济困的自觉意识及超然能力。这些故事,不仅说明扶危济困包含公平、正义、平等,也反映公平、正义、平等是人类早已有之的理想和追求。

农耕时代前期,即奴隶社会随着生产力的发展,出现了剩余产品,一部分人可以占有另一部分人的劳动。若着眼于生产力的进步状态,奴隶社会突破了原始社会的狭隘部落的局限性,并使一部分人可能从生产劳动中解放出来,得以从事社会管理等脑力劳动,这是一大社会进步。从阶级关系的角度,在大多数国家,奴隶是奴隶主的私有财产,没有人身自由,无偿为奴隶主工作,还可以由奴隶主自由买卖,而少数的奴隶却享有远远高于奴隶的奢华生活。所以

---

① 史习成主编:《东方神话传说》第二卷"西亚、北非古代神话",北京大学出版社 1999 年版,第 177—178 页。

着眼于阶级关系,奴隶社会无所谓公平、正义和平等。但是大多数国家的奴隶不是直接产生于本部落的阶级分化,而是由部落征战的俘虏转化而来。《辞海》里解析奴隶:"主要来源为战俘、无力还债的氏族成员、破产的自耕农及小手工业者、被判罪服刑者、奴隶所生的子女等,前者是奴隶主体"。① 奴隶可分为生产奴隶和家内奴隶两大类,生产奴隶是奴隶的主体。早期人类部落间为争守财富存在向外扩张与掠夺,在征战中失败而被俘虏的其他部落的人要么被杀了吃掉,要么被当成人牲,即这些"人"在胜利者眼里不是"人",是如同其他战利品一样的物,可以任意驱使、宰割。在考古研究中,发现中国奴隶社会存在"人殉"及"人祭",1976 年,在安阳武官村北地殷王陵区的考古发掘出的商代祭祀坑 191 座,发现坑中有被杀奴隶骨架 1178 具,其中有一些只有人头,没有肢体的骸骨,同时,这些骸骨与马、象、其他禽兽及器物堆于一起。② 这就说明在奴隶社会,奴隶不是人,被当作物件。不同部族之间,尤其是有利益之争的部族之间主要是对立的关系。救济、救助不可能发生在利益之争、阶级对抗的部族与人们之间,因而救助中涉及的公平、正义、平等在阶级中也就无从谈起。但是在同一部族或同一国家的国民中,出于更好生存的需要,人们会集结于一起共同生活,就如同最早的部落,然后到城邦,到国家……正如亚里士多德说"人类在本性上应该是天生的政治动物","人类自然是趋向于城邦生活的动物"。③ 正是人们以集体的方式生活、生产,在当时的国家中,除奴隶外,还有自由民。西周时"自由民为社会上最广泛、人数最多的劳动者阶层,他们包括自由农民、自由牧民、自由商人及其家属,其中最大量的是自由农民"。④ 在《帝王世纪》中认为,至周公相成王,民口千三百七十一万四千九百二十三人。在非奴隶的国民之间,对于穷困者的救助是存在的。此外,当时人们对自然规律的认识有限,对自然的抵抗力量有限,自然灾害发生时,对人们的生活、生产影

① 夏征农编:《辞海》(1999 年版缩印本),上海辞书出版社 2000 年版,第 2802 页。
② 杨锡璋、杨宝成:《从商代祭祀坑看商代奴隶社会的人牲》,《考古》1977 年第 1 期。
③ [古希腊]亚里士多德:《政治学》,吴寿彭译,商务印书馆 1965 年版,第 30 页,第 7 页。
④ 晋龙涛:《关于夏商周法律性质的几点思考——以曾宪义教授的〈中国法制史〉为主要参照》,《郑州航空工业管理学院学报(社会科学版)》2011 年第 3 期。

响很大。当时旱灾最多,其次是水灾,再其次蝗虫、地震、雪霜、冰雹之灾。"两周八百六十七年间,最显著之灾害,凡八十九次。其中频数最多者,为旱灾,达三十次;次为水灾,凡十六次;再次为蝗螟螽蝝之灾,凡十三次。此外书地震者九;书大歉致饥者八;书霜雪者七;书雹者五;书疫者一。"①这里的数据不能肯定是确凿无疑的,但说明当时灾害在当时人们的记忆中是非常深刻的,对当时人们的生活影响很大。有灾害自然有饥荒,有饥荒必然存在救灾、救济、救助的问题。因而,当灾荒发生时,开仓放粮,友国救济是常有的事。《汉书·食货记》中讲到当时的魏国强大的原因时,说"小饥则发小熟之所敛,中饥则发中熟之所敛,大饥则发大熟之所敛。故虽遇饥馑水旱,籴不贵民不散,取有余补不足也。行之魏国,国以富强"。②齐国发生饥荒时,齐王也开放粮仓,以仓粮赈济灾民。当时还有移民、减租、减息等救济措施。在前面也提到汉谟拉比法典的条款中有"遇到困难时应当相互帮助",古罗马规定城邦贵族对遇到困难生活无着的公民给予救济。因而,可以认为在奴隶社会,奴隶只是人牲,不是人,在奴隶中只有欺压及不平等,不存在救济、救助,但对于一国之君而言,防灾备荒,是否及时给予所辖国民以及时的救济仍然是人们衡量一国之君是否明君的尺度之一,也是关系一国安定团结的重要因素。君王的开仓放粮,赈灾恤灾是没有高低贵贱之别的,对于普通的公民而言,得到救济的机会是均等的。尤其在古巴比伦的法典中还写入这一内容,说明救济、救助在城邦公民间是公平、正义、平等的,只是由于自由民及公民的人数少于奴隶,因而作为救济、救助的保障权益只存在于少数自由民或曰公民之间。当然对于君主国王而言,维护政治统治是其赈灾恤灾的出发点,对自由民、国民的救助是存在恩典,恩赐的不平等身份差异的。

农耕时代后期,即封建社会,从阶级关系的角度,完全的公平、正义、平等同样是不存在的,但随着生产力的发展,人们团队意识更强,社会组织、社会管理较之奴隶社会有更大的进步。中国自秦统一之后,于秦汉之际建立封建帝制。而封建帝制中的"帝"经历了连年征战,逐渐认识到仅靠武力进行国家统

---

① 邓云特:《中国救荒史》,上海书店 1984 年版,第 9 页。
② 西北大学历史系的同志们分段标点、傅东华整理:(东汉)班固:《汉书·食货记》,中华书局 1962 年版,第 1124 页。

治是不行的,同时他们还吸取了殷商因奢侈、荒淫无度而引起民愤,最终灭亡的教训,"德政"的观念及意识日渐强烈。经历诸侯战乱,灾民、流民成为一个影响安定的社会因素。征战抛荒的土地也需要复垦,由于征战而新纳入版图的荒地需要开耕。即基于两个主要原因:一是帝王需要巩固政治,扩展疆土,二是灾民、流民需要安置,因而秦汉把国家的公田以帝王恩赐的方式给予灾民、流民,通过发放种子,减免税赋等方式帮助灾民发展生产、建设家园。特别是两汉时期,自然灾害的发生频率相当高,为避免灾害对政局的影响,尤其是灾民、流民的破坏活动,两汉慢慢形成了灾害救助体系,第一个系统的灾害救助开始从国家政府层面形成。如自汉文帝时,开始给灾民以赈贷的方式发放种子之后,在汉代历代帝王中,这一救济方式就成了灾民灾害救助的惯例。后汉书中记载,公元前26年,黄河决口,汉成帝派使臣查实灾情,对于因灾不能解决自我生存问题的灾民,给予经济上的赈贷救济。汉景帝在救济某地灾民时,不仅减少租税,还按每亩田给谷一斗的方式赈贷,同时为恢复生产发放种子给灾民。① 汉宣帝时不只是灾民,对鳏寡孤独疾废者都有救济、救助。地节三年诏书:"鳏寡孤独高年贫困之民,朕所怜也。前下诏假公田,贷种食,现加赐鳏寡孤独高年帛"。元康二年三月,以凤皇甘露降集,赐鳏寡孤独高年帛。元康三年克星,以神爵数集泰山,又赐鳏寡孤独高年帛。《后汉书·顺帝本纪》载:"京师地震,汉阳地陷裂。甲午,诏实伤害者,赐年七岁以上钱人二千。"《汉书·文帝纪》有"老者非帛不暖,非肉不饱。今岁首,不时使人存问长老,又无布帛酒肉之赐,将何以佐天下子孙孝养其亲? 今闻吏禀当受鬻者或以陈粟,岂称养老之意哉! 具为令,有司请令县道:年八十以上,赐米人月一石,肉二十斤,酒五斗;其九十以上,又赐帛人二匹、絮三斤"。② 可见,当时的汉帝王以"仁德"之治立国,把自己视为可解除民众疾苦的先贤、圣人、神人,或借神所授意的名义,对天下因灾受困,因年岁无法自立的老者等无法自我生存的人们给予救济、救助。即天下众生皆可得到圣明之君的恩赐救助。此时的救助对

---

① 参见裘锡圭:《湖北江陵凤凰山十号汉墓简牍考释》,《文物》1974年第4期。
② 刘厚琴:《汉代社会保障体制及其特征》,《开封大学学报》2004年第4期。

于统治阶层而言有自上而下、高人一筹的圣明恩赐之意,但对于获得救助的灾民,鳏寡孤独疾废等无力生存的人们而言只要让圣人了解,知晓困难之境,获得救助或说恩赐的机会是均等的。再说宋代,虽然对南宋、北宋在历史学上评价不一,有说这是积弱积贫,有说这是中国封建帝制由极盛转为衰落的折点,有说是中国传统文化达到鼎盛之际,但不管如何议论、如何评价宋代,其由大唐封建盛世开始近代转型是史学界认可的。此时的宋代经济发展、人口增长都远比唐代有很大增幅。如粮食生产,唐代亩产 1.5 石,宋代亩产达 2 石。宋代还兴修水利、推广良种,使南北经济作物交融的同时,开展精耕细作。随着经济的发展,社会分工越来越细致,商品经济的规模日益扩大,使唐以来的田亩制度发生了变化。唐朝的世族土地所有及国家可分配给农民耕种的公田、假田等受到挑战。由于对田地"不抑兼并",允许市场自由买卖,使土地私有化程度提高,传统的均田制被废除。原来与土地有人身依附关系的佃农与土地的关系发生了转变,由对土地有依附关系,人身不自由的佃农变为以契约为方式的租佃关系的地主与农民的关系。契约式租佃关系,一改过去权力政治的强制,使地主与农民之间可有更多的协商空间,即可以通过经济货币补偿等方式解决佃农问题。由于一些自然灾害、战争、财产继承兼并等非人力或人力不可控因素产生的田地抛荒也可使一些佃农与地主解除租佃关系而成为自由民。正是土地关系的变革,自由民的增加使宋代可进入国家直接户籍登记的人口增加。同时社会分工日益细致,市场买卖繁荣,加上当时良种推广,种植技术的交融,北方的麦、粟、棉花、大豆等农作物南移,南方的水稻等北迁,当然由于当时北方战乱,移入南方的人口多于移到北方的人口。这样的人口流动使国家的社会管理责任及职能必然需要增加。宋代作为隋唐盛世之后的朝代,依然推行"仁政"、"德政",因而在救济、救助上其自觉自识的程度高于前代,其规模及水平可是飞跃式的进步。当时,"宋之为治,一本于仁厚,凡振贫恤患之意,视前代尤为切至。诸州岁歉,必发常平、惠民诸仓粟,或平价以粜,或贷以种食,或直以振给之,无分主客户"。①

---

① 张文:《宋朝社会保障的成就与历史地位》,《中国人民大学学报》2014 年第 1 期。文中说明原出于《文献通考》卷 26《国用四四·振恤》。

为使救济、救助更有依据,并为各地官员所重视,当时宋代还为救济、救助建立法制的管理轨道。如为使鳏寡孤独疾废皆有所养,特别制定了《养济法》。南宋的《养济法》中有条文:"将城内外老疾贫乏不能自有(存)及乞丐之人,依条养济,遇有疾病,给药医治。每岁自十一月一日起支常平钱米,止来年二月终(每名日支米一升,钱十文,小儿半之)"。① 类似这样的法条还有遇到灾害时的《报灾减灾法》、扶助贫困家庭生养子女的《举子法》,这就说明当时的宋代救济、救助不再是隋唐之前的恩赐,虽然宋代的救济、救助保留救济、救助一贯以来的"仁慈"、"善政"的色彩,强调这是帝王将相"仁慈"、"善政"的结果,但宋代以入法的形式规定救济、救助的内容及救济、救助的量化指标,从本质上是一大管理转变,使救济、救助突破了帝王将相的人格因素,带上了更强的国家社会管理的功能。依据法律,遇到灾荒、遇到穷困皆可依法条获得政府的救济、救助。而政府给予救济、救助的社会公平、公正、平等性得以以法条的形式确立为执政责任及义务。如果从这个角度说,宋代其实是中国由封建向资本时代(工业时代)转型的开户端口。明清依然秉承"仁慈"、"善政"的一贯传统,虽然明清在与民间、农工商界富裕人士联合参与救济、救助事业上有更密切、更有成效的合作,但是政府、或说官府还是作为救济、救助的主体。在此,需要指出,明清政府在救助的自觉意识及功能发挥上弱于宋代。西方的封建时代,即为西方中世纪,基于基督统治,上帝面前人人平等,以善良、慈悲为怀的基督治世,在慈善救济、救助上"公平、正义、平等"的原则得以一以贯之。中西方在这一时期的区别,主要在于管理观念,中国开始具有社会管理的意识,即救助中的"公平、正义、平等"带上了社会类整体的管理特征,而西方仍然是基于社会类整体的自然情感的需要。

工业时代,即资本主义时代,特别是以英国为代表的西方资本主义工业化进程的发展,人们对贫困产生的原因有了不同于以往的认识,即对贫困产生的社会根源更为肯定。在英国,早年被马克思批评的暴力、欺诈性的"羊吃人"

---

① 张文:《宋朝社会保障的成就与历史地位》,《中国人民大学学报》2014 年第 1 期;施谔:《淳祐临安志》(宛委别藏复印本)卷 7《仓场库务·养济院》,江苏古籍出版社 1988 年版,第 142 页。

的圈地运动,从其过程及现象看是因为 16 世纪的英国生产的呢绒产品海外市场的扩展。当时大量需要羊毛,市场上羊毛供不应求,所以羊毛价格上涨。由于市场羊毛价格高于谷物等农作物的价格,许多农民弃耕圈地养羊。当时羊毛厂由于生产的扩大,也需要大量的工人,入厂当工人比做农民收入高,一些工厂为招揽工人,同时资本家为确保生产原料,降低成本,纷纷购买土地,圈地养羊,建立自己的羊毛生产基地。在当时,按市场的直接效应看,卖地可获得一笔不小的收入,进厂可得的工资比耕种土地收益更高,还有工厂的工作环境比当时农民耕种土地为生要好,劳动强度降低,因而,许多农民放弃土地入厂成为工人。但是市场的需要是变化的,到 17 至 18 世纪,海外呢绒产品市场基本稳定,甚而有所收缩,羊毛价格不再有太大的上涨空间,反过来由于农耕土地的减少及人口的增多,蔬菜谷物等生活必需的农产品价格上涨,致使人们生活成本提高。而工厂由于受市场竞争及需求变化的影响,时而扩大,时而缩小,使一部分工人的工作不稳定,出现失业,导致生活困顿。这样的现象让人们意识到贫困产生的原因不只有个人的,还有社会的。人们开始从社会的角度审视贫困问题。此后,在对贫困者观察中,人们甚至认为即使是性格怪惝、不良行为、品行不端、好吃懒做这些看似个人因素而造成的生活困境,也有社会根源。即如果社会不存在让人品行不端、好吃懒做等不良习惯的因素,就不会有懒汉,也就不会产生生活困顿。在贫困救济的问题上,虽然仍然是主要出于维护社会稳定的直接动机,但对贫困产生的社会原因及国家、社会应当承担的责任为更多人所认同。正是在这一贫困社会性共识达成的基础上,以立法的方式确立了贫困救助,使之常态化。如最早建立现代救济制度的英国就率先制定了《亨利济贫法》《伊丽莎白济贫法》。虽然学界认为这两项法律还是属于旧式济贫范畴,但是这两项法律的出台在法律的角度认同救助,以明确的法律形式保障获得救助的合理性及合法性,在近代是有始端意义的。

这一始端的意义可以从救济、救助观念转变发展的过程中印证。在《亨利济贫法》颁布前,英国普遍认为贫困主要是个人的原因,是个人的懒惰使然。因而,早在 1349 年,英国颁布了《劳工条例》,在条例中禁止流浪乞讨,尤其是身体无残疾人士如果上街行乞,要被警察逮捕并以强制收容的方式劳教,在收容所强制学习技术或从事艰苦劳动。1536 年《亨利济贫法》虽然也规定对有劳动能力的流浪汉进行惩戒，但是规定对无能力从事生产劳动的老弱病残者给予救助。1601 年，伊丽莎白女王颁布了《伊丽莎白济贫法》，这部被视为世界最早的社会保障法虽然仍然保存了对流浪汉的收监惩罚与劳动教养的做法，但是这部法律的基本原则是：以救济、社会承担赡养的方式，保障孤儿、无劳动能力的老人及残疾人的生活。通过政府、社会的帮助，让有劳动能力的人获得工作，解决谋生的问题。依据法律，当时维护治安的法官有权在所管辖的教区里征收济贫税、管理济贫事务。无生活来源、也不具备劳动能力的老人可依法获得救济，孩子可在有意愿且获得批准收养的人家寄养。为帮助失业流浪者找到工作，还进行无偿的技能培训，如被寄养的孩子，到了 16 岁要去给人当学徒，学手艺。成年的流浪者进入监牢或教养院后，在劳动的同时还要学习技能。伴随英国福利制度改革的步伐，1834 年，英国又颁布了《新济贫法》。在《新济贫法》中明确了政府对穷困者的救济责任，遇到辖区中的穷困户，维护治安的官员有责任劝导其进入济贫院，接受救济，如果在所属教区出现饿死人的现象，当地维护治安的官员要被追究责任。而对于穷困者，流浪作为个人生存的选择方式，成为个人权利，以个人申请的方式进入济贫院，禁止对流浪者收容、拘禁、强行劳动改造。当时，进入济贫院不是件光荣的事，由于当时的选举权有财产资格的制度规定，如 1867 年，还规定年收入 5 镑者或城市中租用不带家具的住房 12 个月内支付租金达 10 镑者才有选举权，因而，一旦申请进入济贫院，就等于对外宣告自己无个人财产，从而选举权就由此被剥夺。①从现今的观点看，剥夺选举权对于一个公民而言是非正义、非公平、非平等的，但是，这一规定在当时人们的认识中是有正义、公平、平等的解读的。在当时的人们观念中，国家对于每个人而言是公平的，贫困者与普通民众相比，他们没有能力交税，不仅不能履行公民责任，还需要政府额外的救济，因而，其公民的选举权被剥夺在情理之中。19 世纪后，英国日益强调突出贫困救助的福利

---

① 《英国选举制度》，百度百科 2014 年 11 月 13 日，见 http://baike.so.com/doc/3776880-3967370.html。

性解读,规定凡是年收入低于 31 英镑 10 先令的英国公民都可以领养老金。这一规定把最低生活保障的概念提出来了,到 19 世纪后期,英国取消了公民选举权的财产限制条件。至此,社会救济、救助对于公民而言才是无差别的真正"公平、正义、平等"的权利。

在救济、救助问题上,英国从政府层面的"公平、正义、平等"解读,在全世界都有很大的影响。从制度层面上无论是资本主义或社会主义,虽然人们依然肯定个人因素在贫困产生中的影响,但是贫困产生的非个人性,且是个人力量不可抗的自然及社会因素造成的必然后果的归因判断,越来越为人们所重视:人们会认为失业、破产的贫困是由于社会资源相对有限而产生的优胜劣汰的竞争机制使然;贫困家庭中的孩子上不起学,吃不饱,穿不暖,可能有父母的原因,可对于孩子来说是无过错的,只是他们无法选择的出生时间、地点造成的;同理,一些贫穷的民族或国民,生活无着、缺乏技能,主要是与他们生活、生产和自然恶劣条件相关;生于落后地区和贫困家庭不是个人意志能决定的;疾病和灾祸也不是个人的能力所能抗拒的;即使是性格怪悷、不良行为、品行不端、好吃懒做这些看似个人因素而造成的生活困境,也有其社会根源,倘若社会根本就没有不良的习俗、不良品行存在和发展的空间,又哪里会有个人品行的缺失呢? 这个结论可从五保户的调查中印证,我们认同这样的贫困解读。

通过对广西五保户的调查,我们把五保户产生的具体情况归纳为以下四种情形:

1. 由于早年家境贫寒,没有经济能力娶媳妇,成了老光棍(这部分五保户主要以男性为主,年龄偏大,大多数出生在新中国成立前,且分布在边远、穷困、落后的山区)。

2. 由于疾病、残疾无法结婚或没有生育能力。

3. 由于天灾人祸老年丧子。

4. 由于性格怪悷、不良行为、品行不端、好吃懒做而使婚姻成为老大难问题。

在这四种情形中,前三种明显是社会性的,只有后一种是个人因素,即使是第四种，如前面分析也可以有社会归因。五保户的产生，首先是家庭的残缺，没有完整的人伦幸福体验。造成这样的生活境况确实不完全是个人的原因，在一定程度上毋宁说是社会的原因。由自然灾害的发生而导致的困难、困顿更不是个人的原因了。由此，贫困产生往往是个人力量无法抗拒的自然及社会因素造成的，从而决定了贫困的解决主要应是社会、国家的责任。由于个人力量的弱小，解决贫困问题不能仅靠个人的力量，而主要应通过国家的有效干预，通过建立健全社会保障机制来解决贫困问题已经成为社会共识。在此，特别想说，当救济、救助成为社会共识时，救助中的"公平、正义、平等"问题就理应并自然地成为救助中应当遵循的规则，成为评价救助项目、救助行为的价值及合理性的判断依据。由此，欺诈救助、救助不公则为社会否定，甚而唾弃。

在中国，社会主义制度因其生产资料的公有制性质，在制度上确保了社会成员政治上的平等地位，每个公民都是国家的主人，都是社会主义大家庭的平等成员，没有高低贵贱之分。在一个秩序良好的社会里，所有公民的基本权利、自由和公平的机会都应该得到保证，而且，只有每个人都是一个与别人平等的公民，都在收入分配中作为分配的基本单位占有一个确定的地位，才可能使每个人的利益都被考虑到。① 要使所有弱势群体与任何阶层的公民一样都是平等自由的公民，理所当然地要让他们分享改革开放的成果，给予穷困者、贫困地区救助更是作为服务型政府应当、当然责任。虽然由于各种原因，广西五保村建设遇到了困境，处于停滞解体的状态，但广西五保村建设的出发点是一项民心工程，这种五保户集中供养的新模式不是简单地把五保老人加以集中，而是首先把五保老人当作独立的、自由的、平等的公民来对待，是在地位平等的基础上的经济救助，它以人为本，它就是为五保户这一最弱势的群体搭起了一个共享改革开放成果的平台。

在中国还有各种形式的扶贫扶助项目，如贫困地区扶贫开发，截至 2014年 10 月 17 日，我国第一个扶贫日，也是国际第 22 个扶贫日公告，我国目前进

① 周辅成：《西方伦理学名著选辑》（上卷），商务印书馆 1987 年版，第 37 页。

入国家扶贫的贫困县共 592 个,其中中部 217 个,西部 375 个,民族地区 232 个。① 这样的缩小地区差别,扶助弱势民族地区的行动,体现了社会主义改革开放的成果为全社会所共享的价值理念和社会主义共同富裕的最终目标指向的同时,救助的"公平、正义、平等"的价值追求自然蕴含其中。

在此,也需要指出,目前,贫困产生的社会性解读主要还是集中在社会管理层面,在民众个体中,尤其是贫困落后地区的乡村老百姓中并不普遍。老百姓对政府给予贫困者救助的认识理解大多数局限于政策的感官直觉,给就给,得就得了,因为有困难的事实存在。对贫困者不给予救助,老百姓也能接受,在他们的观念中,贫穷、困难还是归因于个人,总是个人存在这样或那样的问题所导致的。老百姓这样的直觉及个人归因的贫困解读,自然也就不可能从社会的公平、正义、平等的角度看待社会救助的行动及相关问题了。

第三节　尊严、文明、幸福

尊严、文明、幸福同样涉及社会关系,但其侧重点更在于价值观念,是人类生存的价值规范的理想境界。从实践伦理的视角,尊严、文明、幸福不只是人伦关系的规则,更是人们对生命存在的价值及意义的理想及追求。尊严,从词义上指尊贵、庄严,指尊敬的地位或身份。而基于人文主义的尊严,对个体而言,是基于理想、信念、坚持、自信前提的对个人存在价值的认可和坚守;对社会而言,是社会对个体存在的意义及价值的认同与肯定,是对个人的社会地位及权利的维护及保障。文明是与野蛮相对的概念,以对客观世界认识、改造为方式,使人们摆脱原始的,纯自然和生物本性的束缚的力量。文明的程度体现为人们对物质、精神财富获取能力的水平,反映在人们对待物质、精神财富发展的需求及价值判断与选择的整体趋向上。事实上,文明在具体的生产、生活

---

① 国务院:《中国首个扶贫日,592 个国家级贫困县名单》,人民网 2014 年 10 月 17 日,见 http://politics.people.com.cn/n/2014/1017/c1026-25854065.html。

中包含了人与人、人与社会、人与自然的关系及秩序建构的价值指向和目标追求。幸福，按东汉时期许慎解析为祈望得福，非分之得为"幸"，富贵寿考齐备为"福"。按现代人的理解，幸福是与灾祸相对的概念，虽然幸福涉及政治、经济、心理等多学科的不同解析，如幸福是爱与被爱，幸福是安全感、幸福是物质需求的满足及保障……但是人们普遍认可幸福是因物质或精神需要得到满足而产生的一种可持续的满足情绪及状态。

尊严、文明、幸福的实现是有条件的，人既是个体的存在，也是社会的存在，既有自然的物质需求，也有社会或人群中的精神和情感需要，因而制约尊严、文明、幸福实现的因素有社会及个人的因素且与物质及精神的条件相关。尊严、文明、幸福在社会救助中，无论是对施助或受助者而言，既是自己人格的需要，自身人生价值的追求，也是人与人，人与社会理想关系的反映，因而，救助的发展程度、救助的出发点及救助的目的更是社会整体价值指向的反映。由于生产力发展水平高低不同，同时社会制度也存在差异，不同时期的社会救助中，人们对救助中的尊严、文明、幸福的关注、感受不同，实现程度也不同。

至今，没有史料能证明哪一个民族没有经历过蒙昧，即原始社会。原始社会是人类的起始阶段，人们以采集狩猎为主要生存方式，个人的力量非常弱小，采集狩猎所得非常有限，必须集合群体的力量才能共同生存。当时的部落生活，本质上是同一祖先，统一血缘的族群，人们共同劳动，共同生活，共同抚养后代，实行原始的民主及共产主义（或称平均主义）。群体共同生活中的族群首领由民众推举产生，黄帝是因战功被推为天下共主；尧因生活朴素，吃苦耐劳得人民爱戴而成为领袖。尧年老了，同时也因当时水害严重，尧认为自己的儿子丹朱无法承担治理国家及水患的重任，通过部落会议，由众人推举有才德的舜为继承人。尧辞世，舜继承了尧的位置，舜年老了，也采用推举的办法让治水有功的禹当首领。这种部落、氏族首领的交替方式，决定了只有为民做事，以安定天下为己任的功德无量的人物才能被推且当选。这些人物在人们遇到灾难、困难时皆能身体力行，亲力亲为帮助人们。在当时，由于人们对自然认识有限，水灾成为最重大的影响人们生存及发展的自然灾害，因而尧、舜、禹都有舍弃小我而为民众治水的传说，特别是禹为治水，竟然"三过家门"而不入。由这样的生产、生活方式决定了,在原始社会,氏族首领对困难中的民众有一种自然及本能的救助责任及自觉,遇到困难,民众彼此救助也是自然的本性的需要,因为今天别人的困难,或许在明天就是自己的困境,而且是个人的力量无法抗拒,也无法解决的困难和境遇。另外,由于当时人们处于蒙昧状态,对大自然只有顺从,几乎无力抗争,人们崇拜神明及代表神秘力量的图腾,说明人们在面对困难无力应对时,往往把获得救助的可能及力量诉之于人以外的某中伟大的或神秘的人物或力量。在一些神话的传说及故事中也表达了救民于水火是"神"的力量,是"神"给予"英雄"普度大众的使命,氏族的首领给予民众的救助也是"神"赋予的任务。中国神话中说到鲧因不忍人间洪水泛滥成灾,民众受苦,为了治水而窃取了天帝的息壤。鲧虽然未能完成治水的任务,但鲧三年不腐的身体孕生了治水有功的禹。无独有偶,古希腊神话中也说到普罗米修斯不忍人间处于黑暗无光明的极端生活痛苦,毅然从太阳神阿波罗手里盗取了火种。正如美国人类学家摩尔根提出的,原始人的生活方式是原始的群体生活状态,在当时原始人部落中,"富人和穷人在氏族内享有完全平等权利","它的全体成员都是自由人,都有相互保卫的义务",①由此,虽然救助的行为有慈悲为怀的圣人和伟人情结,但人们处于简单的原始的共荣共享阶段,此时彼此的相互救助及来自圣贤的救民水火的行为更多的是基于原始生存的本能需要,缺乏个体的自觉意识及认同,此时的救助还谈不上尊严、文明、幸福的讨论,只是人们为着共同体的存在而必需、必然、必定的彼此帮助而已。

农耕时代前期的奴隶社会开始有了阶级的分化,前面的论述也提到,奴隶由战俘及无力还债的氏族成员、破产的自耕农、破产的小手工业者、被判罪服刑者、奴隶所生的子女构成,这样的特殊群体构成的阶级没有社会地位,不被当作人来对待,因而对于奴隶而言,不存在救助,也不存在尊严、文明、幸福的讨论。尊严、文明、幸福只是针对非奴隶的国民而言的。由于阶级斗争的存

① [德]恩格斯:《家庭、私有制和国家的起源》,载《马克思恩格斯选集》第4卷,人民出版社1995年版,第99页。

在,统治者对民众力量逐渐有所认识,在遵从天命,恪守天道的同时,为确保政权的稳固,统治者逐渐认识到要顺民、利民、惠民,赋德于民。如"作其即位,爰知小人之依,能保惠庶民,不敢侮鳏寡"的"怀保小民,惠鲜孤寡"①即是在《尚书·无逸》中提到的周文王的主张,这一主张通常直接解读为"对百姓心怀谨慎,把新鲜食品给孤寡老人",蔡沈曰:"惠鲜者,鳏寡之人垂首丧气,赍予周给之使有生意"。② 孟子早就说过"桀、纣之失天下也,失其民也;失其民者,失其心也。得天下有道:得其民,斯得天下矣。得其民有道:得其心,斯得民矣"。③ 当时的周文王本着"有德者得天下,失德者失天下"的本位利益思想,主张保护百姓,尊重百姓,对孤寡无依无靠的人们给予及时的物质帮助,使生活无着,垂头丧气之人再有生气。古希腊城邦国家中,对于城邦民众也有扶助、救助的规定。当时对穷困者及遇到灾难的人们给予帮助主要是基于维护政治统治,表现执政者仁德善政的临时性接济或帮助,其中,同情和施舍是主要的成分。当时邻里宗亲的帮助也是基于恻隐之心或基于所谓某些"神"的意志,即助人是助己。在民众中有一种流行的说法"老天有眼,善恶有报"。此时,人们抗击天灾人祸的能力有限,自己在某些时候也可能遇到不可测且不可抗的灾难或困难,帮助别人与其说是本能的恻隐、同情,不如说是为自己在不可预见的某时某刻,因不可抗力而遭遇困难时,也能得到同样的帮助的自然本能的情感上的期待及行为。这时的救助,对于民众,是基于团体、人类整体共存的需要;对于领袖则是类似于神一样的强者的使命感驱动,因而,此时的人们对救助中的"尊严、文明、幸福"仍然缺乏自觉的认识。对于被助者,接受救助的人而言,也只是被人同情的对象,是完全的弱者,无尊严可言。但这样的人与人之间的帮助、互助友爱在情感上的幸福的体验是客观存在的。凡是困难无着时,有来自集团、亲人及慈善人士的救助是人们共同的期待、愿望或现实。若从团体、亲情、人类共同体的角度,这样的期待或现实仍然体现人类

---

① 李民、王健撰:《尚书译注》中的《周书·无逸》,上海古籍出版社 2004 年版,第 314 页。
② (宋)蔡沈注:《新刊四书五经 书经集传》中的《俞樾·群经平义·尚书》(四),中国书店 1994 年版,第 159 页。
③ 万丽华、蓝旭译注:《孟子》中的《离娄》(上),中华书局 2006 年版,第 145 页。

文明发展及人类对幸福追求的方向,即基于人伦社会性的互助友爱。

农耕时代后期的封建社会,地主与农民是主要的对立阶级。就生产方式而言,依赖土地这一主要的自然资源,以家庭为单位的农业与手工业成为当时主要的方式。由于生产规模与生产、生活方式的自给自足的主要特征,人们的生产、生活相对独立,也相对封闭。救助的出发点或诱因与奴隶社会没有本质上的差别。对于统治者而言,主要基于维护统治者的利益与形象。对于民众而言仍然是基于感同身受的同情。社会救助主要集中于自然灾害等个人力量不可抗,不可改变的原因而导致的灾荒和贫疾。无论东西方,出于对灾荒造成的民生困境的救助皆是自然及必然的。在《管子·治国》中有提到"民富则国易治","民贫则难治","饥寒起盗心",[1]统治者为维护形象及利益,有预先制定的灾荒救助法令、制度及相应的措施。有大同思想的中国,其荒政救助从理念到行动上都非常具体并形成体系。在灾荒年月对受灾的地区、民众有税赋的减免,对于因灾流浪的民众有统一的安置。为应对灾荒,建立有专门的备荒制度。丰收之年,本着取有余补不足的朴素思维,设立专门的救灾物资储备仓库,尤其是粮食作为关系生存的最基本的物资成为主要的储备项目。中国古代设置的各种仓储,有常平仓、义仓、义惠仓、广惠仓等,其中义仓、惠仓都是用于灾荒、贫困救助的。在统治者以国家、政治的方式进行备荒救灾之外,统治者还基于社会整体的认识,动员、依靠民间的慈善组织,其中尤其注重动员和组织宗教、宗族的组织参与救灾、救荒、救贫(困)。如宋代,作为经济文化比较发达的历史朝代,当时就有许多民间慈善救助。北宋著名的思想家、政治家、文学家、军事家范仲淹就在江南平江府设置义庄,专门用于接济、收留宗族中遇到困难的人们。[2] 当时还有义田,所谓义田,即田里所有产出均用于宗族亲里的贫困救助。有济贫救困,济医助学,且凡是遇到困难的宗亲族里都可以从义庄、义田获得救助。当时,在经济、文化极为繁华的杭州、苏州,经济富足的商贾接济穷困成为相当普遍的行为。商贾接济穷困是因为他们相信善恶各

---

① 李文海:《中国荒政全书》第 1 辑,北京古籍出版社 2003 年版,第 169 页。
② 范仲淹:《范文正公文集》,文渊阁四库全书本 1987 年版,第 42 页。

有报应,欲得回报先行善。当时还形成了一种习惯,富人商贾如果生意做得不好了,遇到什么不顺心不如意的事情,或者心有某些美好愿望及祈求时,也会广施慈善。明清之后,救济、救助的传统更是深入人心。在如今天许多地方有资料记述商贾接济穷困、照顾孤寡老人的事迹文字。当然,这些资料显示,此时的救助主要还是灾荒救助,贫困救助仍然不是主要的方式。此时人们对自然的征服及控制的能力虽然增强了,但是,救助的原始情感依然是基于同情及感同身受的情绪体验对因不可抗力造成生活困难的人们伸出援手,救助从人伦关系的角度依然是强势群体对弱势群体在情感上的同情、怜悯,在行为上的施舍。这一时期,人们对于救助中的"尊严、文明、幸福"的认识依然不足。救助只是很实际、很现实的帮助困难者渡过难关的即时、当下行为。若从救助意识的广泛性着眼,这种从上到下,从基于统治需要的政治需求到基于人伦情感的救济、救助,在人们共渡难关的同时,彰显社会同情互助情结,使同类友爱成为人类情感表达的方式,使慈善成为人们社会价值重要的评判标准之一。因而,救助中的文明因素及人们对人伦幸福的追求也就自然而然地存在于行为之中了。

18世纪瓦特发明了蒸汽机,把热能转化为机械能,为机器代替手工劳动解决了动力的问题。随着蒸汽机在纺织、机器制造、冶炼等产业的使用和推广,外加上与各产业相关的发明创造的配合,如纺织业中的"飞梭"、"纺织机"的后续发明,使悄然发生的工业生产方式演变为轰轰烈烈的工业革命,机器大生产取代了简单且单纯的手工生产,生产方式的变革使原来相对单纯的各自为战的生产、生活方式向集中的更需要相互配合的生产、生活方式转变,人类由农耕文明进入工业文明,此时的社会形态也由封建社会进入了资本的时代。在资本的时代,由于工业革命引起的生产、生活方式的转变,人们整体上征服自然,获取物质资料的力量增强了,而个体生产、生活能力则相对下降了,即人们的生产、生活更依赖人类整体。人们逐渐认识到个人不是独立的个体,家庭哪怕是家族也只不过是一地、一国乃至全球的一分子、一部分而已。人们对困难产生的原因与解决路径的思考、认识也与过去不同,更着眼于社会的整体性。生产、生活中的困难及由生活水平、所受教育、所从事职业的水平的高低影响甚至决定的收入的多寡,不再简单是个人的意愿与素质的问题,而更多地受制于社会的条件、社会需求发展的制约。农耕时代人们普遍认为困难乃至贫困到生活无着，主要是不可抗拒的天灾人祸导致的，这样的困难、贫困是值得同情、怜悯的，救助者只是被同情的对象而已，也是对自己不可预见的万一贫困的未来预支。而一些因个人原因，如懒惰而产生的贫困则被视为咎由自取，不值得同情和帮助，因而这样的贫困人口往往成为边缘群体。对于国家而言，灾荒、贫困救助只是维护政治的需要。到了工业时代，即资本主义时代，早期人们在观念上对自然灾害的不可抗性的恐惧随着生产力水平的提高而减弱，人们更强调通过科学技术，对自然灾害进行及时的预防以减灾，以整体团结的方式，联合救灾。至于贫困的产生，如资本主义工业化发展最为迅速的英国，虽然早期也认为贫困是个人的原因，如懒惰、缺乏社会所需要的技能等，但在机器化大生产日渐成为社会生产的主要方式后，伴随着市场需求变化而导致的企业人员增减，尤其是经济危机的发生，出现因企业减员、裁员而导致的非主体意愿的失业成为普遍现象。这就是马克思指出的由于制度的原因而产生的相对剩余人口。德国人汉斯·彼得·马丁和哈拉尔特·舒曼早在其所著的《全球化陷阱》中提到：在西德，在未来 10 年内仅在工业中至少将有 150 万劳动岗位被继续消灭掉。[1] 而且还预言：21 世纪，启用 20% 的劳动力就可以维持世界的繁荣，而 80% 希望工作的人却没有劳动岗位。[2] 由于社会需求劳动力减少及可提供劳动力的数量增加，即使找到工作的人也不得不屈就于更低的劳动报酬。由此可见，人们认识到贫困并不是简单的个人问题，而是社会造成的，即社会生产时而扩大，时而缩小的非个人力量而导致的无奈。这种因社会生产所需劳动力差别而产生的失业、贫困是个人无法左右、改变的，而且由失业产生的贫困如果得不到解决，不只是个人的问题，还会因生活无着，使贫困者产生反社会行为，从而危及社会稳定。正是基于这样的认识，英国伊丽莎白女王于 1601 年颁布了《济贫法案》。此后，在应对一系列经济危机的过

---

[1] ［德］汉斯·彼得·马丁、哈拉尔特·舒曼：《全球化陷阱——对民主和福利的进攻》，张世鹏等译，中央编译出版社 1998 年版，第 7 页。

[2] ［德］汉斯·彼得·马丁、哈拉尔特·舒曼：《全球化陷阱——对民主和福利的进攻》，张世鹏等译，中央编译出版社 1998 年版，第 5 页。

程中,人们对贫困及社会救助的认识又得到了进一步的提升。尤其是在应对1929年至1933年的经济危机的过程中,人们对于贫困产生的社会原因的认识更为普遍,更为大众所认可。在应对这场危机的同时,人们也更强烈地认识到贫困不是个人努力可以克服的,必须通过政府、社会整体来规避,以社会救助的方式缓解。基于这样的认识,英国政府在原有济贫措施基础上,逐渐完善济贫制度,并使之系统化,最终使济贫演变为基于社会民众整体权利的公共救助。当救助成为一个公共行动时,贫困,尤其是非个人因素所产生的贫困不仅应当由社会承担救助责任,而且对贫困者不得歧视成为社会共识。此后,社会应当给予贫困者基本尊重的认识更深入人心了。在应对1973年至1975年的经济危机的过程中,人们对贫困的社会原因不仅是认同,更进一步在基本权益的角度审视社会救助,强调并突显对民众生存权的保护,由此社会福利的观念日渐兴起,救助制度再进一步演变为社会福利。受英国社会救助福利化的影响,一些经济基础较好的国家都纷纷在强化保障,增进福利的方向发展社会救助。这一社会救助向社会福利的转变,虽然明显地带有功利主义的色彩,着眼于大多数人的幸福,即在保证人们生存的基础上,使人们在一国生活得更为幸福的功利目标,但是,从这个角度分析社会救助,可以认为此时的社会救助中的平等、文明、幸福的因素的认可度更高,即平等、文明、幸福作为社会救助伦理的价值取向都得以强调,并统一于社会救助(社会福利)的制度设计及实践措施中。

欧洲早期的资本主义国家对社会救助的价值认同走在世界的前列。与英国这些早期的资本主义国家相比较,亚非拉一些国家则相对落后。比如在亚洲,哪怕是进入发达国家之列的日本,还有在20世纪60年代,因新兴工业的发展,迅速崛起而并称为亚洲四小龙的中国香港、中国台湾、韩国、新加坡,这些国家和地区,虽然也认可贫困的社会因素,但是由于经济发展水平的制约及受传统的东方家庭生存模式的影响,在贫困救助的问题上相比于西欧,其国家、或政府的职责的认识相对弱化,相对更倾向于个人、家庭、宗族的责任。早在2009年,社会保障、社会福利研究的专家郑功成指出:亚洲国家用于社会福利的开支就低于GDP的5%。对贫困救助,如给予失业人口、老人、穷人和残疾人的财政资助平均水平仅达到联合国规定的 3.5%。[①] 反之,西欧各国在社会福利的投入上都普遍比较高,由于近期的数据无法找到,在此只能引用网络雪卷风升博客的博文中用的 2010 年的数据,雪卷风升在他的博文中提到英国社会福利的开支占 GDP 总量的 25.9%,法国占 34.9%,挪威占 33.2%,日本占 18.6%,而 2010 年中国 GDP 为 397983 亿元,用于社会福利支出 9081 亿元,约占 GDP 总量的 2.28%。[②] 由这一组数据可见,像中国、日本这样的亚洲大国、经济强国的社会福利的开支与西欧国家差距很大。这些社会福利开支较低的国家,一是受制于经济发展的水平,二是受传统观念的影响。因而,从其结果上看,其社会救助的水平及惠及面相对于社会福利开支高的国家要低,同时,社会救助对象受尊重的程度相对要弱,社会救助所带来的幸福指数相对也要低一些。至于文明的程度,则有见仁见智的不同观点,但是,若着眼于人类整体的相互团结及整体的幸福程度,社会福利开支低的国家,相对而言,社会发展的文明程度要低一些。我们走访了广东、广西、四川、贵州的一些街道、乡村,在与街民、村民的交流及对低保户生活的观察中,我们认为人们对街道、乡村里的低保户不同程度地带有成见。在我们走访的过程中,听得最多的是"这些人与其他人家没有什么交往","他们比较古怪","他们没有什么技能"。从人际交往面上观察低保户,他们往往与人交往的面比较狭窄,即愿意与低保户交往、交流的人也不多。低保户在性格上大多数比较内向,反映出的情绪相对比较低落。在言语的交流中,感觉他们普遍不自信,他们自己也总觉得自己在邻里间没地位。尤其当我们问到一些问题,如"有没关心街道(村里)的大事?","有没有参与街道(村里)管理事务的愿望?","当有机会参与街道(村里)的会议时,有没有发过言?","对于改变生活困境有没有什么自己的想法?"……低保户基本上是沉默的多,偶尔有交流的对象的回答往往是:"自己都这么穷,也关心不了什么","能有什么想法呢?","没什么办法"……

---

① 郑功成:《从高增长低福利到国民经济与国民福利同步发展:亚洲国家福利制度的历史与未来》,《理论前沿》2009 年第 6 期。

② 雪卷风升:《社会福利:不比不知道,一比吓一跳!》雪卷风升博客 2012 年 4 月 27 日,见 http://blog.sina.com.cn/s/blog_48a5982f010134gj.html。此篇博文被广泛转载,网络认同度很高。

这些否定的回答可说明低保户在村里还是缺乏被尊重的氛围和条件的。由此,可认为社会救助中尊重、幸福与经济发展水平与人们的观念层次及价值取向直接相关,虽然社会主义制度的国家从其制度本性上应当比资本主义制度的国家更高层次,在救助的"平等、文明、幸福"的认识上应当有更大的自觉性,但是,事实上,"平等、文明、幸福"救助更多地作为人类整体生存的需求及情感本能自发的特性,与社会制度不存在正相关的关系。

　　从整个社会发展的趋势而言,社会救助中的尊重越来越被重视,文明程度也在不断提高,施助者及受助者乃至整个社会的幸福指数亦日渐增强。政府的救助资金来源于财政收入,主要是纳税人的钱,因而政府救助的项目开支都必须公告,如贫困救助中,个人申请政府救助时需提交申请书,提供证明身份的户口本、身份证,还要提供证明收入偏低的本人及家庭成员的收入证明。要获得政府的救助,这些材料都必须经过核实,还要公示无疑义才能获得救助。对于非政府救助,如一些慈善机构、一些企业在提供社会救助时,目前也有功利的考虑。如有"中国首善"、"中国裸捐第一人"称号的陈光标,累计到 2013年,陈光标为社会捐赠超过了 17 亿。[①] 但是对于陈光标慈善捐助过程中的"晒钱墙",高调发布捐助信息,捐助过程中让媒体大肆报道,还让受助人一起曝光等行为或形式,又被专家及社会称为"暴力慈善"。希望工程发起人,南都公益基金会理事长徐永光就是把陈光标慈善模式总结为"暴力慈善"的第一人。徐永光认为陈光标模式是以牺牲受赠人的尊严来获得自己的满足的一种慈善暴力行为。北京大学的韩俊魁也指出,捐赠应当是润物细无声的事情。[②] 我们在走访中接触到一些企业人士,在捐助的问题上认同捐助的行为,但是普遍提出捐助不是太大的问题,但是一定要有好的捐助项目。而衡量捐助项目的好与不好的评判标准的关键是能否通过捐助项目的策划达到宣传企

---

① 冯文杰:《陈光标:企业家学习的榜样》,冯文杰的个人空间 2013 年 4 月 2 日,见 http://blog.gmw.cn/blog-292542-519166.html。冯文杰写过多篇陈光标慈善捐助的评论文章,是陈光标慈善方式的支持者。

② 《暴力慈善》,源于 360 百科词条,参考引用日期 2015 年 2 月 23 日,见 http://baike.so.com/doc/7621409-7895504.html。

业的目的。可见类似陈光标的暴力捐赠并非个案。由这些对捐赠宣传的批评可见，随着人们对贫困产生的社会原因的认可越来越普遍，人们对贫困救助的认识不再简单局限于帮助贫困者渡过难关，解决问题，而是扩大到对贫困者社会存在的价值的思考，强调捐赠中的道德规范。正是在肯定社会救助中的伦理道德意义的前提下，当今，越来越多的人主张救助不问贫困原由，不问姓名，不问职业，不问年龄等涉及个人基本情况的问题，只管提供善意。如媒体报道的各地爱心粥店（铺），河南郑州公益人士李春晓在邓州交通路口和仲景路交叉口开办了一个车站社区免费爱心粥铺。李春晓说要"通过爱心粥"传递人间正能量。[1] 邓州市总工会为支持爱心粥的善，30多人，凭着助人的热情到粥铺做义工，并于2014年9月11日捐赠粥铺2万元。[2] 同样是河南的焦阳光，在其所在的周口市太康县也办了一家爱心粥店，使年纪大且生活贫困的清洁工获得了免费早餐。[3] 这些爱心粥店（铺）一个共性的特点是，只认善行，且相信人们的诚实（接受救助、接济不是本着贪图利益，而确实是生活困难）。由爱心粥店的运作方式可确定，社会救助中的尊严、文明、幸福是彼此共存的，而其实现的条件是施助者对接受救助者的信任和接受救助者自身的诚实，即彼此之间都有一颗纯粹的、无功利的"友爱互助"之心。这一存在于救助中的纯粹友爱之心，其实是人们对超越功利的最本真的人性的需要，是对人类整体的情感需求的企望，即我们是一个整体，我们就应该有这样的信任和诚实，就应该有这样纯粹的善良的情感。只有这样的社会才是幸福、美好的社会。

第四节　社会、集体、个人

　　社会、集体、个人是最直接最现实的社会关系了。"社会"一词的最核心

---

[1]　齐琳:《邓州民间爱心人士设免费粥铺3个月舍粥近万人》,《南阳晚报》2014年1月6日。

[2]　王慧:《邓州市总工会支持社会善举为"爱心粥铺"捐款2万》,中国新闻网——河南新闻2014年9月11日,见 http://www.ha.chinanews.com。

[3]　王剑强、胥柏波:《爱心粥店,暖了人心》,《南方日报》2014年12月22日。

的含义是"人的集合"。社会这个概念有不同学科的解析,但不管如何解析,它都是以一定的结构方式组成的人的整体。生物学上可以是基于基因、血缘、细胞等结构方式组成的整体。社会学上可以是基于生产、生活方式组成的共同生存的整体。政治学上可以是基于生存及发展等利益关系而组成的某些组织性机构。文化学上可以是基于风尚、习惯、礼节等可传承的价值观念、思想观念而组成的生活、生产群体。我们不只是考虑前面关于人类社会的划分方式,而且还要考虑到救助不只是基于人类的集体性在非常时期的同甘苦、共患难,救助还是以个人的生存、发展为前提的实践行动。人们在给予或帮助他人时,往往需要有物质基础作为前提条件,首先得确保自己的生存及发展,即俗话说的:"先得保证自己有,才可能分给别人有。"因而,在这个问题上,采用马克思主义以物质生产方式而划分的五种社会形态就更自然且适合了。当然,这五种社会形态只是从人类进化的角度进行划分的。这样以马克思主义的五种社会形态划分的方式进行讨论,除纵向的进化角度局限外,社会这个概念存在模糊性也是影响讨论的又一原因。社会这一概念的本身的局限性,主要是我们通常所说的社会是相对于动物世界而言的,强调人类的统一、整体性的抽象概念,至于其内涵、外延、边界至今没有确定的界定。我们认为,社会本身存在的价值并不在于其自身,而是通过由构成社会的个体及其具体行为所体现的整体利益、整体优势呈现其存在的价值,因而社会是因整体性有利于个体的生存与发展而为人类所认同、认可的人类生存共同体的主观表达形式。基于这样的概念的定义,在百度百科的"社会"词条中提出"社会本身没有行为,但社会中蕴含着的个体之间的四种关系形成了社会行为"。[①] 这里所讲的四种关系是夫妻关系,父母与子女等非夫妻的人际关系,道德与价值的关系,不同物种之间的关系。我们可以认为社会本身是一个虚拟的概念,其实体的意义在于个人(个体)的存在及联合的价值。这种存在及联合不是简单的 1+1=2,而是以各种规则、组织、媒介形成的有机的结构性整体 1+1+1……,至于其结果或效果,会因为结构性的问题可大于也可小于被加数。集体则是一个介于

---

① 《社会》,源于百度百科词条,参考引用日期 2015 年 2 月 23 日,见 http://baike.baidu.com。

社会与个人的中间概念，集体也是一个整体的概念，只是相对于社会而言，这个整体要更小，要更具体，其更多强调的是由直接的相关利益或行动联合在一起的共同利益人的整体。集体中的关系相比于社会的关系更为直接，当然这样的集体规模在大小区别的问题上是很大的，一个国家、一个族群、一支队伍、一个班级、一个小家庭……都可以称为集体。其整体规模大小的区别与其整体利害关系的紧密度呈正相关关系。社会和集体主要是规模的差别，社会也好，集体也好，它们的共性是都强调整体性，强调互助性，强调组成者有机结合的功能效应。不管集体的规模大小，其功能特性及实现方式与社会是共同的，只不过功能的作用大小及实现方式与规模大小相关。规模越小，其存在及功能越为直接、具体、可感，规模越大，其整体性功能越强。当然，规模越大，其结构的复杂性也相应更为突出，其存在及功能越为间接、抽象、非直觉可感。个人，即人群中特定的独一无二的主体。个人首先是一个自然意义的生物个体，然而作为人，他又是社会和集体中的一分子。现实的人是具体的，是自然人与社会人的统一。个人是独立的，有自己的行为方式，有自己生存的具体方式，但个人又是构成社会、集体的细胞、分子、微粒，没有个人无所谓社会和集体。在百度百科"集体"的词条中讲述了《大地的儿子》这一古希腊神话故事，大意是说地神盖娅的儿子安泰力大无比，而他的力量来源于大地，一旦离开大地，安泰就失去力量之源泉。在一次交战中，深知安泰缺点的海格力斯把他举到空中，让他失去力量之源，终于把安泰扼死了。[①] 这个故事很多时候用于解析个人与集体、社会的关系，安泰再神也离不开大地，个人再神也离不开集体。神尚且如此，"人"，个体的人再有能耐，如果离开了大众，离开了集体、社会就会失去其力量之源，尤其是后续力量之源。集体、社会离不开个人，离开个人，尤其是个体力量的组合，社会、集体也会成为完全虚拟的名词，空洞无物。社会救助从社会秩序的伦理角度是典型的社会、集体、个人的关系，正因为人是社会、集体中的一员，才有对贫困个人的感同身受的同情、怜

---

① 《集体》（社会学名词），源于百度百科，参考引用日期 2015 年 2 月 23 日，见 http://baike.so.com/doc/5602169-5814773.html。

悯及由此而出手相助的实际行动。也正是因为对贫困或遇到自身力量无法克服的困难时，个人可以获得来自社会、集体的援助，从而从集体、社会中获得克服困难的力量，并由此而彰显人类整体利益及整体性存在的价值。虽然社会、集体、个人的关系在社会救助中是必然性存在的，但在不同的社会形态中，其相互关系的密切及协调性，其救助实现的程度及显现方式却是不同的。

前面已多次提到蒙昧的原始社会，即美国社会学家伦斯基等按生存及生产方式划分为采集、狩猎的社会。此时的人们是以血缘、宗亲的方式结合在一起的生存共同体，且人们获取物质生存资料的手段单一，生产力发展水平很低。由采集、狩猎为生的生产方式，决定了人们生活、生产的共同体规模很小，且人与人之间只是一种很自然的为生存而结成的如同动物一般的亲密和团结的关系。这时候的集体依赖是下意识的，自然且本能的。个体无独立性可言，因为离开共同体，个人不仅是遇到困难无法克服的问题，而且可能是无法生存的问题。人们出于自然生存的本能需要，以原始的平等共处为生活、生产方式。在原始社会，以个人之力根本无法应对自然的狂暴，因而团结、寻求集体的庇护，不仅是自然的本能需要，往往还被赋予神的某种优于人本身的神秘性。具体反映在当灾难、困难发生时，对人类整体具有起死回生之力量的神或传说的人物，不仅得到人们的崇拜，而且更被赋予如神一般的神圣地位而成为人类整体的领袖。这样的神化的解析，普遍存在。如在中国，鲧在大众遇洪水威胁生存之际，盗天帝息壤以灭洪水。同为创世神和始母神的女娲不只是创造了生命、人类，而且在洪水泛滥、大火蔓延之际，女娲不忍人类遭遇如此灾难，以五彩石补天，平洪水之灾，以神鳌四足补天柱，让人类重得安居乐业的天地。① 神射手后羿，为免灼灼烈日，草木、庄稼枯死，射下九日，从而被尊为英雄。大禹以疏导的方式平息水患而被视为救世英雄，然而大禹到底是人还是神呢，在历史上有许多争议，有些认为是神，其治水的使命受于天命、神明。也

---

① 《女娲》（中华上古之神），源于百度百科，参考引用日期 2015 年 2 月 24 日，见 http://baike.so.com/doc/5330098-5565272.html。

有历史学考评,大禹真实存在,因而有绍兴的大禹陵,而其成功在治水,在于人们对自然的认识由早期的蒙昧无知变为自觉自知。在西方,上帝具有生杀予夺的无上权力,上帝对于人类的苦难的救助也具有无边的智慧。善良的,有对神之崇敬心的人们,在灾难来临时,可以得到上帝及上帝派出的使者的援助。如诺亚方舟的故事,上帝不满意于自己所创造的人世的充满烧杀、掳掠、欺骗等罪恶,决定要发起 40 天的洪水,把人世的所有罪恶一举毁灭。但在毁灭世界之前,上帝选择了他认为善良的诺亚一家,告诉他们在灾难发生前,制造好可求生的船,并把一家及生活所需、还有地球后续再次繁衍所需要的物种带上方舟。虽然这个故事时常被解析为上帝毁世,但是很明显这个故事包含了上帝不仅创世,而且救世。除了似人非人的神救世之外,还有善良的,同情人类疾苦的神及勇士的牺牲自我的奋不顾身的救助。类似这样的救民于水火的神话、勇士的故事在世界各国都有流传。这样的故事,因前已述,在此不再列举了。不管这些故事与历史真实的关系如何,这些神话故事都从另一个角度说明原始社会的集体带有动物群落的一些特点。天王地母不只是威力很大的天神,更是对人类生存给予保护,在遇到大灾难时能挺身而出,不惜牺牲自我以拯救人类的似神非神,似人非人。这些故事说明,原始的社会、集体、个人之间天然地存在着彼此救助的责任与义务,社会、集体因为生存的必需的救助显示整体性价值,个人因生存不得不依赖于集体,个人是离不开社会、集体的一分子,个人对于社会、集体存在天然救助依赖。

蒙昧的奴隶社会是阶级分化的第一个社会。阶级分化的方式是由外而内的。早期的奴隶源于战俘和少数族群中的另类的少数,即"被掠为奴,因罚为奴",[①]所以阶级差别极为分明,奴隶不是人,只是如同牲畜一样的工具,可由人任意驱使、宰割,因而在救助的问题上基本不涉及奴隶。如果从社会救助的角度,族人、族群中的救助始终是存在并重要的。自禹改变禅让方式,把帝位直接传于其子启,建立夏朝,以血缘为前提的宗法制度取代原始社会的原始民主,就意味着原始社会结束。通常认为夏之后的殷商、周(西周,

---

① 裴丽:《中国奴隶社会的存在问题浅析》,《知识经济》2010 年第 24 期。

东周）至秦统一这一段为奴隶社会①。启不像其父亲禹勤政爱民，而是早年征战，晚年荒淫，启给百姓造成了很大的灾难，因而，在启的相关文献资料中我们没有找到有关救助的研究。由于夏的衰落无德，商汤承神之命，以匡扶正义之名，灭了荒淫无度的夏桀。商吸取夏灭亡的教训，更强调整体的团结，商相比于夏更重视宗族、血缘的关系。在血缘一致的同宗同族里，还特别强调"德治"。《尚书·盘庚》中就记述了商王盘庚吸取夏灭亡的教训，强调"施德于民"，这里的"民"实指的是商王盘庚的子民。商王强调宗亲同族的团结，并以此为扩充自己权力的方式，即团结，对于"民"而言，即要听从王的招呼。而王要得到民之拥戴，就要使民安乐。使民安乐，必然要使"民"有所得，即"施得于民"。在商王的统治策略中，"德"也是"得"。正是基于这一理念，"民生"成为商王重要的施政内容。如，为使民生安乐，盘庚几次迁都，文献记载为五次。从"丘"迁到"殷"的第五次迁都时，由于前面多次迁都的不断折腾，众大臣反对盘庚再次迁移。他们认为老百姓管不了那么多的，只要贵族安生，享受荣华富贵就可以了，但是，盘庚为避免原都丘（今河南商丘或河南淮阳）因每年黄河水泛滥而导致的民众饥荒，影响百姓生活，力排众议，极力迁至殷（今河南安阳）。盘庚这一做法，简单地看是一个帝王的经世治国之略，若从民众的生存视角讨论，还包含着如同早年传说中的大禹救世济民的传统观念，即王者是民众困难的普度者，民众幸福的施予者，王者，也即圣者的救民救世的必然结果。商后世，传至纣，也走上了穷兵黩武之路。在《封神演义》中讲到周武王伐纣的原因是因为商纣荒淫，宠爱灭国之妖妲己，置民于水火。周武王伐纣也被视为替天行道，救民于水火的壮举。此后，春秋战国，诸侯纷争，更是民不聊生，秦始皇统一六国。而秦始皇同样被赋予无上的神圣及光辉。在这些历史故事的记述中，朝代的更迭可以视为不同政治集团的利益之争，但其中荒淫之世，英雄辈出，圣者为王的史实记述，包含了以时势英雄的挺身而出救民于苦难的价值观念，帝王是家长，更是大智大慧的救世英雄。在这一时期，社

---

①　裴丽：《中国奴隶社会的存在问题浅析》，《知识经济》2010 年第 24 期。这一段历史考证存在争议，有学者认为中国没有经历奴隶社会，其理由是有奴隶，但奴隶不是主要的生产力，因而不认可奴隶社会的划分。考虑到叙述的时间性、阶段性，在此认同奴隶社会的存在。

会、集体、个人是一体的,家是国,国是家,个体的民只是家国的一分子,即我们时常说的家国同构。救助的理念上,救人也是救己,都是自家的人,英明的帝王是家长而已。古希腊、古罗马在氏族社会解体之后,逐渐形成了城邦式的经济政治共同体。虽然同一城邦里,阶级阶层差别很大,但是城邦民众的共助互助精神是普遍存在的。作为贵族的上层社会阶层,除享有某些特权外,还负有保护民众和救助贫困阶层的任务,即每年都要参与公益捐献。对于社会上层的贵族的公益捐献虽然有扩大自身政治影响力,获得更多民众支持的利益诉求,但是拿出部分钱财救助本城邦公民的贫困者,无形中使城邦的团体意识增强,团结的整体性存在得以强化。在西方,真正的贵族精神并不是有钱的奢侈,而是包含了自律和责任的优于普通公民的社会精英的意识及精神境界,是在保卫城邦公民时可冲锋在前,勇敢牺牲的救世主式的崇高荣誉感。直至今天,这种贵族精神,也可称贵族品质的追求仍然存在。如英国的伊顿公学,一所英国最优秀的贵族学校,学生吃穿简单朴素的同时,还要接受严格的训练,通过教育不只是培养学识上的精英,还要培养勇于牺牲的精神。一战中英国男子在沙场上战死率约为 11%,而从伊顿公学毕业的男子的战死率则约为20.6%。① 这一时期,在中国,遇到灾难的彼此救助是基于同宗同族,尤其是基于血缘的团结互助。在古希腊、古罗马,救助是带着"骑士"风范的勇敢的城邦精英或社会上层给予弱势的同为城邦公民的贫民的保护及公益捐助。在这一时期,社会、集体、个人一体,彼此的扶危济困,勇者、强者的挺身而出是自然的行为,同时,由于生产力水平低下,领袖、勇者往往被赋予"神人"的神秘色彩,救世普众是社会上层对自身存在的价值的实现方式。

封建社会相比于奴隶社会是一种进步。在生产上,一部分农民可以有自己自由耕种的少数土地,而一部分没有土地的农民可以通过交租的形式耕种地主的土地。农民对于有产者的依附由奴隶的人身依附转为对土地的依附。在中国,由于受"家国同构"的大一统的儒家文化思想的影响,形成了地主阶

---

① 《集体》(社会学名词),源于百度百科,参考引用日期 2015 年 2 月 23 日,见 http://baike.so.com/doc/5602169-5814773.html。

级统领的皇权至上的金字塔式的官僚政体。家是国,国也是家,突出地强调社会的整体性,个人无所谓自由,个人受制于家与国的整体性,即通常所说的社会、集体至上,个人服从于整体。这样的社会结构在个人的自由上有局限性,但是社会救助中却有优越性。真正地为人们所称道的帝王将相,仁人志士必然是以社会大众,国家利益为第一诉求,因而有"先天下之忧而忧,后天下之乐而乐"的政治品质和人格价值取向。在中国的历史记载中,救灾、济贫、抚恤是历代帝王的执政施政必须解决的重要内容之一。自然灾害不可避免,为防灾减灾,历代王朝都有仓储制度。早在汉代就设立了常平仓。常平仓实为丰时备足,缺时补足的一种粮食储备方式和制度。其作用是"以谷贱时增其贾而籴,以利农,谷贵时减贾而粜"。① 汉代的常平仓在其设置的目的上,主要是调节丰歉之年的粮食供需,其社会救助功能并不太明显。但在具体的实践中,尤其是灾害发生时,常平仓也用于赈灾放粮。至隋朝设立了专门的义仓。当时,由于生产力水平的制约,人们对自然灾害难以应对,尤其是频发的水灾,致使老百姓不只是生产受损,生活困难,甚至于无法生活。任度支尚书,即负责朝廷财务开支等管理的长孙平有感于遭遇水患的各州县老百姓的生活困境,提出以平时节俭或以丰年备凶的解决困境的方式。他建议每到秋收,各家各户根据生活的贫富,拿出一石或以下的粮食(粟麦)统一存储吕巷(约 25 人为一吕),以备荒年之用。隋朝的开国之君杨坚经历了一系列的战乱平息建国,对百姓民生有深切的体验,接受了长孙平的建议,义仓很快得以普遍建立。由于以血缘族群的集结为居住习惯,虽为邻里同乡,实为亲戚,彼此之间互助也是历来的传统,在具体的实施中,义仓不只用于救灾,还用于救急助困。虽然义仓最早是出于对民众遇灾时的救急救难,但是在隋朝后期义仓却演变为王朝贵族借为民众之名而肆意积蓄谷物粮食,滥征民众粮产的方式,成为官员贪腐的手段。最后,一边是谷物囤积、甚至溃烂,另一边却是民不聊生,饥难之民被迫逃荒。隋朝末年亡于社会动荡,民众起义不断,群雄争霸。唐代帝王有

---

① 黄绍筠:《中国第一部经济史:汉书食货志》中的《食货志》(上),中国经济出版社 1991 年版,第 57 页。

感于隋朝的社会治理方式,再设义仓以备荒年赈给。义仓的功能由官府视现实需要,在具体的实行过程中,其实际功能会发生不同改变,有时会成为政府盘剥民众的方式,引起民愤而被废除,但义仓作为灾荒救急的储备方式,在历朝历代都有设置。社仓是南宋由朱熹创立的储食制度,通过慈善募捐的方式集结存储粮食,以用于救灾救荒。小灾小困以借贷的方式放粮,大灾大难才免费发放。西方的中世纪,被视为严格意义上的封建社会。西方主要实行君主制度,而君王、贵族等社会上层不只是享有权利和财富,而且还应当有保护弱势的责任和自觉。农庄里的佃农有一些就是一些沦落的寻求贵族庇护的穷困无法生存的人转变而来。庞大的基督教会以同为上帝子民的信条,强调平等包容、强调慈悲为怀,救苦救难。从仓储制度、贵族精神和宗教教义,可以认为这一时期,社会、集体、个人之间的关系紧密。国家帝王作为社会、集体的象征,英明者必然以解决民众疾苦为己任。邻里乡亲之间,尤其是生活于同一街区小巷,集众人之力应对灾荒困顿成为自觉,并形成了制度的规约。个人作为集体、社会的一员,捐交小我以应急救难成为一种责任。

资本主义是对封建社会的批判,以工业化生产方式及金融市场的贸易交换形式,打破了人们对土地的依附关系,使生产资料可以以货币等价交换的形式自由流转,从而使人们的生产、生活突破地域的限制在更广阔的范围内流动起来。资本主义在促进生产力发展的同时,以财产的不平等取代了过去由于出身,拥有固定的土地、房产等差异而导致的先天不平等。出身贫寒,可以通过个人的努力或社会提供的机遇抓住商机而改变命运。出身富贵,可能因为自己不善经营而赤贫,沦落为社会底层。资本主义工业化的生产方式及市场化的经营模式突破了封建社会自给自足的小生产方式,个人的自由较过去大了,个体私有的体制使人们对金钱的追求甚于以往,人们更多地从经济的效益或个人的利益的得失做判断,行为选择更趋向货币所代表的利益指向,唯利是图似乎成为社会普遍的现象。在人越来越注重个人私利的同时,人的发展又更依赖于社会,社会和集体对人的价值及意义更为凸显。越是符合社会需要的越有生存及发展的空间,越是远离社会需要的越容易被淘汰。在资本主义社会中,个人极端自私和社会整体的依赖同时并存。在救助的问题上,人们强调社会和集体的原因,认为社会和集体应当承担起责任。最早的英国伊丽莎白女王于 1601 年颁布了《济贫法》,从立法的价值取向上就是要社会承担起贫困救济的责任。此后由于贫困产生原因的社会定位,同时也是基于体现人类整体性的共识,贫困不再是简单的救济的问题,逐渐演变为一种以社会保障、社会福利的方式呈现的制度设计。在资本主义的世界里,虽然在具体的救济、救助实施与完善的过程中,社会、集体、个人日益连成一个整体,但其贫困救助的初衷仍然是基于社会或政权的维护,个人利益至上是一种普遍的社会现象。

因为马克思主义的改造,社会主义由最初的理想成为实践的现实。最早的社会主义理想萌发于对资本主义金钱至上、极端个人主义的不满,期望通过集体主义的方式,消灭财产的私有,建立公平的社会制度,使人人感受到作为社会人的幸福。社会主义优越于资本主义的最突出的制度特征就是经济上的生产资料公有制,劳动产品分配的按劳分配。同时由于所有制的公有及按劳分配,可以有效地避免财富上的两极分化,人与人之间的差距控制在有限的范围,人与人的情感相对较近,便于交流互助。社会主义还要改变资本主义因财产差异而导致的人情冷漠,孤情寡义,基于人类温情的需要,社会主义通过突出强调集体主义的功能及成效,让人人有群体的归属感。社会主义救助观念在基于传统的仁爱之心,恻隐之心,出于人类本性中朴素的患难与共,互爱互助的"救助"情结外,强调救助是人类社会,人们生产生活的集体的应然责任与义务。社会主义制度与以往的制度,尤其资本主义制度的区别在于力求消灭贫困,力求使所有社会成员在社会主义大家庭里,共济共存,共建共荣共享,共同奔向幸福生活的康庄大道。正是由于这样的理念,现实中的社会主义在灾难贫困救助上,以集体的力量应付一方困难成为现实的最主要方式。由于社会主义建设总体上在探索阶段,目前作为世界第二大经济实体的中国,在社会主义建设上取得的成功是有目共睹的,但是中国在不同的经济体制下,社会救济、救助的方式和成效是不同的,所体现的伦理观念也多样且有差异的。

1949 年新中国成立后,分田到户,农民逐渐独立自主。1953 年,通过组建互助组、合作社的方式引导农民走集体化生产的道路。与此相适应,乡村社会救助方式逐渐向集体化迈进。新中国成立头三年，人民穷困，自然灾害多，救济灾民成了我国乡村工作的重点。由于新中国的成立，政府在济荒救灾的工作方针、组织领导、具体的工作方式方法和救济项目上都有了较为明确的要求和安排，政府的主导作用开始凸显。如浙江省当时各县区设有社会救济委员会，有领导、有组织、有计划地开展社会救济工作。1956年第一届全国人代会法案委员会全体会议通过的《关于高级农业生产合作社示范章程（草案）的审查报告》中明确要求对完全丧失劳动力的社员、军烈属和残废军人、家中无人参加劳动的人，归国华侨、侨眷以及女社员给予照顾。是年颁布的《1956年到1967年全国农业发展纲要》中明确提出"五保"的要求。依据这些文件，如浙江省在20世纪50年代就形成了政府急救与群众自救相结合的救济扶贫制度：对"五保户"实行政府供养制度；生产上的困难，通过生产互助自救的方式解决。1953年底，浙江省生产互助组达到28.1万个，入组农户达到总农户数的49.2%。① 总体上来说，1949年到1958年，社会救济由个体的自发为主的状态逐渐向政府主导，自救为主，发挥集体力量，多方配合，共渡难关的方向发展。1958年至1960年，"大跃进"时期，人们带着对共产主义的理想，大搞供给制，乡村出现了低标准的大福利现象。如诸暨红旗公社，吃饭、吃菜、做衣服、住房子、看戏、看电影、托儿、理发、洗澡、照明用电等通通实行供给制，大包干，不要钱，治病半价，②社会主义俨然是一个幸福的大家庭、大集体。在这个大家庭、大集体里，形成了"一方有难，八方支援"的扶贫帮困模式。凡遇大灾大难，基本上是全民动员，各方参与、共渡难关。在三年困难时期，政府特别强调厉行节约，生产自救，扶贫帮困中基本上依靠生产队、人民公社的集体力量，形成了"群众自救，互助互济，国家救急"的救助机制。为保证烈属、伤残军人、复退军人的基本生活。除以代耕、实物补助和子女入学补助等优待方式外，还对他们进行思想政治教育，提高政治觉悟，打破单纯依靠政府救济扶持的思想，使困难户能树立信心，力争自力更生，自己克服困难。这一阶段，社会救

---

① 浙江事典编委会：《浙江事典》（上），浙江教育出版社1998年版，第253页。
② 中共浙江省党史研究室、当代浙江研究所编：《当代浙江简史》，当代中国出版社2000年版，第173页。

济主要通过组织,按照政策的规定或导向有针对性、有组织地开展,因而,社会主义患难与共,共渡难关的集体主义精神异常突出,扶危济困成为社会成员自觉的责任和义务。当然作为受助对象,一方面为减少国家的负担,尽可能通过自己的努力克服困难;另一方面在接受帮助的同时,也力求通过自己的努力回馈社会,即体现了权利与义务的统一。需要指出的是,这种权利与义务的统一很大程度上是包含了因受惠而感激涕零的情感或情结的。这里的感恩情结并不是一般的给予和被给予,而是新旧社会的替代,一种从社会底层上升为国家主人翁的政治感恩图报。这种权利和义务的统一更是在计划经济体制下人们对社会主义、共产主义生产关系下个人是国家的一员,国家是社会主义每一个成员的大家庭,大家庭里人人平等,应当亲如兄弟姐妹的理解和认识的必然结果。

计划体制下这种超越这一时期生产力发展水平的大包大揽的社会保障制度出现了难以为继的局面。如1958年,浙江省诸暨红旗公社大搞供给制,结果是支不抵收,夏收预分平均每人只能分到2元钱,全社有30%的倒欠户。①1978年党的十一届三中全会决定实行改革开放政策,1984年底,乡村人民公社制度实际解体。随着联产承包责任制的普遍推行,特别是人民公社解体,村集体经济弱化,"五保户"出现了应保未保的现象,许多社会救济制度消弭,乡村民间慈善组织机构基本瘫痪,乡亲邻里长期以来形成的患难与共、守望相助的习惯,在商品经济发展的进程中,也逐渐削弱、瓦解。与此同时,受市场经济竞争观念的影响,物竞天择、适者生存的生物进化法则也成了衡量社会生存竞争的标杆,因而,这一时期,人们认为,穷困潦倒是个人的责任,是社会竞争的必然结果。如一些人懒惰和奢侈导致贫困是咎由自取;一些人因缺乏经验和技能,甚至因残疾、年老多病而被淘汰或精减是生存法则的作用,是对社会其他成员的警示,因而贫困的存在对社会是有益的。由于生产方式由原来的集体协作转为以家庭为生产单位的包产到户的形式,社会成员更多关注的是个人利益,因而,对穷困潦倒的群体冷漠,甚至歧视的现象不是个别。而穷困潦

---

① 中共浙江省党史研究室、当代浙江研究所编:《当代浙江简史》,当代中国出版社2000年版,第173页。

倒者自身在比较中,也自觉惭愧、卑微。由此,在乡村中出现了对穷困潦倒的社会排斥和无形隔离的现象,穷困的孤寡老人病死多日无人发现,①贫病交集无人过问,⋯⋯对穷困潦倒者避而远之,世态炎凉啊!似乎连乡村传统的守望相助,出于仁爱之心,恻隐之心的怜悯都远离了生活。这就说明超越现实的救济、救助,完全不加区分社会、集体、个人的责任与义务的福利保障制度往往难以持续发展。

由于计划经济行不通,阻碍了经济的发展。1978 年随着党的十一届三中全会的春风,我国走上了社会主义市场经济之路。在改革开放的过程中,一部分人由于下岗失业或生产经营不善等社会及个人的原因出现生活贫困,一部分人因为抓住了机遇或因为成为转制中利益分配中的既得利益者而生活富足,从而产生了新的贫困问题。在这样的情况下,1985 年以后,伴随着商品经济的发展,重新启动了社会救济制度的建设。此后,"政府主导,责任分担,社会多元参与,城乡一体"的新型社会救济模式不断得以建立健全,完善发展。2005 年我国 90%的省份建立起社会救济体系。目前,已初步建立以农村五保、特困户救助制度为基础,临时社会救助为补充、专项救助相配套,各项优惠政策相衔接的社会救助体系。这一体系可视为社会主义在初级阶段发展水平下,在市场经济的背景下的一种探索和尝试。具体的工作有以下方面:

首先,搭建社会救济与保障统一服务平台。社会救济是社会保障的一个内容,为便于统筹安排和管理,许多地方都开始搭建社会救济与保障统一服务平台。如浙江省,1986 年,开始尝试"一院"(敬老院)、"一厂"(社会福利工厂)、"一会"(救灾扶贫互助基金会)以及群众优待(对优抚对象)和"五保"(对"三无"对象)统筹为主干的乡村基层社区保障网络的建设。② 2000 年以后,立足于乡村社会建设,浙江省把社会救济服务项目和设施的建设,纳入综合社区服务中心的建设,以社区的形式,开展社会救助和服务工作。城镇最低生活、医疗、教育、住房、法律、就业再就业、自然灾害应急等救助统一服务平台

---

① 我们在广西一乡村走访中,也获知该村一男性五保户死亡多日才被发现。
② 浙江年鉴社:《浙江年鉴》(2001),浙江人民出版社 2001 年版,第 348 页。

的建构和完善,使社会救助有了依存的坚实基础。

其次,建立居民最低生活保障制度。为确保贫困户的生活,我国以建立最低生活保障制度为目标,逐渐完善救助制度和运行机制。最低生活保障制度视情况分步实施:有条件的地区,建立居民最低生活保障制度,将家庭人均收入低于当地低保标准的,全部纳入救助范围;尚不具备条件的地区,也加快建立和完善特困户生活救助制度,对因病、因残等丧失和缺乏劳动能力的常年特困人口给予及时救助,为逐步向最低生活保障制度过渡打好基础。1994年,浙江省实施《乡村社会保障试行办法》,1996年,提出要建立城乡联动的低保制度。2001年,出台《浙江省最低生活保障办法》,对低保制度加以规范,在全国率先实现把乡村低保内容纳入到制度建设中,2002年基本实现了应保尽保。2008年,进一步完善了覆盖城乡的低保制度。目前,低收入居民收入的核定、救助、管理机制基本建立健全,低保人员基本上做到了应保尽保、应补尽补、应退尽退,在救助的标准上,2008年每人每月达到了104.63元,年均低保标准是1255元,比全国乡村年人均低保标准857元高398元,约高出46%。[①]对于特殊的"三无人员"实行集中供养。2003年,浙江省开始实行完全集中供养。2008年,全省乡村五保户和"三无"人员,集中供养率达到了95%。[②] 最低生活保障制度的建立,使基本的生活救济有了制度的保证。

再次,建立医疗、灾害、住房等救助制度。疾病和自然灾害是造成贫困很重要的因素之一,而住房是生存最基本的要件之一。因而,建立医疗、灾害、住房等救助制度则是社会救济的必要内容。如2004年,浙江省在把低保对象全部纳入医疗救助对象的基础上,把医疗救助扩大到低保标准150%以内的低收入家庭。2007年全面实行零起点按比例救助,2008年全省最低医疗救助封顶线为3万元。[③] 应对自然灾害救助上,2000年,浙江省全面推行计灾到户、救灾到户,救灾工作分组管理,救灾款分级负担的体制,普遍实行地方自然灾

---

①　湖州市民政局资料。

②　湖州市民政局资料。

③　湖州市民政局资料。

害救济事业费预算,当年预算资金达到 8264 万元。[①] 2006 年,率先在全国开展"避灾工程"建设试点,全省共投入 5506 万元,建成避灾场所 522 个,总面积 148.3 万平方米。[②] 此外,建立农村困难群众住房救助制度,对符合条件的农村困难家庭,采取新建、改建、扩建、修缮、置换、租用等方式改善其住房条件,2007 年完成 1 万户农村困难群众危旧房改造。给城市贫困户提供廉租房,经济适用房,给予一些政府的购房补贴或优惠政策及待遇。针对贫困群体医疗、灾害、住房等救助制度的建立和完善,使社会救济的覆盖的内容更为全面,确保了弱势群体基本的生存品质。

最后,发展社会慈善事业,扶贫帮困。社会救济是一项无直接经济效益的事业,其健康发展除政府的扶助制度之外,还需要社会的共同关心和多元参与。为促进社会救济事业的发展,早在 2001 年,浙江省就逐步建立和完善公益行为回报机制,推进民间形式的公益慈善事业,当年全省共建立慈善团体 26 个,募捐收入达到 1.04 亿元。目前,基本上形成了政府、非政府组织、企业、个人的多元救助模式。[③] 在扶贫帮困上,把低收入农户全面纳入最低生活保障的同时,通过技能培训、促进就业、结对帮扶、发展特色生产等,帮助低收入户脱贫致富,大力开展"造血"式的扶贫帮困活动。2016 年,大力推进社区志愿者服务,对社区居家养老的弱势老人给予及时的生活及精神上的帮助。社会慈善事业,扶贫帮困的发展,使救济有了更为广泛的社会基础,如此的社会救助包含了社会和谐,共享社会发展成果的理想追求。

从以上中国社会救济救助的发展情况看,新中国成立初期主要是救济情结起作用,由于经济体制的变革及转型,经历了发展的曲折及艰苦的探索,到了改革开放阶段,基本克服了大公有制解体时期出现的对贫困漠视、不关心的个体主义倾向,重新回到政府主导上来,而且向制度化、规范化发展。从伦理理念上看,责任认识越来越深入、制度导向上越来越理性和公正。这说明,不同的经济体制对救助的理解不同,但在社会主义社会中,社会、集体被视为民

---

① 浙江年鉴社:《浙江年鉴》(2001),浙江人民出版社 2001 年版,第 348 页。
② 浙江年鉴社:《浙江年鉴》(2001),浙江人民出版社 2001 年版,第 370 页。
③ 浙江年鉴社:《浙江年鉴》(2001),浙江人民出版社 2001 年版,第 64 页。

众的归宿,每个人都是社会、集体中的一员,应该得到社会、集体的救助。一个好的社会、集体必然会承担起救助贫困的责任与义务。由于不同时期,生产力水平的局限性,人们思想认识的局限性,救助发展不平衡,对救助的理解和认识存在差异也是客观存在的。由于救助超越实际经济发展水平会使救济救助难以为继,由于受救助对象思想认识的局限,会产生救济依赖。当共赢、共享、共同富裕的理想深入人心时,社会救助就获得广泛的群众支持及参与。

小　结

以上从"责任、权利、义务","公平、正义、平等","尊严、文明、幸福","社会、集体、个人"四组伦理学概念的关系,以不同社会制度下的发展过程为纵向的线索,讨论了社会救助基本伦理规则。虽然历史形态不同,社会制度不同,其救助中的伦理诉求及实现程度各有差异,但总体上归纳起来社会救助越来越体现的是人类整体的情感归属,人类整体对社会制度公平的向往与追求,在社会走向现代之后,最具共性及特征的主要的社会救助伦理观念可归纳为以下三点:

第一,从制度设计的公平合理性,反映了政府责任认知的自觉性。政府在社会救济救助中越来越自觉地承担了主要责任。从制度的设计看,社会救济救助日益发展为政府的自觉制度安排和设计。对贫困产生原因的认识上,由不可抗自然力造成的贫困认识自始至终都没有改变。对个人原因在贫困产生中的认识经历了完全的个人归因,发展到个人与社会原因并存。至目前,普遍认为虽然贫困产生的原因有个人的因素,但主要还是社会结构不合理、社会关系没理顺所导致的,是社会资源相对稀缺从而不能提供充足的社会生活资料造成的。正是由于贫困产生的社会归因,政府有保护公民生存和发展的责任,政府对社会中存在的弱势群体进行救助是义不容辞的认识越来越成为社会共识。由于贫困社会归因共识,人们普遍认为对于无力通过自身的努力改变命运的个人,应该不问贫困产生的原因,让他们都能得到社会救助。需要指出的是,在救济责任的认知上虽然达成共识,但在政府的具体政策落实中并没有上升到政府必然责任的高度。即便是已成为第二大经济实体的社会主义中国,各级政府在开展这些工作时,更多地把它视为贯彻落实"三个代表"重要思想,落实科学发展观,构建和谐社会、实现中国梦的切入点,视为为弱势群体所做的好事、善事,是民心工程、德政工程。在资本主义国家中,英国、瑞典从大社会福利保障社会弱势,但当政府经济压力增大时,很自然地就会削减福利开支,直接受损并影响到生活的往往是弱势群体。像美国、日本这样一些国家强调社会的慈善捐助依然是社会救助中的核心要素。就目前而言,许多国家认识到社会救助是公权对利益的再调整、再分配,其实质是调整隐藏在利益关系背后的人与人之间的关系,其最终目的是实现社会的公平和正义。因而,我国把社会救助纳入了规范化、法制化的轨道,这一方面使没有话语权的弱势群体的救助获得了制度保障,另一方面又保证了社会救助实施的公平、公正。总之,基于"民政"情结的人道主义情感的救助,正向政府自觉责任转变。

第二,从社会救济的标的看,体现了生存权是基本权利的理念。生存权是最基本的公民权利,生命个体从其来到人间的第一刻,就享有生存权,这是与生俱来的天赋权。再说,社会文明、社会财富不是个人独自创造的,而是人类全体共同努力、共同积累的结果。因此,通过社会再分配的方式对社会财富进行再分配,从而给贫困者予以及时的救助,是非常必要的,也是有可能的。当前社会救济立足于解决贫困人员的基本生活问题,实际上就是维护其生存权,虽然这种维护生存权的行动,基于各种观念或情感,如有的人感觉弱势群体太可怜,基于同情而救助;有的人相信与人为善,善有善报,基于功利而救助;甚至有的人认为弱势群体的生活困境是咎由自取,社会救济是基于施舍而救助。但是对于即使贫贱的生命也应该珍惜,应该给予平等、公正的对待的认识,表现为逐渐被普遍接受、肯定的发展趋势。即人们对待社会救助的出于情感的施惠特点在弱化,而是向生命共存、生命不分贫贱皆可贵的更理性的认识转变和发展。

第三,从救济的内容和方式看,深化了人类合作必然的观念认知。对于人类而言,团结互助是人类存续发展的重要条件,互助是人的天性和本能。有些社会救助,提供救济者虽无直接受益,但却能间接受益。过去,由于社会救济在当时当下表现的受益方的单向性,使人们参与社会救济的热情不高,而现在人们支持和参与救助弱势群体活动,不是单向度的个人施与,而是希望使互助合作在全社会蔚然成风,使生活于这个社会的每一个人更加温暖、更加安全、更有保障,从而无形中为每个人预设了困难救助的保险机制。即救助在当时当下是单向度的,而从人类整体的发展来看,给予和获得依然是对等的,双向的。国家在实施社会救助制度中,可维护社会的和谐和稳定,每个人在救助他人的同时,也为自己在不确定的未来万一陷入困境预设了保障,至少在情感上得到了温暖的集体归宿的心理慰藉。

第四章 社会救助的伦理目标

目标的定义很多,但是最通常的定义为:目标是人们行动指向的对象,是人们对行为结果产生的效果及影响的心理期待。确定的目标可以使人们的行动更具指向性,使人们行动的预期结果更清晰、更准确。在以市场为手段进行资源配置,强调竞争,以行为效果或效率作为评价行动价值及成绩的主要标准的时代背景下,明确目标已成为各项工作及事业发展的重要且必要的环节。如第一章最后的总结:"社会救助在实质上是人类类群体的感同身受的同情心在社会生活中的朴素表达,是团结友爱的实践印证,是社会公平、正义伦理秩序的追求在制度上的实践。"随着社会分工的发展,尤其是社会分工的全球化进程的推动,社会救助也不断发展壮大,救助的范围由一地到一区到全世界;救助的事件从突发的不可抗的自然灾害到各种社会原因导致的生活及生存困顿;救助的时长由暂时的应急式困难接济到长期乃至终身的对某些弱势群体的生存保障;救助的对象从某些个人、小群体到整个弱势群体的关注;救助的方式从解决温饱到受救助对象整体生活及发展的重构;救助的内容从物质到精神;救助的对象从对遭遇困难,陷于困顿的人们到濒危动植物……真可谓纷繁复杂、丰富多彩。尽管社会救助的具体表现形式各异,但社会救助作为一项基于社会整体利益,体现社会伦理道德需求、社会伦理秩序取向和发展水平的伦理道德实际践履,其彰显的社会价值观和社会责任意识不变。在这个意义上,社会救助的伦理道德目标是否明确,是否确立,是否得到人们的认可,能否体现社会发展的需要等问题不仅关系到社会救助本身的发展,而且关系到社会公平的实现,关系到社会秩序的稳定等问题,因而,社会救助的伦理目标的讨论研究的意义及价值自在题中了。

第一节　社会救助的伦理目标及其特点

社会救助通常被视为慈善事业,是对穷困者、遇到困难的人们给予的物质和精神援助的社会行为。社会救助从它的行为动机、行为指向的对象、行为的最终效果(结果)上都属于实践性的伦理道德范畴。要清楚社会救助的伦理目标必然要确定伦理道德的关系,因为实践行为的性质是确证目标的前提,而行动的具体对象、内容是目标分层的基础及原因。

在精准性研究的视角下,伦理道德在词义、地位、社会作用上存在争议。如康德,在他的《道德形而上学》一书中将道德哲学区分为权利说和德性说两个部分。在他看来伦理是道德的哲学,道德只是德性,两者是不一样的概念。黑格尔认为,伦理是主观的善和客观的自在自为地存在的善的统一,道德是人们对责任、幸福、良知的追求和愿望。在他的观念中,伦理是客观的外在的,而道德是主观的、内在的,两者也是不同的概念。然而,在实践的行动性研究中,伦理和道德两者的使用往往是模糊的,存在伦理即道德,道德即伦理的客观事实,而且这种模糊性自古有之。在生产、生活的实际使用中两者没有差别,这两个词可以相互替换着使用。Ethics 源于希腊文的 ethos,本义是指品质、人格;morality 源于拉丁文的 moralis,本义是风俗或礼貌。Ethics 似乎与人的个体品格有关,而 morality 似乎是指人们的相互关系。然而,在日常语言中,我们说某人是 ethical 还是 moral,说某人行为 unethical 还是 immoral,实际上没有任何差别。① 在中国,伦理强调的是道德的秩序,或因秩序而需要的道德。伦理是依据人们在社会生活中上下左右、亲疏远近等关系规范人们的言行,要求人们各守其职,各安本分,从而达到维护社会稳定、和谐的目的的观念、规则体

---

① ［美］雅克·蒂洛,基思·克拉斯曼:《伦理学与生活》(第九版),程立显、刘建等译,世界图书出版公司北京公司 2008 年版,第 5 页。

系。道德则是善良的、好的、正义的品行和信念。从文字说的意义上，伦理即依伦（秩序）建立的理（规则意识）。道德即依道（秩序）应该有的德（品性和观念）。虽然观念因秩序而生，但是观念决定秩序的认可，什么样的观念认可什么样的秩序，人们行为选择在具体的实践中以道德为先，强调的是在道德基础上的秩序，因而有"得道多助，失道寡助"；①"君子务本，本立而道生"；②"从道不从君，从义不从父"③的千古规训。但在具体的生活中，很多时候两者是模糊的。伦理的秩序、规则就是现实生活中的道德，道德的要求也是现实的伦理纲常，因而有依"三纲五常"所既定的社会角色而必须有的品质德性的具体要求。正是鉴于历史上伦理与道德在实践运用中的模糊性，而且社会救助是一个典型的实践行动性伦理道德问题，我们在这里讨论的社会救助伦理目标中的伦理与道德不加区分，伦理即为道德，两者是相通相融的概念。

伦理或道德最常见的最具代表性的定义为"由一定的社会经济关系决定的，依靠社会舆论、传统习俗和人们的内心信念来维系的，表现为善恶对立的心理意识、原则规范和行为活动的总和"。④ 由这一定义，可见伦理道德源于并决定于社会的发展需要，其产生有着深刻的社会根源，但其作用及呈现方式却具有非常强烈的主观色彩。那么人们为什么需要这样一种极具主观性、个体差异性的伦理道德来规约行为呢？答案在于伦理道德最终的意义和价值是力求以某种社会发展需要的，又为社会大多数个体所认可的原则、规约调节社会和个人的关系，在推进社会文明与发展的过程中，使人们的物质及精神生活得到最大的满足，达到人类整体的最大幸福。正是这一伦理道德本身的目标指向，使伦理道德成为可用于管理及规约人们行为的工具和手段。救助最早是作为基于同情心、恻隐心对遇到天灾人祸等人力不可抗拒因素而陷于生活困顿的同类施予临时性物质援助的行为。当救助日益成为一项为社会所认可

---

① 万丽华、蓝旭译注：《孟子·公孙丑》（下），中华书局 2006 年版，第 76 页。
② （春秋）孔丘：《论语·学而》，新疆青少年出版社 2005 年版，第 1 页。
③ 张以文主编，邬恩波、吴文亮译注：《荀子全译·荀子·子道》，三环出版社 1991 年版，第 545 页。
④ 唐凯麟：《伦理学》，高等教育出版社 2001 年版，第 3 页。

的整体或集体行动时,从现象上,社会救助反映或体现的是社会管理及社会文化进步的公共精神、公共意识。正是由于社会救助能体现和反映公共精神和公共意识,所以在实际的操作上,社会救助作为极具实践意义的伦理道德行动,很自然就有其带着社会情感及社会理性指向的具体目标。

依据现代《汉语词典》,目标有两个意思,一是射击、攻击或寻求的对象。二是想要达到的境地或标准。① 由此可见,目标一词是一个典型的行动概念。在纯粹理论的研究中极少涉及目标的研究,目标的研究主要见于行动性研究中。关于社会救助伦理的目标的研究,在我们目前已查阅的资料尚未有定义。我们认为,社会救助作为一项极富伦理道德的且有具体指向的实践性行动,其目标性在现实中是具体可感的,只是缺乏归纳性的定义而已。借鉴其他学科对目标界定的方式,并以被定义项=种差+邻近的属的模式,社会救助的伦理目标可界定为:实现救助应当体现的社会情感、心性品质、类群体社会生存及发展权利机会均等的伦理道德倾向的,且具有价值性评价可能的规定。这样的目标定义主要依据:一是社会救助的出发点是为某些因客观存在的,且凭借个人或某些特定群体自身力量无法解决的困难而影响生存及发展的个人及群体提供物质或精神帮助的行动。二是这样的行动的出发点对于施助者而言,不是个人直接得利,甚至施助者个人本意是不求现实回报,只是在实践直接的结果上既能达到施助者同情心、恻隐心满足,又能使类群体享有共同生存及发展的权利得到体现的同时,彰显社会公平并使参与人或知情人在情感上获得类群体归宿的满足感的行动。作为极具实践性且富于伦理道德性质的社会救助,其伦理视角的具体目标应当体现以下特点:

第一,实践领域的指向性。目标的意义在于使人们的行动有具体可感的对象或目的地。行动过程中,目标指向越明确,人们对目标可预见性越强,行为的正向能动性就越充分,动力发挥和潜能挖掘就越大。纯粹的社会救助本身不直接与现实的利益挂钩,不以现实的回报作为行动的理由。社会救助本

---

① 中国社会科学院语言研究所词典编辑室编:《现代汉语词典》(第5版),商务印书馆2005年版,第971页。

质上是扶弱济贫,危机(急)时刻助人渡过难关的单向行为,意在付出,而不图回报。如果人们对社会救助的价值意义缺乏了解,认识模糊,往往会当成一件与自己无关的事情,甚至因此而对事情、事件以漠不相关的态度处之。在现实生活中,这种缺乏目标指向性的救助事实存在,同时效果不佳。如我们去银行存款,大多数银行营业厅前放有一个写着红十字会标识的捐款箱。而在这些捐款箱中大多数是一些数额较小的角币,一元币,五元币……难得见到 50 元或 100 元这样面额较大的钞票,甚至有些捐款箱连 10 元一张的钞票都没有。细数银行的捐款箱,有些银行营业厅的捐款箱大约有几百元钱,有些捐款箱收集到的捐款相当少。我们观察了中国建设银行,中国工商银行、中国农业银行、中国交通银行,还有地方的农村信用社,共 25 个捐款箱,询问银行的工作人员关于这些写着红十字会捐款箱的收款情况,普遍反映的是:"不能说没有人捐款,但捐款的人很少。"在与银行排队等候办理业务的各业人士交流中,当问到大家是否注意过捐款箱时,大多数的回答是:"看是看到的,要说特别关注倒是没有。"当问到看到捐款箱是否有捐款的意愿及冲动时,有些人士沉默,不给予回答。有些人士笑一笑,以表情表示否定,不给予正面的回答。有些人士说:"如果有散钱,就顺手捐个一元,几角吧。"有些人士很直率地说:"红十字会不是有很多丑闻吗,捐的钱不知道他们会拿去做什么呢。再说了,捐到钱给什么人也不清楚,捐不捐都没关系。"人们言语中的"捐不捐都没关系"表达了不乐意捐款的情绪。从人们对这些银行捐款箱的反应来看,虽然打着红十字会的名义,但由于具体捐款使用不清楚,捐赠目标缺乏具体指向性,人们的捐赠意识不强。与银行的捐款箱相比较,我们发现,如果是单位组织的捐款,并且说明捐款受益的对象,捐款的具体使用的捐赠活动,普遍能收到较好的效果。如浙江省湖州师范学院,每年都在全校教职工中进行"慈善一日捐",每次捐款都能达到 10 万元,甚至以上。总结捐赠活动经验的过程中,大家一致认为各教职员工慷慨解囊的原因在于活动意义的明确,即每次捐款动员会上,都具体说明捐款的意义,说明捐款的用途。捐赠活动结束后,组织活动的部门还通过网络新闻播报慈善捐赠活动的成效。因此,湖州师范学院这样的"慈善一日捐"能得到大家的认可和支持。再如,2011 年,湖州师范学院信息管理与信息系统专业的学生李青,得了急性淋巴性白血病,湖州师范学院师生组成的爱心团队,通过义卖、募捐,为李青筹集爱心捐款 13 万元。这13 万元不仅解决了李青的部分医疗费,而且让李青感受到师生对她的关心,使她有信心克服困难,与病魔战斗,终使病情好转。① 两者一对比,很显然慈善、救助活动的成效与实践操作中指向性是否具体可感直接相关,因而救助伦理目标的实践领域的指向性必须明确,甚至尽可能做到具体可感。正是认识到这点,慈善捐助设置具体的捐助项目成为普通做法。如 2013 年,湖州"慈善一日捐"首次推出了"生命之光"——儿童大病慈爱基金项目;"爱心成就梦想"——慈善助学基金项目;"关爱小候鸟"——民工子弟慈善基金项目;"慈善关爱送万家"助困系列基金项目。按慈善总会负责人的说法就是"考虑捐赠人意愿,使捐赠人在捐赠时可志愿选择"。② 救助中设定的实践具体目标的指向性,可让受助人及捐助人同时感觉到同情心、怜悯心、互助友爱之心的真实、具体,使受助人及捐助人,尤其是捐助人获得伦理道德的直接认识及感受,从而推进行动的积极性和主动性。对于被救助者而言,这样的实践具体指向性,还具有类比效应,遇到相同、相似困难时,很自然地联想到相似的处理方式。最常见的就是自然灾害发生时,突发疾病等,以个人力量无法解决而陷于困难时,相同相似的解决问题的救助方式在现实的生活中不断重复。这种类似的救助活动不仅给困难者希望,而且这种不断重复的有实践具体指向的救助活动还会产生长远的社会正效应,它们让人们在困难发生时有求助的路径。正是因为社会救助有明确的实践指向性,人们在社会生活中,在获得安全感的同时,还体验到人类生活共同体的集体温暖感、归属感。

　　第二,实践行动的标准性。目标的作用是引导行动,目标越明确,越具体,其引导功能就越强。实践行动的标准性就是目标的可量度。通过划定标准,对行动起到推进发展的同时,可对活动及由活动引起的人与事有一个具体的评价标准,使管理更具规范性及可操作性。救助中的伦理道德行动目标的标

① 党委宣传部:《湖州师院:让大爱蔚然成风》,湖州文明网 2011 年 12 月 26 日,见 http://www.wenming.com.cn/content.asp? Id＝37。

② 徐虹:《湖州今年"慈善一日捐"亮点纷呈》,《湖州日报》2013 年 8 月 27 日。

准性,对于受助人而言是可用具体的数字或尺度衡量和计算的缺口和距离;对于施助人而言是可用具体的数字或尺度衡量和计算的意欲及能力可达成的援助目标的尺度。当救助只是一种自发的行为时,涉及救助标准问题的关注和讨论就少。此时,施助者对于遇到困难的人们给予帮助的分量、分寸,与风俗习惯相关的同时,更直接决定于人们的自我意愿,决定于人们的经济基础或经济能力。当救助日益走向社会,成为一种社会性行为后,救助涉及生活、住房、医疗、教育、法律等领域,受众人数较多,救助涉及的人口数量也可能较多、较大,救助涉及的人数甚至大到某一或某些特殊社会阶层,此时,救助的标准就更成为人们关注、且必须关注的对象了。因为无论是超越救助标准或是达不到救助标准都会影响救助的效果,影响人们对救助的接受和认可度,甚至还影响到社会的公平正义。比如生活困难救助,从国家层面,获得生活困难救助只有政策性的导向性的规定,即:作为公民,当收入水平低于最低生活保障线时,可以根据国家法定程序和标准,依法申请相应的现金及物质救助。至于具体的救助标准,因各地经济发展水平而不同外,兼顾不同救助对象的具体情况,救助具体标准不同。长期以来,中国救助的具体标准是农村低于城镇,西部地区低于东部地区,即救助标准的差异主要受制于经济发展水平。如机关、企事业单位遗属生活困难补助,1980 年,民政部、财政部专门下发有《国家机关、事业单位工作人员死亡后遗属生活困难补助的暂行规定》。在此暂行规定中,一是给出救助原则"困难大的多补助,困难小的少补助,不困难的不补助"。二是强调补助的标准一般以能维持当地群众生活水平为原则,具体标准由各省、市、自治区规定,但补助的总额不能超过死者生前工资水平。① 根据这一暂行规定,各地再出台具体精确的补助标准。四川省达州市达川区 2014 年 1 月后,城镇户口的遗属补助为 455 元/月,农村户口的遗属补助为 420 元/月。② 安徽省安庆市宿松县 2015 年 2 月起才把县城机关的遗属生活困难补

---

① 参见民政部、财政部 1980 年 2 月 13 日下发的《关于执行〈国家机关事业单位工作人员死亡后遗属生活困难补助暂行规定〉》的通知。

② 王燕、王萍、张杨:《上调机关、事业单位遗属生活困难补助标准》,《华西都市报》2014 年 4 月 24 日。

助由原来的 300 元/月,调整为 415 元/月。① 这些具体的补助标准背后,隐含着社会或类群体的整体观念的同时,包含了公平和正义的解读。"困难大的多补助,困难小的少补助,不困难的不补助"的救助原则是基于整体社会或类群体的整体观念制定的行动准则。而强调补助一般以维持当地群众生活水平为原则,强调不得超过死者生前工资水平,则是基于公平和正义的解读。作为社会群体中的一员,由于家庭发生人事变故,陷于困境从而获得源自集体的救助是应当的,但不能超过一定额度。此额度即是维持生活水平的需要,尤其不得超过死者的生前工资水平,即表达了受助者不能比同一群体中的非受助者更好。这样的原则及规定陈述在国家文件中,代表的是社会整体对因丧偶而导致生活困顿的这一特殊群体接受社会救助的合理合情性,公平正义性的认识和价值取向,即救助标准定位,是以主体生存为主导方向的,救助是帮助一把,但不能超越非救助群体的基准。这一合理合情性,公平正义性的认识和价值取向,同时也是避免救助依赖产生及形成的伦理价值观的现实规定。在补助的对象进行了具体的规定外,针对补助对象本身又做不同的细化处理。符合特殊条件的对象,在享受一般规定的标准之外,可增加补助费。如辽宁省人事厅、财政厅联合下发的辽人发〔2007〕22 号《关于调整国家机关事业单位工作人员遗属生活困难补助标准有关问题的通知》就有如下规定:

1. 国家机关事业单位工作人员死亡后,其符合生活困难补助条件的遗属应按月享受定期遗属生活困难补助费。补助标准,非农业人口按高于本人(补助对象)户籍所在地政府确定的城市居民最低生活保障标准30%执行,并随当地城市居民最低生活保障标准调整相应进行调整;遗属系农业人口的,其遗属生活困难补助标准,由各市自行确定。

2. 符合下列条件的遗属,除按上述补助标准发给外,按下列标准增加补助费:

(1)1937 年 7 月 6 日以前参加革命工作的干部死亡后,其无固定收

---

① 詹春连:《宿松机关企事业单位遗属生活困难补助标准再次调整》,宿松新闻网,2015 年 9 月 2 日,见 http://www.ahssnews.com/system/2015/09/02/010518227.shtml。

入的遗属生活困难补助费在上列"1"项补助标准基础上增加 20%；抗日战争时期参加革命工作的干部死亡后，其无固定收入的遗属生活困难补助费在上列"1"项补助标准基础上增加 15%；解放战争时期参加革命工作的离休干部和符合劳人险〔1983〕3 号文件规定享受原工资 100%退休费的新中国成立前参加工作的退休老工人死亡后，其无固定收入的遗属生活困难补助费在上列在"1"项补助标准基础上增加 10%。

(2)在保护、抢救国家财产，对敌斗争中死亡以及因工(公)牺牲、死亡工作人员的遗属，其遗属生活困难补助费上列在"1"项补助标准基础上增加 20%。

(3)孤身一人又无其他生活来源的遗属，其遗属生活困难补助费在上列"1"项补助标准基础上增加 20%。

这些规定不仅考虑到死者身后，遗留家属的生活困难需要救助，同时考虑到死者生前的贡献大小。这样的社会救助规则在救助弱者的同时，实际上还体现了维护社会秩序的需要。救助对象是个人，而救助对象得到的补助依据的规定是维护社会秩序需要的伦理规则，即这一实践标准实质是社会需要彰扬的伦理标准。

第三，实践要求的预见性。社会救助目标在实践要求上的预见性，主要是指根据实践的要求，对目标产生的社会效应及后果应当要有事先判断及预期，主要是指救助目标设定时，要预见目标设置的合理性，预见目标达成时，是否能达成救助目标的同时，不影响社会秩序，损害社会公平。早期的救助，尤其是救助未走向规范化、制度化之时，救助往往是见子打子，遇事就事，随着人与事的不同而不同，随机、随意性很大。遇到因为不可抗拒的自然灾害、疾病原因所导致的生活困难时，作为普通民众的施助者往往是本着同情、怜悯之心，从个人的主观意愿出发给予受困者以救济。源于个人意愿的救济只是凭生活经验，想当然地帮助受困者减少痛苦，暂时解决生存的问题，此时的救助目标在实践中要求的预见性并不重要也不明显。然而，随着救助社会化，即救助不再是简单的个人行为，更是基于全体民众生存现实所需要的保障机制时，救助目标在实践要求中的预见性就日益凸显出来了。作为保障机制的救助，从现实需要出发,按既定目标投入的救助力量既要帮助困难者解决问题,又要兼顾社会的公平。如生活贫困救助,即国家对于生活处于贫困线以下的人口给予基本的物质生活帮助,由于其涉及面广,在救助目标设定的问题上,必然要提前预见其可能产生的效果及后果。在实践中,如果救助目标太低,达不到救助的预期效果;如果救助目标太高,不仅会产生救助依赖,还会影响到社会公平。正是基于这一社会效果及后果的预见性,生活贫困救助,即当下的社会最低生活保障制度,对申请救助的对象有非常具体的量化规定,即以贫困线作为是否可具备救助申请并获得救助的分界线。目前,通行的贫困线测算、划定的方法有四种:生活基本需要法、国际贫困标准法、生活形态法、恩格尔系数法。① 这四种贫困线划定的方法虽然方式不同,但皆是考虑到若接受救助的对象因为救助获得高于非救助对象生活水平必然会产生社会不公,甚至形成救助依赖,进而影响社会生产劳动的积极性的效应和后果的预见前提下,把生活贫困救助目标定位于维持贫困者基本生存的必然。在这四种方法中,将在一地维持基本生活所需的最低必需品及最基本服务的现金折算即为救助贫困线的生活需求法是最常用最直接的方法。正是基于救助目标的预见性,防止不当救助的产生,特设了贫困申请救助系统。这一系统涉及税务、工商、银行、社保等多个部门,通过各部门的数据核实及交换,准确判定困难存在的真实性之后,才可以通过救助申请,最后发放救助款。再比如,为某一人与事的捐助,最早发动捐助时,只是考虑困难本身,强调互助友爱的付出或体现。当捐助的款项超出了克服困难本身所需时,捐助所得的救助款的使用就成为人们关注的对象了。也正是因为救助目标实践中的预见性越来越为人们所关注,为使救助真正成为有益于社会民生保障,促进社会和谐的有益行动,还专门制定了社会救助、慈善捐赠、自然灾害应急管理,在管理的基础上还进行立法。为规范慈善管理,我国于 2016 年 3 月 16 日,在全国第十二届全国人民代表大会第四次会议上通过了慈善法草案。草案对募捐的发起、捐助任务的分派、善款的使用等

---

① 《最低生活保障》,源于百科词条,引用日期 2015 年 9 月 16 日,见 http://baike.so.com/doc/2889736-3049574.html。

都有明确的司法规定。类似这样的行政管理及法律上的界定,显然就是建立在救助目标在实践中要求的可能产生的伦理道德问题的预见性的认同基础上的。

第四,实践过程的主导性。社会救助目标在实践的过程中要体现实践伦理的主导性。依汉语词典解释,主导性是指主要的并且引导事物向某方面发展的思想或起作用的事物。① 救助作为实践伦理,其伦理目标在实践过程的导向性,是指其以肯定人类共同体生活、生产彼此帮扶的现实导向,是其彰显人类共同体友爱互助,扶危济困精神的终极指向。救助伦理目标在实践过程的主导性与其目标的定位及具体实践是协调且一致的。在救助活动中,活动主体不同,其主导性不同。救助对于非政府的施助者而言,是不求回报的给予和奉献行为,是同情心、怜悯心、爱心的实际行动。对于以政府角色出现的施助者而言,则是缩小社会差别,强化类整体共同性,追求社会整体和谐,幸福的民生政策的落实。当然了,对于一些企业商业人士而言,救助可能相对复杂,尤其是动机可能会存在一些隐蔽的功利动机。对于受助者而言,是在以自身力量无法抗拒的前提下导致困难而不得以接受帮助的无奈,也是感受友爱,获得共同体归属感的情感体验的实践证明。对于旁观者而言,不只感受人类天性中的同情、怜悯,还为人与人之间的彼此关爱感动,感动的同时,更获得一份社会安全保障感。当然了,在救助的具体实践中也可能存在复杂的情况。不管救助动机如何复杂,救助给予人们的感受如何多样,社会救助在各种层次的目标导向上,最核心、最本质的落点在于人类充满正能量的慈悲为怀、互助友爱的人文性质上。比如高校贫困生的助学救助,2007 年 6 月,财政部、教育部根据国务院当年下发的 13 号文件《关于建立健全普通本科高校、高等职业学校和中等职业学校家庭经济困难学生资助政策体系的意见》,制定了《普通本科高校、高等职业学校国家助学金管理暂行办法》。在总原则中明确提出:"作为一项贫穷救助的扶持政策的助学金目标在于体现对经济困难学生的人

---

① 中国社会科学院语言研究所词典编辑室编:《现代汉语词典》(第 5 版),商务印书馆 2005 年版,第 1778 页。

文关怀,通过此助学的形式,帮助经济困难学生完成学业。"可见,"人文关怀"是最具本质的贫困助学救助的价值导向。在具体申请助学金的条件中,把爱国、遵纪守法、道德品质、学习上进、生活俭朴列为必需条件,且规定助学金主要用于生活费用。作为政府这一代表公权的主体在此项救助中做出如此规定,本质上也在于"人文性"。纵观整个救助发展的历程,给予救助、接受救助都是基于人是"文明的整体"的前提认可,国家、社会建立于慈悲为怀、互助友爱情感上的对贫困者的关怀和帮助,是基于类群体的需求而产生的,是人类超越自然生物本性弱肉强食的人性文明在社会实践中的体现。社会救助基于人类整体性的"人文关怀",自然,给予帮助或获得帮助的人在做或应当要做一个有益于国家、社会的人。正是因为蕴含着"人文性",使救助这一形式或活动成为人们感受人与人之间,感受国家和社会的温暖的载体,从而增进社会和谐和民生幸福。人们对虚假救助的反对,也在于虚假救助破坏了人与人之间的信任,损害了人类共同体(生活体)的整体利益。虚情假意的救助,为了某种利己而利用了人们的善良,给人类带来的损害在经济的量上是可以衡量的,但是,人们对人心的冷漠、防备而心灵孤独的恐惧则是经济无法弥补的。

第五,实践运作的系统性。系统这一数学、物理学的用语,自 20 世纪 40 年代开始发展至今,已经渗透到各个领域。在各个领域的研究中,"系统"、"系统性"这个词出现的概率非常高。理论生物学家、哲学家、一般系统论的创始人路德维希·冯·贝塔朗菲在其《一般系统论》中,把系统定义为"相互作用的要素的复合体","处于自身相互关系中以及与环境的相互关系中的要素集合","一般性质的模型"。钱学森则把系统简单地定义为"是由相互制约的各个部分组成的具有一定功能的整体"[①]。钱学森这一定义是在我国影响最普遍、最为广泛的被人们接受和运用的系统概念的定义。在社会学领域中,我国大多数学者、研究人员及实际工作者在提到系统、系统性时大体上都是从钱学森的定义来把握或解读系统的。系统的最基本特征在于其整体性、组织性。除此外,还有系统的目的性、层次性、逻辑性、适应性、动态性等不同的特

---

① 　参见闵家胤:《系统及系统科学》,《系统科学学报》2011 年第 4 期。

征讨论。社会救助在实践运作中,其伦理向度呈现系统性,其系统性主要体现为整体性、组织性两大特征。2013 年 12 月 25 日,在浙江省湖州市白渔潭市场前面来了一对手脚残疾的中年后(预计 50 多岁)夫妇。他们首先在地板上摊开一张类似海报的大纸张,上面写着他们残疾的经历,描述他们当前生活的困境,表达了他们渴望得到路过的好心人士、爱心人士的施舍和帮助的心情。一切准备就绪后,他们坐在平板自制简易残疾车上,边上放着音响,唱起了歌。在上午 9 点到 11 点两个小时的观察中,经过这里的共有 126 人,凡是路过这里的人们,100% 都会注意到这对夫妇,有 83% 的人会上前看摊在地上的海报。但是,与这对夫妇交流且捐款的人只有 20%。人与人之间之所以会有感同身受的同情心、怜悯心,在于除去许多世俗赋予身份、地位、阶级、阶层等人人差别之外,人就是人,即人只不过是无差别的高等动物而已。人作为类群体存在的客观事实,用系统论的语言表达就是"人"这一单一元素组成的平凡整体。我们在广西、广东、浙江、云南、山西几省调查 400 人,看到或遇到残疾人乞讨于街头时,90% 的人会很自然有心理触动,很自然地心生同情。社会救助在伦理指向上是类群体的同情心、怜悯心,是不求回报的施舍,这一不求回报是感同身受,是基于人类整体系统而产生的心理反映。正是这一心理反映,使救助可能超越现实的物质利益,超越人与人的不同阶层自然地对穷困者伸出援手。救助虽然是基于类整体而发生的行为,但是毕竟施行这一行动的是具体的集团、某些人。正是由于救助作为集合包含有元素或要素间的关系,社会救助在实践运作中体现为救助系统中的各元素或要素的相互作用而构成的组织性特征。这一组织性特征,有内部的组织关系,也有救助作为系统与外界环境相互作用而产生的外部组织性,当然这一外部的组织性也可以视之为社会救助实践运作系统与外界信息交换和互动后的系统组织功能的外在呈现。在浙江省湖州市白渔潭市场上行乞的这一对残疾人夫妇,为什么 100% 的路过的人都会注意到这对乞讨为生的残疾夫妇呢? 他们能引起 100% 路人的关注,那是因为人的自然本性。为什么只有 83% 的人会上前看摊在地上的海报? 只有 20% 的人与这对夫妇交流且捐款呢? 从与一些路过的人们进行的交流中获悉,人们只是心生同情,而没有采取实际行动的愿望。而人们之所以没有行动一个是自己的同情心、怜悯心没有达到出手相助的激动或冲动。此外,对于今天的中国老百姓而言,人们之所以没有出手相助的冲动,最主要的原因是受当下社会传闻的影响,或因对社会不良现象的理解和认识选择了放弃。一是因为现在社会上有许多人假装残疾来骗取同情。二是在当下社会,强调的自立自强,即使是残疾人也应当在国家专设的面向残疾人的扶助及福利救助的政策或措施下,尽自己的努力自立自强,而不应当选择乞讨。三是据说这些乞讨的残疾因有路人的捐助,其收入远远高于一些自谋生计的劳动者,这就是不公平。从这三个影响人们对残疾乞讨捐助的原因可见,社会救助在观念上受制于舆论环境。这一舆论环境及结果可以视为救助作为系统本身内部及与外部环境相互作用产生的组织性的体现。再如,从 2015 年 11 月 1 日起,浙江省湖州市把原来市级低保城镇居民每月 580 元,农村居民每月 435 元进行调整提高,且一改过去传统的城乡二元结构,统一为每月 664 元。而县区低保救助给出的是不低于每月 612 元的指导性标准。在提高标准的同时,还进一步扩大低保的受众面,一些过去不能纳入低保救助范围的生活困难群众也可以进入低保救助的行列。① 类似这样的低保救助在运行中提高标准,城乡统筹、扩大救助面的实践运行的改变,也是社会救助系统性的实际例证。低保救助作为对处于社会生活下层的贫困户群体性的扶持、救助的制度设计本身就是基于人类作为一个系统的整体性的认识基础上。这一制度设计,一改过去贫困救济的分散性,差别救助的不足,是更着眼于低于社会平均生活水平的这一社会阶层的整体而做出的设计。此外,最低生活保障的运作本身也极富组织性。首先是基于生活需求、生活形态,参照国际贫困标准及恩格尔系数确定符合救助条件的人群为无力自己解决生存问题的人,或虽然可以部分解决生存问题,但生活实际水平低于最低生活保障标准的人。其次是制定申领的方式方法,以确保获得救助的一定是这些确实需要救助的群体。最后是通过制度的完善保障此项救助能公平公正地执行和实施。这样的完整的组织性的设计,显然

---

① 参见徐坊:《本月起市本级低保标准提至 664 元实现城乡同标各县区同提标》,《湖州晚报》2015 年 11 月 9 日。

是基于这一涉及面较广的政府的救助政策的系统性认识和把握的基础上的。类似这样涉及面广,上升到制度性设计的社会救助,在实践运用系统性上除了整体性、组织性特征外,具体还反映出系统的目的性、层次性、逻辑性、适应性、动态性等不同的特征,当然最主要的还是整体性和组织性。因而,作为一项实践伦理,以整体的方式体现自身,也以整体的方式影响及作用于外界。作为实践伦理,其运行过程中不只是受内部元素组织性的制约,还以系统整体的方式与外界环境相互作用形成组织效应,从而影响其实践的方式,制约其本质的表达,影响其实践成效。在此,同时也指出,社会救助在实践运作上的系统性有整体性、组织性、目的性、层次性、逻辑性、适应性、动态性的同时,也还有各元素相互作用的耦合及聚合的效应。社会救助的伦理目标不是一个简单的同情、怜悯、帮助,而是涉及因救助行动而影响的人与人的关系,是由救助行为涉及的各种伦理道德观念的影响与冲突而产生的社会秩序所需要考虑的各种因素的综合作用的结果。

第二节　社会救助目标的伦理功能

我们行动或计划想要达到的标准及境界即称之为目标。目标主要的功能是指引方向,给人们的行动树立标杆,以避免行动的盲目性。最早期的自发的救助目标,具有随机性,是出于同情心和怜悯心给予穷困者物质上的施舍或精神上的安慰。而如今,社会救助除去救助是出于同情心和怜悯心的施舍及慰藉外,还是政府出于社会管理的需要措施。社会救助以政府职责为角度,通过制度设计的方式,帮助穷困者及时克服困难,避免穷困者生产、生活堕落,或因生产、生活的堕落而首先不利于社会总体秩序的不良行为。换言之,社会救助伦理在目标上不只是简单的困难救助,还是消除社会不稳定因素而选择的政府行动及制度设计。这样的政府行动及制度设计,不只是伦理范畴,还是属于政治学及社会学领域的行动。社会救助在伦理层面上的目标的功能不是简单的应对困难本身,也不只是简单的救助某些或个别遇到困境的人,而且是着力于社会整体性的管理功能的,以求社会安定团结而采取的富于伦理道德实践色彩的管理手段。若从人性及管理的伦理性视角分析,社会救助伦理目标主要体现为以下四大手段性和工具性的功能。

第一,提示行动的规定和内容。社会救助目标的伦理功能,首先可提示救助行动的规定和内容。社会救助是代表社会公权的政府以制度设计的方式为生存或生活的受困者提供物质救济,给予精神安慰的实践行动。这一行动虽然从制度设计的出发点来看是面向全民,即获得救助的权力是全民的大众的。但是,这一行动的直接利益获得者的受众是社会中的某一特殊群体,只有在生存或生活中遇到困境的人才能获得现实的救助。即立意为大众,而实际的受众只是特殊的少数、小部分、部分。这就意味着社会救助中涉及的政府、受救助的特殊群体、非受助普通群体三者之间的关系要保持协调,必然要处理好政府公权、受救助者的需要、非受助普通群体对以公权方式预定的受助群体救助标准的接纳程度的关系。如果政府凭借公权,以制度设计的方式给受救助者提供的救助物资及水平不能满足受救助者的需要,那么社会救助不但不能解决困难,而且还得不到受救助者、非受助普通群体的认可。如果政府凭借公权,以制度设计的方式给受救助者提供的救助物资及水平超过了非受助普通群体的接受程度,特别是救助的水平高了,救助的项目超越了基本的生存及生活需要,那么就会产生救助依赖,同时引起社会不公。社会救助的伦理目标起到提示行动的规定和内容的功能。恰当且理想的救助行动的规定和内容应当是体现公权的恰当使用,既满足受救助者的需要,又能为非受助普通群体所接纳。社会救助的总体目标是帮助受困者脱困,是在受困者以自身的力量无法解决困难时,伸出的援手,使这些接受救助的特殊人群解决困难的同时,感受社会的温暖。由于人们遭遇的困境不同,针对遇到的具体困难,救助的内容不同。我国目前已有的社会救助的固定大项目是城乡低保救助、五保户救助、自然灾害救助、城乡医疗救助、贫困生助学救助、住房困难救助、残疾人救助、司法援助、科技救助、流浪等流动贫困人口的临时性救助,共 11 项。社会救助的每一具体项目都有其具体的目标,而目标不同,目标所提示的行动的规定和内容不同。例如:

城乡低保救助。这是针对城乡收入偏低且不能维持基本生活的人们而设立的受众面最广的社会救助项目。其目标,也是目的在于维护社会稳定,避免由于生活过于贫困、由于过大的收入差距而产生的社会矛盾及某些危害社会或自我伤害行为的极端事件产生。城乡低保救助的目标提示其行动规定在于帮助收入受限群体解决问题,且满足其基本生存权及发展权。提供解决,且满足基本生活所需的经济支持是低保救助的主要内容。

五保户救助。这是为因年老、残疾、年幼而不具备劳动能力,无法自我解决生存问题的特殊人群,提供保吃、保穿、保医、保住、保葬(孤儿为保教)的救助项目。这些被称为五保户的特殊群体在我国主要集中于农村,现在通常把这些获得救助的群体称为"五保户"。这一项目完全基于人道主义精神,基于类群体的同情心,五保户救助的目标提示其行为规定在于帮助这些本身无能为力的赤贫者解决基本生存问题。以提供解决基本生存的经济援助为主要的内容。

自然灾害救助。这是针对人类力量不可抗拒的自然因素而发生的困境而实施的应急性或持续到事后的困难救助。如水灾、旱灾、雪灾等因气象原因而发生的自然灾害;因火山、地震、泥石流等无法预见,个人力量无法面对的地理地质灾害;风暴潮、海啸等海洋灾害;森林草原火灾;重大生物灾害等及其他突发公共事件①。自然灾害救助自古有之,是人类整体在不可抗的自然灾难面前谋求生存而团结互助的行动。自然灾害救助的目标提示其行为规定是帮助这些受灾的人们应急避难,保障生命安全的同时,减少伤害及损失。以提供应灾物资及援助灾害重建,及时稳定、恢复生产、生活为救助的主要内容。

从城乡低保救助、五保户救助、自然灾害等不可抗因素而导致的困难救助可见,社会救助的伦理目标不只有总体的行动规定和内容,针对不同的救助项目,依据各项具体救助行动必须达到的社会救助成效,并避免可能产生的不良社会后果,往往所设定的救助目标还会有更具体的提示救助的行动和内容。

---

① 《国家自然灾害救助应急预案》,源于百科词条,引用日期 2015 年 11 月 11 日,见 http://baike.so.com/doc/6305888-6519420.html。

虽然具体的救助目标所指示的具体救助行动和内容有具体的差异性,但是其基本的立场是一致的,还是帮助受困者解决生存和发展的基本问题所需的基本物质需求及精神需要。

第二,提示行动的方式和方法。社会救助目标的伦理功能,其次反映在可提示救助行动的方式和方法。方式和方法客观来说没有本质上的区别,皆指的是人们处理具体事物、具体问题的具体手段及策略。社会救助以解决受困者的基本生存和发展为行动目标,这就意味着社会救助行动的方式和方法必然是解决基本生存和发展中遇到的问题,为受困者提供解决基本生存和发展中遇到的问题所必需的物质条件或给予精神鼓励。如前面第一点"提示行动规定及内容"所讨论的,社会救助伦理目标决定救助行动的方式和方法同样不能超越基本生存及发展的目标定位。鉴于受困者的窘境是由于不同的原因所导致的,社会救助基于解决基本生存及发展的目标定位把救助行动的方式和方法直接指向导致自身无法克服的困顿产生的原因。如城乡低保救助、五保户救助所针对的对象是无法解决基本生活及发展所需经济的收入最底层群体,因而以无偿提供基本的生存及发展的经济援助为救助的主要方式和方法。自然灾害救助所针对的对象是因自身力量无法克服的突发性灾难或事件而导致的暂时性、临时性生活困境,因而以提供临时性衣、食、住、行相关的基本生活物质为主要方式和方法。如 2008 年 5 月 12 日发生的影响世界的汶川地震,在灾害发生的第一时间,中国红十字会直接从成都备灾救灾中心调拨了557 顶单帐篷,2500 床棉被等价值 78 万余元的救灾物资。[1] 地震发生后短短10 天,运往灾区的帐篷共计 125.79 万顶,被子 230.5884 万床,衣物 305.2 万件,燃油 31.5 万吨、煤炭 67.9 万吨。运往灾区的储备粮食 38.4 万吨。[2] 在提供物质帮助的同时,自然灾害受困人员还需要外界以协助、救助的方式帮助他们早日离开受困环境,因而还会有大量的人力资源进入灾区,使受困人员尽快离开受灾区域,并安置到安全区域。在汶川地震第一时间,中国地震应急工作

---

①　耿国彪:《汶川地震救援中国跑赢时间》,《绿色中国》2008 年第 11 期。

②　编辑部:《四川 8 级地震:众志成城 共抗灾难》,《国际新闻界》2008 年第 5 期。

组,当天就派出216人奔赴现场。① 2009年5月11日,中新网公告,国务院新闻办发表的《中国的减灾行动》白皮书指出,汶川地震发生后,深入灾区的国内外志愿者队伍达300万人以上,在后方参与抗震救灾的志愿者人数达1000万以上。② 当自然灾害的灾情相对平稳后,还需要在最短的时间内重新安定生活,恢复生产。汶川地震灾区人民进入生活、生产恢复和重建时期,许多支持灾区重建的政府拨款,各界捐款纷纷到位。可见,自然灾害的救助目标是应急性、临时性的,在救助的过程中其方式和方法也是应急性、临时性的。其救助伦理目标所提示的方式和方法的总体指向在于帮助受灾民众尽早脱困,减少损失,尽快恢复生活及生产,回归正常生活、生产轨迹。再如医疗救助,导致穷困潦倒的原因在于重大疾病,这些重大疾病的治疗费用已不是患病者个人能力所能解决,且因重大疾病治疗开支过大已影响到整个家庭的基本生活,在这样的情况下,同样基于人道主义的立场,由代表政府的民政部门给予适当的医疗补助。通常获得医疗救助的对象是优抚、五保、低保、特殊贫困人员四类人员。为这四类人员补贴、减免医疗费为救助的方式和方法。再如贫困生助学救助,提供的就是减免学杂费、免费提供课本及文具等。从这些例子可见,救助的救而助之的目标定位,决定其方式方法的保底性。这一保底性在伦理道德上仍然是因救助是基于人道主义的,出于对受困者的同情与怜悯的生存性救援的性质所决定的。

第三,提供行动评价的依据和标准。社会救助目标的伦理功能,还可表现在其可提示评价的依据和标准。评价作为认识事物及行动,推进事物和行动发展的方式及手段常为人们所运用。评价简要地说就是依据一定的标准及规程,对事物及行动的完成程度及质量进行判断。评价涉及主客观两大要素,即评价人的立场、观点及方法,评价所指向的事物和行动所呈现的现象或表征的结果。评价虽然指向的是客观对象,但评价的主体是人,因而"评价就是价值评价……对价值的理解将决定评价的界定,而对评价的理解也将影响对价值

---

① 耿国彪:《汶川地震救援中国跑赢时间》,《绿色中国》2008年第11期。

② 吴歆:《中国1300多万名志愿者参与汶川地震抗震救灾》,中国新闻网,2009年5月11日,见 http://www.chinanews.com/gn/news/2009/05-11/1685755.shtml。

的界定"。① 由于社会救助是典型的实践伦理行动,因而,对社会救助的评价自然就是价值评价,或者说是带着伦理价值观念的评价。社会救助伦理价值体现在救助的设定目标及实践要达成或已达成的目标中。人们设定的救助目标是提供给贫困和受困者脱离困境,维持生存及基本发展所需要的基本条件。这一基本条件是人们从人道主义,从同情及怜悯的主观意愿出发,基于社会生存秩序及需要的类群体存在的基本需求的界定,或者是基于对维护社会生存秩序而言不可或缺的公平正义的解读而设定的对受困者给予帮助的基本标准。比如,为贫困人口维持基本生活而提供救济的低保救助,其目标在解决基本生存,依据这一解决基本生存的目标设定救助的依据和标准。这一依据解决基本生存的目标设定同时也是人们评价救助合理与否、公平与否的依据和标准。虽然现实中能享受到低保救助的只是特殊的处于生活困顿的少数或部分民众,但是,低保救助作为惠民政策从权利的视角是面向全体人民的,即"凡是中国公民,只要其家庭人均收入低于当地城乡居民最低生活保障标准,均有从当地人民政府获得基本生活物质帮助的权利"。② 因而,我们判断低保救助目标健全与否、合理与否主要的依据和标准就是是否面向全体民众,提供的保障线是否能满足贫困者基本的生活所需。基于面向全体民众,体现低保救助是民众的无差别权利,我国低保救助经历的最初的提出、设立到体系完善的整个流程,就反映出这一面向全体民众的无差别权利的发展过程。1997年,我国发布了《关于在全国建立城市居民最低生活保障制度的通知》(国发〔1997〕29号)。2002年,在中共十六大上,我党提出"有条件的地方,探索建立农村养老、医疗保险和最低保障制度"③;2007年,中共中央、国务院又发布了《关于积极发展现代农业,扎实推进社会主义新农村建设的若干意见》中明确提出要建立全国范围的农村最低保障制度。④ 2013年12月,在中共十八届

① 韩东屏:《评价的意义与普遍性》,《湖北大学学报(哲学社会科学版)》2006年第2期。
② 曹明睿:《社会救助法律制度研究》,西南政法大学2004年,博士学位论文,第8页。
③ 江泽民:《全面建设小康社会,开创中国特色社会主义事业新局面——在中国共产党第十次全国代表大会上的报告》,《求是》2002年第22期。
④ 中共中央、国务院:《关于积极发展现代农业,扎实推进社会主义新农村建设的若干意见》,《中华人民共和国国务院公报》2007年第8期。

三中全会上提出要统筹推进我国城乡低保制度的一体化发展。2015年以来，全国部分地区依据党的十八届三中全会精神，低保救助已实现城乡统筹，不再区分城乡区别。从1997年到2013年，用16年的时间终于完善了社会保障制度，实现了面向全民的最低保障制度的无差别权利的落实。基于满足基本生存的需要，低保救助的标准线是以低于最低生活保障线作为获得救助的前提。这一最低保障线的具体要求数据目标的划定是以生活需求法、恩格尔系数法，再参照国际贫困线和生活形态而得出的。由于各地消费水平，即维持基本生活所需有区别，不同的城市和地区的具体救助水平不同。2015年，我国低保救助标准排在前三位的是上海790元/每月，北京710元/月，南京700元/月。而南宁延续的却是2004年设定的标准，城市250元/月，农村103元/月。贵阳2015年提高到城市425—530元/月，农村200—530元/月。① 这样的数据差别一是反映当地满足基本生活需要水平的高低，二是反映当地政府对弱势群体的重视和关注程度。如此处提到的南宁的救助水平之低，很明显已难以解决困难群众的基本生活。我们在广西的走访中，尤其是在乡村，100元左右的每月低保救助标准让许多民众觉得没有什么意义了。因为整个生活水平的提高，这一点点救济款对于低保户只是杯水车薪，同时，还要背负一个穷困户的名义，因而有些民众对低保申请没有热情，对这一惠民政策也缺乏认可。再如现今大学生的贫困助学中，每年贫困生可以申请到5000元的国家助学金，除助学金外，还有专设的贫困生励志奖学金，学校还为贫困生提供勤工俭学岗位，条件好的还可能有企业及慈善人士的捐助等等。以这样的方式计算下来，一个贫困生由于获取资助的方式比较多，因贫困生的身份获得的助学机会也比较多，这样一来，贫困生的生活境况有可能比有固定职业而收入不太高的工薪一族的子弟要高。由此，"贫困生"由本来的备受同情的对象转为一些群体想要争取的可以获得利益和特殊待遇的"身份"，从而使贫困救助的意义发生逆转。在我们的调查中，这样的情况事实存在，反映在时下人们对"贫困生"、

---

① 李金磊：《各地城乡居民最低生活保障标准》，中国社保网，2015年7月8日，见 http://www.spicezee.com/fagui/111880.html。

"贫困生助学"这样的词语有一种"说不出的味"的心理感受上。目前,人们总体上的反映是需要贫困助学,但是如果贫困助学过高了,心理上觉得不能接受。当然作为国家的一项政策还是要给予肯定的。就我国救助的目标而言,社会救助中设置的目标,若从政策定义的惠民、助民这个视角是为大多数民众所认可且接受的。若从具体的救助标准而言,不同的地区,评价及认可度不同。由此分析,社会救助标准的设定可提供对社会救助施行社会成效的评价依据和标准,可反映救助制度及施行方案的社会合理性及公平性。当然,通常情况下,即使是从制度设计的层面,其目标合理性、公平性不容置辩,但具体的救助标准的数量化设计会随着形势及人们对生活的期待,对政府职能的期望的变化而变化。因而,伦理救助目标应当根据形势的变化做动态的调整和改变。

第四,提供行动发展的方向和动力。社会救助目标的伦理功能,还在于其可为我们的社会救助行动提供发展的方向,激发我们行为的动力。人们通常把目标比喻为航行的灯塔,比喻为长于高山之巅的鲜花。目标是人们要通过努力,克服困难而意欲达到的期望性结果。目标既定,人们自然就会朝着目标努力,各项工作或行动统一指向同一靶心。在这一意义上,目标的功能在于为我们行动提供方向的同时,还可激发我们达成目标的动力和潜能。社会救助的目标包含理想社会的价值目标,如我们在第三章所讨论的社会救助伦理至少涉及责任、权利、义务、公平、正义、平等、尊严、文明、幸福的价值追求,而且这些价值追求是在社会、集体、个人的关系中寻求到的辩证统一的理想状态的价值追求。社会救助的目标从整体及终极的指向上是基于"应当、正确、善"这样的伦理学话语的社会伦理秩序的理想状态。在具体的实践中,正是社会救助目标的伦理指向,获得救助或参与救助的人们都可以通过实际的行动使社会救助所倡导及指向的伦理目标得到认同,并内化为自身的价值追求。我们在广西、广东、浙江、云南、贵州等地的走访调查中,由于当下虚假救助的存在,由于利用人们的同情心、怜悯心欺骗救助的现象不是个案,就我们接触的所有交流的对象,虽然担心真诚、善良之心被利用,但是100%的接受我们访谈的对象皆认为社会救助应当,"慈悲为怀,乐于助人"是做人最基本的道德要求。① 他们表示当自己遇到有真正的实际困难、处于困顿的人们需要帮助时,会尽自己所能给予帮助或救助。从社会风气的角度,我们至少可以认定,社会救助的目标可为我们指明维护人类群体生存和发展的秩序所需要的人与人之间的物质及情感需要的伦理道德观的方向。这样的方向确立,为每一个社会人提供了成为理想社会人的方向的同时,也激发了行为的动力。比如,助学救助,因为求学不只是个人的成长,更涉及社会的进步,对教育的关注使助学救助自古以来一直为人们所推崇并实际践履。《周礼》中有"以乡三物教万民而宾兴之"。② "乡"指的是地方,社会中的最基层。"三乡"指的是"六德"、"六行"、"六艺",即君臣的"义"与"忠";夫妻的"智"与"和";父子的"仁"与"圣";孝、友、睦、姻、任、恤共六项西周大司徒教民的行为标准;礼、乐、射、御、书、数这些西周时要求学生掌握的六大基本技能。"宾兴",宾本义是指以礼宾的方式对待,兴本义是兴旺,兴盛,"宾兴"在周礼中是举荐贤能进入国学,成为科举人才的方式。"以乡三物教万民而宾兴之"意思是说若是能以地方的"三乡"教育广大的民众,那么这样的人士就推举为贤能之人并推荐进入国学。此后,因《周礼》中的"以乡三物教万民而宾兴之",演变为在民众中普及教育的基本理念,且逐渐演变为帮助因贫穷而无法接受教育的子弟上学的助学制度,称为"宾兴"制度。当今有人把"宾兴"助学制度称为古代的希望工程,这一制度在清代发展至极盛,即使是兵荒马乱一直不曾中断,持续到20世纪四十年代。③ 至今,在海南永兴镇陈邢球村的"太原境主庙"有一块石碑,石碑上刻着的碑文写着"自古人才之兴,端由学校,学校之设,必有资助,而后可悠久焉"。④ 今日,贫困助学上已形成一整套完整的社会救助制度。我国助学救助中明确规定,对处于义务教育阶段的城乡低保户,特别是贫困户,给予减免杂费、书本费、适当补贴寄宿生活费的"两免一补"的政策。对于非义务

① "慈悲为怀,乐于助人"是我们在交流访谈中谈到社会救助问题时,被使用概率最高的词。
② 吕友仁译注:《周礼译注》中的"地官司徒第二·大司徒",中州古籍出版社2004年版,第125页。
③ 李才栋参与编撰《中国教育大辞典》,力争写入了"宾兴"这一词条。
④ 陈耿:《海南古代民间独特的捐资助学现象》,《海南日报》2013年7月29日。

教育阶段的,如高中、大学的学生,品学兼优的给予一次性奖学金。2005年起,为落实扶贫开发政策,教育部发文为592个国家级贫困县的处于义务教育阶段的全体中小学生免费提供教科书,免收学杂费。这一政策的落实,可使小学生的教材补助由原来的27.5元提高到35元,初中生由原来的50元提高到70元,特殊教育的学生由原来的30元提高到35元。"两免一补"的政策平均每个小学生可获得200元,初中生可获得340元的扶助。再加上寄宿生生活补助,每个小学生可获得400元,初中生可获得540元的扶助。2005年至2007年,国家财政总共安排资金达227亿,惠及人数达1600万。① 2015年春,李克强总理在贵州黎平县蒲洞村与返乡过春节的大学生进行交流,了解到贫困大学生助学贷款的问题,在短短5个月的时间里,即2015年的7月,就发布了国家助学贷款完善政策,给广大学生求学建立更完善的基于起点公平理念的求学助学平台,以制度的方式保证每个学生都不会因为经济困难而上不起学。2015年11月18日,李克强总理又发布了统一城乡义务教育经费保障机制。一是2016年起,在确定生均公用经费的基准定额基础上,对义务教育,包括民办教育在内,均提供不低于基准定额的助学补助。二是2017年起,城乡义务教育阶段的"两免一补"的政策统一。这两项教育的补助救助机制将以财政收入方式投入150多亿元。② 至此,源于助学救助的举措,随着国家经济能力的增加,随着国家治理及服务功能的加强,已发展为一项教育的保障机制或制度,一项惠及所有义务教育阶段的人口的惠民政策。为什么一项源于助学救助的举措能够发展为一项惠民的政策呢? 关键点就在于对助学救助的目标的伦理价值指向的认同。其观念和思维逻辑可认定为:首先,民众认可教育的重要性,教育关系国家、民族的兴盛。其次,教育对于每个人来说都是必需的、应当的。再次,帮助因经济原因上不起学的人求学是应当的。最后,以制度的形式保障每个人都可以享受教育的补助,以实现起点公平,待遇公平。

---

① 参见李伟:《"两免一补"出新规1600万农村贫困生今年受惠》,《农民致富之友》2005年第3期。

② 参见辛闻、李克强:《统一城乡义务教育经费保障机制》,见 http://www.china.com.cn/news/2015-11/18。

类似这样的以特殊群体的救助为开端,最后演变为一项全民受益的社会保障及社会福利制度的案例非常普遍。在一些发达国家,逐渐在这一类的机制或制度走向成熟之后,去掉了救助的色彩,而以社会福利的面貌示人。这样的福利政策越多,就意味着民众权利,民众享有公权的公平性越大。从这一意义上可认为,社会救助目标的伦理从微观的视角,可使社会向"善",民心向"善"。从宏观的视角,可为我们提供推动社会发展,完善社会制度,提升民众生产、生活幸福指数的方向及动力。

第三节 社会救助目标的设计及确立
应当顾及的伦理因素

社会救助是个涉及面极广的实践性行动,至少与哲学(伦理)学、社会学、政治学、经济学、法学、财政学相关。如此多的学科涉及说明社会救助涉及面广,问题复杂,因而社会救助目标的设计及确立需要顾及的因素自然就多。除应急性社会救助是常务项目外,每一项社会救助项目的出台都需要经过论证,反复斟酌、酝酿。如我国的低保救助制度就经历了较长时间的论证、设计及确立的过程。

1978年党的十一届三中全会后,我国进入改革开放时代。在整个改革开放的过程中,由于企业改制,由于就业人口的增加,我国出现了下岗、待业等就业困难的问题。但是早年计划体制下,不存在"失业"一词,"失业"是与资本主义画等号的特别现象,当时没有使用"失业"一词,而是用"待业"、"下岗"称之。但是随着改革开放的不断深入,企业改制的结果是原国有企业及集体企业的下岗职工及社会中待业青年数量越来越大,同时,物价及生活指数越来越高。在当时,不只是不同阶层民众的收入的差距成为社会关注的问题,而且由于工作问题不能解决而产生的生活困难现象不是个别,而是某一部分人,或曰群体。这一社会的现实问题日益引起社会的关注及重视。一些地方为解决这部分群众的生活问题,开始尝试以定期、定量救济、救助的方式解决他们的生活困境。1990 年开始,国家政府对因"待业"、"下岗"或称之为"失业"而导致生活贫困的问题开始高度重视,并且在观念上承认并接受改革、改制所产生的"待业"、"下岗"就是"失业"的现实。以承认"失业"的客观存在为观念的突破口,各级政府就在地方早期尝试性地对待业和下岗(失业)进行定期、定量救济、救助的基础上,提出借鉴西方福利保障中的最低生活保障的方式解决这部分群体的生活问题。与我国改革是摸着石头过河一致,我国最低生活保障制度经历了"试点——全面推行——扩大受惠面——完善制度——提高救助水平"的发展过程。低保最早在上海、广州、厦门等一些改革开放走在前沿的沿海城市进行探索、试点。在试点的基础上,1997 年,国务院下发了《关于在全国建立城市居民最低生活保障制度的通知》,由此,低保制度开始全面推进。到 1999 年,我国又在前期试点的经验总结基础上,出台了《城市居民最低生活保障条例》。《城市居民最低生活保障条例》是我国低保救助制度全面建立,并有规范的法制效力的维护和保障的标志性文献。从 1990 年到 1999 年,城市低保救助制度从试点到建立,大约经历了将近十年的时间。随着低保救助制度的推广,我国物价水平的提高,2000 年,应保尽保的呼声越来越高,国家政府随着财力的提高,承保的能力增强。2001 年,为了进一步落实好这项惠民工作,国务院又发布了《关于进一步加强社会保障工作的通知》。《关于进一步加强社会保障工作的通知》提出要切实做到应保尽保,至此低保救助在城市人口中得到全面的落实。作为一项保障性的扶贫救助项目,如果只惠及城市人口是不合适的,从公民权利的视角是明显不公平的,因为这会明显地表现为城乡公民的身份差别而导致福利待遇的差别。正是基于这一现实,在城市低保救助制度走向稳定成熟后,2000 年前后低保救助又再次向农村扩展。

说到农村的生活救助,若是从起点、起步的角度,农村生活救助事实上早于城市。早在新中国成立初期,19 世纪 50 年代就开始实施生活贫困救助了。当时的农村生活贫困救助惠及面很狭窄,类似古代最传统的主要针对的是"鳏寡孤独疾废"这些特殊的缺乏抚养费、赡养费无法维持基本生存的特殊群体。但是由于农村涉及面广,农村分田到户后,基层组织松散,工作也松懈,农村的生活救助失去管理,甚至一些早年的特殊群体的救助也有被忽略的情况。我们在调查走访中就接触有这样的案例,如广西贺州市某县一个附城村的一名单身老汉的生活境况引起了极大的关注和议论。这名老汉有一个特殊的身份,抗美援朝的退伍军人,由于各种原因一直未婚。1999年,由于当地连日暴雨,其年久失修的泥砖瓦房崩塌,后在村民及当地政府的帮助下修缮。2000年老汉死亡,但由于是个人居住,死亡后第二天才被发现。当地村民对此事有各种不同的议论和看法。最集中的就是这样的老人的生活关照及救助的问题。村民由此事还提到了一些贫困群体的生活困难问题。农民虽然有承包的土地,但是由于城镇的开发需要而征用、占用土地,或者某些农民为了眼前的利益,非法转让土地而出现了失地农民。有些失地农民,由于缺乏技能,又无法进城务工而导致生活贫困。还有些因农业生产歉收等原因,导致生活贫困。此外,加上城市的快速发展,城乡差别等,"三农"(农村、农业、农民)问题日渐引起关注。这些现象或事实的存在,说明农民中的"鳏寡孤独疾废"救助某些地方事实被忽略,一些新产生的贫困户不能实时纳入救助。此外,在市场经济的当下,本有土地的农民中一些人,因各种原因,也存在像城镇人口一样的失业导致生活无着的状态,这部分人同样需要类似城市的生活救助。当然,由于地区发展的不平衡,1990年初,在城市开始探索定期、定量救济、救助生活困难群体的同时,一些地区的农村也有类似定期、定量救济、救助生活困难群体的尝试和摸索,对生活常年困难的人给予定期、定量的生活费或粮食这样的实物性救助。1996—1997年广东、上海、浙江、江苏一些改革开放的前沿地区开始像城市低保一样建立农村低保。2003年,国家民政部开始着手推进农村低保,2007年,国务院颁布了《农村最低生活保障制度》。国务院《农村最低生活保障制度》的颁布标志着我国低保建制按城乡分制全覆盖。人均生活水平只要低于当地城乡居民最低生活保障标准的中国公民,就可以向当地申请政府生活救助,获得最低生活保障的权益。至此,生活救助不再是同情的支持,而成为社会福利,成为不分城乡身份的公民的基本权利了。当生活救助成为公民基本权利时,就意味着公民作为一国之民的现实归属,意味着国家这个生活集体的共同感在制度上又进一步得到了强化。

随着我国统筹城乡发展的改革不断深入,突破城乡差别,废除城乡二元结构建制的低保救助的呼声越来越高。2013 年 11 月,党的十八届三中全会提出"推进城乡最低生活保障制度统筹发展"。① 党的十八届三中全会后,2014 年开始,多地探索统筹城乡低保标准的方式。2015 年 7 月上海、北京、南京实行城乡低保并轨。上海低保提高到 790 元/月,位列全国之首。2015 年 11 月,许多地市也纷纷在提高低保救助标准的同时,实行城乡并轨统筹。当然,目前还有一些地市低保的城乡差别仍然事实存在,但随着城乡居民称谓本身的取消,城乡只有地域差别,不存在行政二元建制,低保生活救助制度的统一并轨必然能全面实行。这一城乡低保救助的统一并轨,说明我国国民待遇的一致性,真正废除了公民的身份差别,实现了公民权益、权利的统一。此时的低保救助不再是对社会中弱势群体的简单同情,而是作为公民保障的福利权益、权利通过底线保障制度的确立被认可。此时的低保救助不再是简单的应急扶助,还是作为人,作为整体一分子得到同类认同及帮助的制度性设计。这样的制度性设计在政治或社会伦理的视角是人类社会幸福感的基础。由于这样的社会救助在社会伦理道德层次上达成共识,目前,作为低保生活救助的关注点已从低保标准群体又慢慢延伸且转移到了低保标准的边缘群体,这一转变,使低保救助不只是社会保障的制度,更是社会群体整体幸福指数提升的实践性、行动性的制度标杆。

我国低保生活救助制度的发展过程,可印证社会救助的目标设计及确立要考虑到是否作为一项公平的权利(权益)面向全体民众;是否考虑到困难的不同层面;是否兼顾民众的心理需求及期待;是否具有政策的可持续性;是否作为权利(权益)的社会救助的社会功能能惠及每一位社会公民。这一印证同时说明:社会救助的目标设计及确立在伦理道德的视角上呈现为整体性、层次性、积累性及连续性的特点。

整体性。社会救助的具体受益者虽然是社会中的某些特殊的群体,部分

---

① 中国共产党第十八届中央委员会:《中国共产党十八届三中全会公报》(2013 年 11 月 12 日),《中国合作经济》2013 年第 11 期。

的民众,但其目标设计及确立面向全体民众。作为同情的救助,虽然直接面对的是需要救助的个人及事件,但是基于同情的救助对所有人都有可能。作为权益、权利而给予的基于公权的社会救助更是指向全体公民,甚至是全世界的人民。在这个意义上,社会救助是超越民族、种族、国界的为世界同类所共同认可的实践伦理行动。如我们前面分析的整个低保生活救助制度的发展,在社会发展的过程,不再是简单的应急,而是针对全体民众可以获得最低的生存保障的基本生存权益和权利。关于这个问题,在 2009—2012 年,我们分别走访广东西北部、广西、四川、贵州的贫困人家,他们 100%把获得社会低保作为权益和权利。如在广西贺州市某一村庄,一名觉得自己应当领取最低生活保障,而事实没有得到的农村妇女,直接提出了自己的意见和看法。当然她是用直觉的,自认为同生活收入同层次的人进行比较,以直觉分析提出获取低保生活救助是她应当的权利。在我们走访的城镇乡村,许多城乡居民对低保生活救助不再是当作政府的同情、怜悯的救济,他们更多地认为是国家给的福利,是基于民众整体的权益,维护社会平衡,让社会进步为众人所共同享受而设定的权益和权利性制度。从这一角度看,社会救助的同类关怀及怜悯的道德伦理观逐渐被依存于社会法制的权益(权利)观所取代。

层级性。层次强调的是事物的按顺序的向上叠加,层级是叠加中包含着上升式运动的存在及发展态势。社会救助的目标设计及确立与社会发展水平相关。当生产力发展,人们整体性思想观念上的认识水平提高,也可以说是层次的提高。从发展的表现形式上看,社会救助的目标设计及确立呈现出整体性认识的层级性,表现为救助的范围及救助水平的顺序叠加层级。生产力发展水平越高,救助的层次和水平越高。人们对社会整体性认识及认同的能力越强,救助的层次和水平也越高,涉及的受众也日益广泛。如我们前面提到的最早的救助只是救急,随着生活水平的提高,暂时的救急成为固定的对穷困者的稳定救助。最早的救助只是针对特殊的最底层的少数群体,随着生活水平的提高,特殊的少数群体扩大到某一个阶层,或者是以经济发展水准划定的一类人。如生活救助,最早只是对因各种原因而生活贫困的个别人或某一些人给予临时性的物质上的帮助。由临时性的物质上的帮助,逐渐发展为固定的为特定的某些缺乏抚养费、赡养费的类似于"鳏寡孤独疾废"这样的特殊的社会中,因不可抗拒原因而导致生存无着的少数人提供生存所需要的救助。从救助的受众看,由少数人到以当地最低生活保障标准为统一判断标准的一群人。而且,由于最低生活保障标准是一个动态的概念,随着生活水平的提高,救助的水平也相应提高。如 2009 年获得过全国基层低保规范化建设典型单位的浙江省嘉兴市嘉善县,1997 年实行低保救助也就几十元钱,发展至今,低保救助标准已进行了 15 次提升。2015 年 12 月 1 日起,嘉善县城乡居民最低生活标准提高到人均 664 元/月。① 提高了数十倍。获得救助的民众的人数及范围也不断扩大。从少数极端困难,自身无法解决生存的特殊群体,到一部分收入相对偏低的群体。从我国低保生活救助的水平看,无一例外,皆是动态向上且层级不断提高的发展过程。随着生产力的发展,人们的活动范围日益扩大,救助的水平上升是必然的。救助的范围也由最早的对身边人的困难的怜悯同情,发展到整个地区、全国、全世界。救助对象还由人到与人相关的自然物种。这样的发展变化,说明人们对类整体的认同,由自身延伸到整个世界。救助的范围由人类向整个宇宙万物延伸或迁移。这样的扩大及提升呈现为螺旋式的层级性发展趋势。社会救助的层级性,若从救助伦理的角度上审视,符合人们对生活向上的渴望,符合人们追求生活一日比一日过得好,一年比一年过得强的物质需求的自然提高的发展现实,也符合人们对由关怀、帮助而获得幸福情感体验的心理需求的上升式发展的基本规律。我们在走访广西西部,百色、河池一些基层财政较落后的县区时,尤其是在农村,提到低保生活救助,受救助对象反映救助水平低,一个月 100 元钱(广西南宁低保救助农村 2014 年也还是 2004 年的标准:103 元),②现在的物价水平又不断地提高,领着的低保生活救助金对于他们来说有种鸡肋的感觉。人们反映"有"总是比"无"好,可是呢,以现在的物价水平,拿着这 100 元钱,也不能解决什么太大的问题,买一袋米(20 斤),也要个五六十元钱了。相反,我们在浙江湖州的走

---

① 嘉善县:《我县提高城乡困难群众最低生活保障标准》,嘉兴政府网,2015 年 11 月 25 日,见 http://www.jiaxing.gov.cn。

② 南宁农村低保 103 元/月由广西民政厅核实。

访中,低保户对这一救助制度的认可度普遍高于广西,人们对这一制度给予的更多的是肯定性评价。湖州,早在 2013 年农村低保就达到了 368 元,2014 年为 435 元,由湖州新闻联播公告及市民政局确认,2015 年 11 月,湖州开始城乡并轨,城乡统一低保为 664 元。浙江湖州与广西南宁比较,相差在 6 倍多。这一地区性差别从另一侧面说明救助有层级,但是,层级的提升需要经济的基础和观念认识的提升为条件。

积累性。积累,积而累之,即为未来发展而长时间聚集有用的东西或准备各方面的条件。社会救助的目标设计及确立也有积累性。这一积累性既有社会经济财富的积累,也有观念、思想的积累。如前面记述的我国低保生活救助的发展过程,由早期的试点到某地市,某一区域或同类型的发展较快地区,再到全国全面推广;由收入来源相对显性,救助准入标准容易确定的城市的低保制度的建立健全,再到由于资源复杂,收入构成渠道相对复杂,隐性收入难以确定及判断的农村的低保制度的建立;由城乡二元结构低保救助发展完善为城乡统筹一体的低保救助;救助的标准由最低的补助性救助到基本生存的保障到适度的生活改善式帮助……这一系列的变化、发展,首先是在生产力发展水平的积累的基础上推进的。没有生产力的发展,没有财力的保证,不可能有低保救助目标的提升,因而,每一个关于低保生活救助推进举措在说明措施可行时,都直接提到财政上的承受能力,说明政府财政完全达到推进及提高救助标准的资金准备。低保救助的具体落实中,每一年均有各级财政保证金的下拨。如 2012 年,我国中央财政安排 875 亿元城乡低保补助资金;2013 年比 2012 年提高了 12.9%,下拨 987.7 亿元;①2014 年比 2013 年提高了 11.5%,下拨 1101.48 亿元。② 2014 年 12 月 31 日,李克强总理在主持的国务院常务会议上,提出要"加大财政投入,提高低保等救助水平"。③ 2015 年暂时没有

---

① 民政部:《2013 年城乡低保补助金全部下拨金额增长 12.9% 达 987.7 亿》,《经济日报》2013 年 7 月 10 日。

② 民政部:《2014 年中央财政共安排低保补助资金 1101.48 亿元》,中国政府网,2014 年 7 月 1 日,见 http://www.gov.cn。

③ 李克强:《中华人民共和国政府采购法实施条例(草案)》,中国政府网,2014 年 12 月 31 日,见 http://www.gov.cn。李克强主持召开国务院常务会议,部署进一步落实社会救助政策。

查到中央财政安排下拨城乡低保补助资金的相关数据,但各地方纷纷提高了补助水平,前面论述已多次提到,最高的是上海市,710元/月。这一生产力的积累带来的救助水平的提高,从表面上看,是物质财富的积累;而从本质上看,是经济伦理的观念积累,即社会进步,生产力提高所带来的社会财富的进步应当惠及全体公民的观念的认识及认同。同时,也是由生产力提高所带来的人们对救助的接纳、认识,对救助水平期待的日益提高。在调查访谈中,我们也发现从思想观念来说,虽然贫穷是可怕的,穷困让人感觉自卑,接受救助是不得已的生活妥协,然而,随着低保救助的推行,人们更多的是对这项制度的接纳,把这项制度视为常态式的社会福利。在广东、广西、云南、贵州很多村民觉得申请救助是权利。我们还遇到有些村民咨询低保申请的条件。从民众心理上,过去领取低保是一件不光彩的事,低保户在村里或街道邻里之间处于边缘户的地位,虽然现在轻视低保户的现象还存在,但是一些自己觉得有生活困难,但是不被纳入低保救济对象的群众,还会提出质疑或抗议:"为什么我不能获得低保的救助?"总体上,低保救助发展至今,申请、领取低保成为一件很平常的事,主动申请低保,处于困难时,争取救助,领取低保已成为很自然的选择。随着生活水平的提高,随着人们对生活要求的提高,对低保救助的期待值也越来越高。从社会伦理的视角,不论财富,公民的平等地位更大程度地得到认同。从行政伦理的视角,政府政策必须服务全体公民的责任意识更强。从民生期待的视角,民众对生活的满意度和期待值更高。总体上,社会救助目标的设计及确立直接依赖于生产力的提高,依赖于社会物质财富的积累,但是,其本质上在于人们伦理观念的积累和提高,即人们对同类的苦难,生活困顿的由人及己的同情,人们对同类共同享有社会进步成果的心理期待,人们对由贫困及困难不给予制止及救助可能产生社会问题,甚至会发生动乱的预计带来的心理恐惧。正如阿马蒂亚·森说:"贫穷最可怕的地方不在于匮乏,而在于它把人排斥于正常的社会生活之外。"①贫困不只是经济上物质上的匮乏,更重要的、或者说更关键的是人类情感、人性生而有之的同情、怜悯心的缺失,即

---

① 王利:《阿马蒂亚·森论贫困》,《重庆科技学院学报(社会科学版)》2008年第4期。

比贫困更可怕的是贫困者的被抛弃。社会救助的目标设计及确立离不开人们对救助问题的认识和思考。社会求助目标的定位、设计，在行动的本质上取决于人们对贫困救助伦理观念及认识的积累。

连续性。连续性是指一次接一次，一个接一个的存在及发展态势。社会救助的目标设计及确立不是单一的孤立的目标存在，往往呈现出上升的递增的次递连续性。仍然以前面提到的低保救助为分析的对象。正如前面多次提到的，我国低保救助的目标或说水平呈现逐年提升的发展趋势。2013年比2012年提高12.9%，2014年比2013年提高11.5%，虽然2015年比2014年提高的比率，目前没有数据，但是从政府公告的文件精神上，2015年只会比2014年提高，而不会降低。这一上升的递增的次递连续性关键的推进因素是低保救助本身的公益性政策的保障性质。低保救助直接的救助方式是经济上的支持，对一些因为个人的力量无法解决的生存困难的人们给予及时的最低生存保障金，帮助其维持基本的生存所需。虽然救助和早年民众中自发的救济一样，目的是解决生活、生存的困难。但是，当自发的源于同类本能的怜悯和同情的生活救济，发展成为一项面向全体国民的，解决基本生活、生存问题的社会救助性质的低保救助项目时，救助就不再是简单的同类本能的怜悯和同情，而是一项在国家公权的主导下，对整个国民经济的再分配。是对社会经济、物质财富以制度设计的方式给予某些不能以自身力量维持基本生存的特殊群体的援助。对于具体施助主体的国家、政府而言，是以公权行使的方式履行代表公众意愿的社会管理的责任和义务。对于受助者而言，获得救助不是民间自发救济的基于怜悯和同情的暂时性的临时性的施舍，而是作为公民(国民)本身，应当得到的权益(权利)，是生存保障权在制度层面的安排。这一例子就说明，虽然社会救助具体落实只是特殊的某一些人、某些群体、某些阶层，但在制度设计的对象上是面向全体民众的。由于其制度设计上面向全体民众，对于施助主体的政府而言，给予贫困、受困者救助不再是传统社会救济中的怜悯和同情，而是代表责任和义务的必然。对于因穷困需要获得救助的客体，即穷困者而言，不再是简单的被怜悯、同情的对象，而是拥有穷困时获得社会救助的权利主体了。这样一来，社会救助的目标设计及确立不再是传统社会救济中可以随意、随性地给予、施舍,而是基于公民权利(权益)而设计的一项社会责任、社会工作。当社会救助的社会工作的性质为人们越来越普遍地接受、认可后,必然推动社会救助走向科学管理之路。要严格地按照社会救助本身的性质设定管理、运行机制及流程。在社会救助管理、运行机制及流程得以确立并日益完善的过程中,救助的目标设计及确立必然呈现出连续性的特征,以使民众认可,使之成为任何民众作为一国社会公民在遇到自身力量无法克服的困难而导致贫困时都可以主张的权益。救助的权益性落实,反过来又强化了救助的目标设计及确立的连续性。正如我国低保救助的发展,到党的十八届三中全会,已进入到一个城乡统筹发展的新阶段了。在我们走访中,人们百分百把申请并获得低保作为权利来认识,不再是传统的救济中的怜悯和同情。保低户在生活社区中虽然还略有差别,但是,不会永远被当作生产、生活中的另类对待。此外,救助的目标设计及确立的连续性对于全体国民而言,是一种生存保障的机制,非低保户,非获得救助的对象,同样也可以得到一份社会生存保障的安全感。若是救助的目标设计及确立呈现明显的上升连续性时,还能给全体人民一种国家经济发展,社会管理有序的安全感和幸福感,增强对政府执政的信任及对其履行公权的责任的认可度。

第四节　社会救助目标的设计及确立的实践伦理意义

社会救助目标设计及确立受三大因素影响:一是由社会组织、民众或国家政府承载力所能达到的救助能力。二是民众对社会救助认识及接受的认知水平。三是经由社会及历史的文化传承而形成的对社会救助所形成的以伦理道德及价值判断为基准的观念制约。灾难、困难的事实和社会组织、民众或国家政府可拿得出的救助基金和物资是影响社会救助目标的最主要、最直接的两大要素。此外,还有通过救助达到的政治、经济、文化、社会的效应的期望值也是影响救助目标设计和定位的因素。因而,社会救助目标的设计及确立受现实左右的同时，其在实践上具有极强的引导和暗示功能。

社会救助目标的设计及确立在伦理实践上的指引作用主要体现在以下方面：

第一，可强化救助指导思想。社会救助作为实践伦理，其目标的设计及确立必然是既定救助伦理观念和思想决定及影响的结果，而目标的设计及确立反过来又使救助伦理的观念和思想进一步得以印证、强化甚至凸显。在具体的实践中，每一救助目标的确立，都现实地指向并彰显着伦理道德思想观念及立场。有什么样的救助伦理目标，通常就有什么样的救助指导思想，就有什么样的救助目标的设计及定位。比如自然灾害的救助，其具体行动的救助目标是保障受灾居民基本生活，减轻灾民因灾受损的程度及负担。而保障受灾居民的基本生活，减轻灾民因灾受损的程度及负担，从伦理观念上是确保基本生存的以人为本的伦理思想在实践行动的践行。从国家行政管理的现实目标的角度看，是维护灾区的基本生产、生活秩序，确保灾区不因自然灾害产生地区性社会问题或社会动荡的有效行动。当然，灾区救助在国家行政管理的功能上，其最终的目标仍然是维护人类整体的生存及发展。又如低保救助，其具体行动的救助目标是保障每个公民的民生权利，而保障每个公民的民生权利，从伦理观念上着眼，也是以人为本的伦理道德观念使然，是从人类整体性生存和发展需要出发，针对特定的需要通过扶助才能解决生存及发展的弱势群体而做的特别制度性设计。而低保救助的制度性设计，反过来又凸显国家以制度的形式对人类整体性存在的人本思想的认同。再如医疗救助，对因不幸患上重大疾病，而以个人自身的经济能力无法支付医疗费用的特殊人群给予经济救助，其救助的具体目标是通过给予经济的救助，使罹患重大疾病，自己本身无法支付医疗开支的人们能获得相应的治疗。而隐含在医疗救助背后的还是以人为本的思想和观念，即对每个人，无论其身份高低，其生命或健康皆应得到关注、重视及维护的思想观念的现实践行。总体上，社会救助目标设计及确立最本质的指导思想是基于人类整体的"以人为本"的思想和观念，基于人类本身的生命及存在意义及价值的救助。换言之，社会救助存在的合理性、必要性在于其最具本能及基础性的伦理道德出发点：人类是一个整体，同类应当相助,应当共谋生存及发展的基本指导思想。在此基础上,具体到每一项救助,其具体的救助目标又有更为具体的指导思想。由其救助的社会性,虽然获得救助作为一项权利的受众是面向社会整体民众,但是,社会救助具体的救助对象却是类群体中的特殊的一部分受众,即确实具体存在生存和发展困境,以自身能力已无法摆脱困境的某些阶层或特定的对象。由于面向大众而具体践行于部分,甚至是少数的救助现实,必然在现实的生产、生活中产生救助的适度性,救助的公平性等相应的伦理道德思想、观念及具体的救助目标、准则。

　　第二,可整合救助内容及过程。由于目标的导向性,目标既定,实现目标的重点在于过程,而使过程得以延续的是具体的行动内容。当救助目标确立后,救助的行动就围绕救助目标而展开。救助行动有效展开第一要素在于选择什么样的救助内容,通过什么样的方法、方式使救助内容得以有序展开成为行动的重点。通常的行动过程如下:首先,确定救助目标,根据已设计及确定的救助目标选择可达成或实现救助目标的救助内容。其次,审视救助的内容与救助目标是否吻合和对应,救助的内容不只符合救助群体的需要,还要考虑社会整体的公平合理性。最后,确定救助内容的组织、实施过程是否有利于救助既定目标的实现。即,确立救助目标——选择救助的具体内容——有效组织、安排、落实救助内容——实现目标。一般来说,救助目标可从质和量两个角度为救助内容的选择确立依据。科学、准确的救助目标往往考虑到救助的基础性,救助的可接受度,救助的可持续性、发展性。科学、准确救助内容往往有针对性,突出救助的本质,指向救助的目标,且把救助中显性及隐性的救助目标都周全包含其中,即解决当下困难,不形成救助依赖;帮助遭遇困难的群体,不损害社会群体利益;在恰到好处地解决问题,彰显类群体温情的同时,促进人人关系,使社会整体抗危机、抗困难的能力及潜质提升。科学、合理的救助过程能够有机地把救助内容与救助目标对接,显性并现实地指向救助目标,使救助内容一点点、一步步得以落实,从而达成预设目标。如低保救助的现实目标是解决生活困难群众的基本生活问题,因而救助的内容是提供基本生活救助款。为使基本生活救助款能有效落实,其工作流程至少有六个环节:建立低保机构,设置专职工作人员——配备办公场所和设备,落实低保救助经费——建立岗位职责及相关规章制度,培训熟悉操作低保工作的专职人员——宣传低保政策,受理低保申请,强化审批及公示制度——建立档案,应保尽保——动态管理,及时调整救助对象及救助水平。再如医疗救助,其现实的当下救助目标是解决生活困难群体对基本医疗的需要,维持其生命健康权,因而救助的内容是提供救助款,解决医疗经费的困难问题。其工作的流程为:公布医疗救助标准——配备专职工作人员、办公场所和设备,落实救助经费——建立岗位职责及相关规章制度——受理申请,强化审批及公示制度——建立档案,区分救助阶段及救助金额大小——专款专用,实行社会监督管理机制。虽然一个是生活救助,一个是医疗疾病的救助,但是,整个救助的内容和过程均围绕救助目标。在落实显性的具体目标的背后,依然是以人为本,突出类整体的团结、互助、互济的共同生存及发展的原则和目标。为使隐性的救助目标得以落实,在救助内容及过程的整合中,从伦理的视角,要考虑的要素有:施助及获助的主体性关系问题,施助及获助双方的相互交融性及信息互动性的作用和影响。主体性主要是双方的人格问题,相互交融性及信息互动性主要是制度的公平合理性问题。以传统的观念,施助方是主动方,获助方是被动方。施助方和获助方存在地位差异,通常施助方有优越感;获助方,又称被助方处于地位及人格劣势。但是,以如今获得社会救助是公民权利的前提定位,虽然具体的救助中有主动与被动之分,但是,从人格的角度,人与人的关系上,施助方与获助方在人格上是平等的。施助与获助不存在人格的依附性。当然,为了确保救助的真实性,确保救助制度设计的大众平等性,获助方在行使社会救助权利时,需要放弃一些个人隐私,需要公开自身现实困难,并接受审核来作为申报并获得救助的前提条件。作为制度本身,必须广而告之,使全体民众都知晓这一权利。在制度的执行过程中,要经得起民众的审视和检阅。使救助成为承载我们追求类整体全面和谐共存及发展的理想主义的制度设计。

第三,可控制救助的各个环节的进程。目标的导向性对行动环节也有控制及影响的作用。公正、合理、科学、可持续的社会救助是一个系统工程,整个救助的过程是以具体的行动环节推进的。如同计算机工作的程序一样,是一个程序与环节进程的双向叠加作用的结果。为确保社会救助的公正、合理、科学、可持续,通常要设计救助的程序。如:确保救助资金——拟定获得救助的条件和标准——相关机构或民众公示、审核、通过救助的条件和标准——拟定申报的程序——设立申报的组织,配备专门人员——申请、审核、通过救助项目——下发救助金——监督、管理、使用、调整、完善救助制度。这样的静态程序一旦确立,就事实上把救助分成各个具体的行动环节了。每一个环节是否有效执行和推进就关系到救助目标是否能达成,即环节进程动态有效推进关系到预定的救助目标是否能实现。基本公式是:程序+环节进程=目标。每一环节的推进及实际达成的程序及效果应当指向总体的目标。从每一具体环节本身而言,存在着自我环节目标和隐含的行动程序总体指向的目标。具体的行动过程中,环节会以特有的进程状态及特定事件为信息符号,呈现行动与目标的关联或关系状态。目标越是具体清晰,行动的程序设计就越完善,行动环节进程因为依据清楚,环节目标与总目标越清晰,推进就越顺利。此外,环节进程毕竟与目标有距离,在具体推进的过程中偏离轨道的现象不可完全避免,因而,清晰明确的目标可有助于预见,即时调整环节的具体推进工作。如以设置条件,调整和改变推进方式,必要时中断某些活动或屏蔽某些不良因素的影响等有效的调度及处理方式,以使环节推进更直接地指向目标。在社会救助的过程中,有可能会因为痛苦、灾难较大,社会关注度过高,引起过度关注,也有可能会因为痛苦、灾难较浅,或因为受灾、受困地区偏僻,或受灾、受困对象低层,被忽略或遗忘也是可能的。汶川地震爆发时,对地震受灾区的救灾和重建进程的工作报道和关注度的问题就被提出来了。清华大学心理学教授樊富珉就提醒,过度的报道和关注不但不利于灾区的重建,还可能加剧灾区民众的心理压力,加深其悲痛情绪,影响灾民的生产生活自救。① 同样是自然灾害,2010 年,泥石流、洪水在多地发生,甘肃省遇难人数达到 1200 人,部分灾民救助滞后。尼日利亚因洪水受灾致使 11 万人无家可归,而 60% 的灾民救助未能

---

① 参见李涛:《心理学专家提醒:过渡关注灾害也会有创伤》,《中国青年报》2008 年 5 月 26 日。

得到满足。① 再如生活贫困的救助,最早我们关注的是孤寡残疾人、贫困地区的山民、失地的农民,而城市中下岗的职工困难却被忽略。类似这样的问题在现实的社会救助中不是个案。这种困难救助中的过度重视或因缘被忽视的现象,在于我们关注救助的环节,缺乏对救助的整体目标的把握。或者说是整体目标的宏观性缺失,使社会救助的视野集中于见子打子的应急处理中,救助的同情、怜悯集中于某些重大的、显性的事件、地区及人群,而忽视了社会救助整体性目标。而媒介及民众对救助过和不及的现象的关注和重视,说明从社会整体性的视角,人类整体的共同生存及发展的权益和权利的维护这一社会救助最终极的目标为调节及控制社会救助环节进程提供基本原则。通常,科学、合理、适度的社会救助目标可控制社会救助环节的进程及方向,在目标的引导下,救助环节的推进可兼顾不同救助群体,不同性质事件所造成的不同困境的救助特征,并满足不同受众解困、脱困的现实需要。避免因救助过或不及引发矛盾冲突。

第四,可有利于救助任务完成及功能发挥。救助目标的定位及对目标认识的清晰度直接关系到救助本身任务的完成及功能的发挥。我国目前已有的社会救助设计为城乡低保救助、农村五保户救助、自然灾害适当救助、城乡医疗救助、助学救助、住房救助、残疾人救助、就业援助、司法援助、科技援助、临时援助共十一项。这 11 个项目第一个区别在于救助内容的区别。第二个区别在于救助有"救助"和"援助"的程度性区别。救助项目的设计集中于基本的生活及发展领域。救助的对象是特殊的以自身能力已无法解决基本生存和发展的老弱病残群体。救助的时效有长期、短期、临时之别。这样救助项目的安排和救助程度、层次设计主要是因为救助本身是救而助之,救助的具体显性的目标就是脱困,解决基本生存问题。从救助伦理的视角看,救助目标的定位事实上是救助伦理价值观的定位。救而助之,不可以产生更不能形成救助依赖。这一帮助脱困,解决基本生存的显性目标,使救助定位于建构生存底线的

---

① 参见李雪:《美媒评 2010 年被忽略的灾难:中国泥石流上榜》,中国广播网 2010 年 9 月 2 日,见 http://www.radio.cn。

任务和功能上。这一价值观定位,在社会救助的实践或操作中,体现为具体项目的救助设计上有非常具体的规定。如:城乡救助明确规定申请救助者的月收入水平,突出强调的是无法维持基本生活者才可成为救助的对象。农村五保户救助突出的是"三无"人员,即是无劳动能力,无生活来源,无法定赡养、抚养、扶养人,或者即使是有法定赡养、抚养、扶养人,但其法定赡养、抚养、扶养人本身就生活困难,无赡养、抚养、扶养能力的人员可获得五保户救助。临时性救助是对无家可归的生活无着的流浪者,通过民政部门给予临时性解决困难和及时遣返户籍所在地的暂时性生活救助。为避免救助依赖及欺骗性救助行为的发生,还设定救助范围,一些特殊的对象不给予救助。如有自救能力的;有劳动能力而不劳动的;日常生活消费、开支明显大于城乡保障线标准的等等。社会救助伦理价值观的定位,使救助有具体的条件规定。正是通过这样的定位可确保救助的任务及功能的完成与发挥,避免产生救助依赖,虚假救助现象,避免不当救助影响社会秩序,损害社会的公平和正义。2008 年,汶川地震波及邻近的绵阳,地震发生后,绵阳市委书记谭力在绵阳灾后重新拉开序幕时,强调灾区灾民的自我重建的主体作用。谭力书记认为"不能只依赖国家力量来建设一个新家园——因为,躺在受灾温床上,比地震更可怕"。① 这里所说的"躺在受灾温床上,比地震更可怕"的原因即是救助依赖。确实在自然灾害发生后,一些灾民充分发挥主体能动性,自立自强,重建家园,但是,一些灾民受灾后存在"等、靠、要"的思想,依赖国家、慈善组织、爱心人士的救助,丧失了主体能动性,使救而助之,重建家园成为国家、他人的责任和义务,从而使灾区生产、生活重建失去了真正的动力源泉。2014 年 1 月,图文并茂的华人疑在美国格莱德纪念教堂排队领取本提供给无钱买食物的穷人的罐头等免费食品,把不值钱的丢弃,把值钱的食品再拿去买卖换钱的报道引起了社会的关注和讨论,甚至人们对这样的行为表示愤慨。旧金山市民:"他们在倒卖这些食物。"记者:"能卖多少钱?"旧金山市民:"不知道,但肯定能赚钱,他们把这个专为有需要的人而设的服务,变成了为贪婪的人而设的,

---

① 莫清华:《警惕灾后"救助依赖症"》,《海南日报》2008 年 6 月 13 日。

这种行为真可耻。"①这一发生在美国的事情,之所以备受质疑,就在于本身救助的任务及功能被异化为一些贪图便宜的人的谋利手段或方式。从这一角度审视,救助目标的定位及对目标认识的清晰度不只是一个数字的问题,而且是或者说更是一个基于社会秩序所需要的伦理道德的定位和认识的问题。

第五,可有利于救助绩效的评价。绩效评价是许多社会工作管理项目中常用的,且被认为是极为有效的管理手段。通常人们是从实用主义的视角衡量行动的得失成败,评价可以通过指向一定目标的现实价值判断帮助人们理解和认识事物,从而做出下一步行为的选择和修正,因而,评价在管理中越来越受重视。社会救助目标本身就为社会救助项目的绩效设定了指向性的可参照的标准。社会救助是带着很强的伦理道德观念的实践性行动,目标的过和不及不只是绩效的问题,还是伦理道德观念的取向问题。救助不及,无法达到助困、脱困的目标,救助行动就被视为虚假的作秀,缺乏意义。救助过之,若是产生救助依赖,不仅不利于社会的持续发展,而且为人性中的惰性等不良品行及心性在提供了滞存空间的同时,还损害社会公平及正义。比如,多地出台的就业援助补贴,其出发点是解决生活暂时的困难,维护社会的安全及稳定。失业是工业社会不可避免的社会问题。失业从表象上是个人失去了工作,个人生存及发展失去了社会平台,从本质上是社会问题,是社会经济发展无法提供足够充分就业条件或可能的不良结果。从失业人员群体着眼,失业人员往往是社会竞争中被淘汰的相对素质较低的人口,是社会竞争中优胜劣汰的必然结果。若是从社会竞争的角度,失业可刺激人的工作积极性、能动性。若是从社会安全及稳定的角度,失业的人员或因无所事事,或因不满社会,或因生存问题都有可能会做出一些违背社会规范的违法犯罪的事情。如此一来,失业人口会成为社会不安定因素。过度的失业会产生社会骚乱和社会动荡已成为全球共识。解决失业,对失业人口给予救助、援助是世界各国维持社会稳定的重要措施。那么失业援助补贴的救助项目的绩效不只是要解决失业人员在失

---

① 宫喜金:《外媒曝光华人疑在美国教堂领取免费食品后倒卖》,人民网,2014年1月2日,见 http://www.people.com.cn/。

业期间遇到的生活经济困难的问题,还要考虑在解决失业者生存、生活问题的同时,不得损害社会公平。在对失业援助的同时,还要保持失业这一社会竞争及淘汰机制的正向功能的发挥。由此,失业援助补贴的合理性成为这一救助项目能否存在,是否具有社会意义及价值的重要评判依据。失业援助补贴的合理性的关键就在于救助目标的确立和定位合理、准确。宁波市早在 2003 年就出台了就业援助补贴,规定在失业保险领取了 6 个月后,仍然找不到工作的大龄失业人员可以向当地机关部门申请领取每月 200 元的生活补贴。① 如果从数据的角度看,劳动保障部门给相关人员完整发放每月 200 元的生活补贴即可视为此救助项目有绩效,但是,如果透过数据,考虑到社会公平、正义,人性的好恶等,每月 200 元的生活补贴恰当与否就会表现为伦理道德上的判断和评价了。带上伦理道德评价的救助目标在评价救助的成绩及效果上,就会表现出泛社会性,即救助项目判断和评价不只是完成任务,更要考虑的是与任务相关而连带产生的各种社会问题:申请失业援助补贴的对象如何确定;申请的资格和条件是什么;申请援助补贴的流程如何;每月 200 元的生活补贴标准恰当与否;这一补贴形式人们如何看待;……涉及这么多问题的失业援助补贴的绩效究竟如何,就不再是简单的 200 元的发放情况,而在于救助要解决的问题及达成的救助效果的目标的定位了。社会救助不只是简单地设定一个标准的数据线,隐含在数据标准线背后的是社会存在本身所需要的应当、合理、公平、正义等。

社会救助必然包含着社会发展本身所要求的正向推进的伦理道德元素。包含了伦理道德要素的救助目标可更全面地引导救助绩效的判断和评价,在救助的过与不足之间设立一道有利于社会秩序的伦理道德标杆。

第五节　社会救助目标的伦理四层级追求

目标在实践中的作用主要是导向性,而目标之所以具有导向性主要是因

---

① 宁波市劳动和社会保障局:《关于发放再就业援助补贴和调整用工补助标准及受理时间的通知》,甬劳社就〔2003〕256 号文件。

为目标与人的需求直接相关。通常人们的行动与需求呈正相关性,什么样的需求刺激什么样的行动。建立在需求基础上的行动往往以人们追求实现的目标为事实呈现方式,什么样的行动指向什么样的目标。正是需求——行动——目标的正相关性,使目标管理学得以成立和建构。通常需求层次越高,目标层次定位越高。需求层次越完整,目标层级设定越多也越清晰。如马斯洛需求层次理论,人类的需求可分为生理、安全、社交、尊重、自我实现这五个由低到高的不同需求层次。社会救助作为实践性伦理行动,在现实中也表现为需求——行动——目标的相互作用的过程。如前文中多次提到的救助本身最早是自发的同情心和怜悯心使然,但随着生产力的发展,人与人关系越来越密切,人与人、人与社会之间的彼此依赖关系越来越紧密,越来越深入,救助的范围、救助的项目不再简单地是基于同情心和怜悯心的自发的助困、脱困的一时行动,而是牵涉了许多人与人、人与社会秩序所需要的伦理道德规范及要求的目标定位,包含着人们对社会救助行动的价值评判及意义诠释。

救助作为实践性伦理行动成立的前提是现实的需要和实际可能的两者对接。一是受救助对象遇到自身能力无法摆脱的穷困境地;二是施助者由受困者的处境油然而生的对处于困境的对象的同情、怜悯之心,且施助者有帮助救助对象脱困的能力,即"需要+意愿+可能＝救助"。任何救助都可以简单地表达为"需要+意愿+可能＝救助"的等式,差别只是范围和救助的方式而已。当救助是出于同情及怜悯的个人行为时,救助是个别的、临时性的行动。当救助不再局限于个人的意愿,不再针对的是某一个,或某一些特殊的群体,在制度设计的层面上,把获得救助作为人的权利,把给予受困者救助作为社会责任时,救助就成为社会性的行动。成为社会性行动的救助不再是同情和怜悯,不再是简单的慈善,而是社会保障及社会福利一部分时,救助就涉及公平、正义、权利、义务等更多的制度性伦理和道德的问题了,而不只是原始的简单人伦道义。伦理道德的层次和指向也就越来越明确,越来越突出,社会救助在伦理道德的目标层次的定位、设计上要求越来越高,越来越分明。基于救助的需求定位及心理期待,社会救助目标呈现为由高到低的层级结构,具体而言,主要可区分为以下四层级:

　　第一，基于人道的伦理目标。人道的伦理目标在社会救助目标上属于最基准目标。人道有多种不同的定义，在此是指爱护人的生命、关怀人的幸福、尊重人的人格和权利的道德。[①] 社会救助在实质上是人类类群体的感同身受的同情心在社会生活中的朴素表达，是社会公平、正义伦理秩序的追求在制度上的实际践履。社会救助发生的前提是人与人之间作为同类的生命存在彼此之间应当相互帮助的类群体生存的自然本性和需要。古今中外，救助得以发生的最基本目标都是人道。

　　积极入世的儒家思想认为人道是应当的，必须做到的。儒家思想的鼻祖孔子上百次提到"人道"。通常把孔子的"人道"解读为"仁义"之道。《孟子·尽心上》有"人之有道也，饱食、暖衣、逸居而无教，则近于禽兽"。[②] 意思是做人得有"人道"，人若是吃饱、穿暖、安闲于家中没有教养就相当于禽兽。在此的"人道"是为人处世之道，人与动物区别的标志，是人高于动物成为人的标志。由此，我们可认为在孔子和孟子看来，能成为人与动物这一区别标志的最大的"人道"是人与人之间不像动物为生存的争斗和厮杀，人有人伦的秩序，有基于人伦秩序需要的"仁义"。这一定义也可从此后朱熹和韩愈的解读中印证。朱熹在其《四书集注》中把孔子、孟子所讲的"仁义"、"忠恕"的为人之道，解读为"尽己之谓忠，推己之谓恕"，"己所不欲勿施于人"。[③] 要求人们在行为、行事上要由己及人、由人及己，推己及人，仁者爱人。韩愈则在具体的实践行为上把博爱视为仁，把合适的行为视为义，他说"博爱之谓仁，行而宜之之谓义；由是而之焉之谓道，足乎己无待于外之谓德"。[④] 与积极入世的儒家思想相对，讲求无为而治的道家也讲"人道"，当然，老子的"人道"是相对于天道而言，是一个相当宽泛的概念。老子的无为而治强调的是人性中的不争，更突出地强调人性中"慈"与"善"的社会作用。老子把慈与俭和不争视为维

---

① 中国社会科学院语言研究所词典编辑室编：《现代汉语词典》（第5版），商务印书馆2005年版，第1144页。

② （战国）孟轲著，蔡希勤注：《孟子》，华语教学出版社1998年版，第45页。

③ 朱熹：《四书集注》，岳麓书社2004年版，第26页。

④ 刘国盈：《韩愈》，北京出版社1979年版，第36页。

持社会秩序的三宝。老子说:"我恒有三宝,市而保之。一曰慈,二曰俭,三曰不敢为天下先。"这里的"不敢为天下先"解读为"不争"。《风俗通义》里对于"市"定义为:"市,恃也,养赡老小,恃以不匾也。"①什么是慈? 唐代孔颖达注释为:"慈者,爱出于心,恩被于物也。"②《风俗通义》中还讲述到慈爱如母道,慈不只是爱自己的孩子,对于孤独无依的亲邻之子,也能从爱自己的亲人到爱他人,甚而"似如仁人恻隐,哀其无归,直可收养"。③ 各宗教教义中提到的慈善更普遍。如,佛教主张由怜悯心帮助世间众生脱离苦难,让众生平生得其安乐。虽然对于人道的具体解读各学者、各流派有差异,但是,为人之道,基于怜悯同情而心生善念,依"慈"行事既是基本的社会道德,也是基本的风俗礼仪。为什么如此强调以"慈"为本的人道呢? 这是因为"慈"能使众人团结一致,而团结就是力量,在人类生存和竞争中,正如老子所说:"夫慈以战则胜,以守则固,天将建之,如以慈垣之。"④如果用"慈"来战斗,可以取得胜利,用以坚守,那么就可以坚固,上天要想成就的人和事,如同以"慈"护卫它。在老子看来"慈"是最大的治世法宝,不争,慈善者莫能与之争,慈善为真正的经事治世之器。人人平等,人与人彼此的帮助和关怀,可使社会团结,实现最大的社会和谐。而这一道德上的要求主要的依据在于人与动物的不同在于人是类整体,是智者,人异于动物的最大的差别是彼此之间的相互尊重、帮助和关爱(友爱)。影视上常有托钵僧人的形象,"化缘"是佛学中一个经典的词。僧人为求得民众的善资行动于江湖,托钵化缘往往被视为出家人的第一历练。"化缘",一方面,以自身的行动,昭示百姓,捐助是一种善行。另一方面,佛学认为能捐助僧人的皆为善人,与佛有缘。若是从现实与出世的关系,"化缘"对于僧人而言还是对人世间冷暖善恶的直接体验。求人施舍本身就可体验到孤苦无助的人们在人世间的悲凉与无奈,从而对弱者的生存无奈及困境更能感

---

① 应劭撰:《风俗通义》,中华书局 1985 年版,第 250 页。
② 左丘明传、杜预注,孔颖达整理:《春秋左传正义》(上),北京大学出版社 1999 年版,第579 页。
③ 应劭撰:《风俗通义》,中华书局 1985 年版,第 70 页。
④ (春秋)老聃:《老子》,山西古籍出版社 1999 年版,第 124 页。

同身受,从而真正地自觉地心生"慈悲善念"。对弱者的同情及关心不是一个单一的纯粹的一方付出,是人皆为我,助我,由己及人。或是众人都能从人这一类整体的角度认识及处理问题,"人道"就得以普及。"人道"若成为共识,社会自然向善,自然是幸福人世。

无论东西方,"人道"皆是人们共同关注、思考、追问的问题。西方亦早有"人道"。古希腊的神话传说中就讲仁爱。真、善、美的核心是"仁爱"。基督教中认为人生而有原罪。人类始祖,亚当和夏娃禁不住诱惑,偷吃了智慧果,犯下原罪,受到万能上帝的处罚,从而人生而来世就是去除欲望,劳作赎罪的过程。我们都很熟悉柏拉图和拔光了毛的鸡的故事。有一次,一学生问柏拉图:"人是什么?"柏拉图回答道:"人是没有羽毛的两条腿的动物。"改日,学生竟然带着一只拔光了毛的鸡给柏拉图。这样类似于笑话的传说故事说明,关于"人"、"人道"的思考和追问都源于"人是什么"、"人与动物的区别是什么"、"人类生存及发展需要什么"、"人如何可以得到平安和幸福"……这一系列问题的思考和讨论。人不同于动物,人有思想。人需要谋生存;人要从事生产;人的平安和幸福不只是人自身的努力,更是人类整体团结的结果……在长期的生存、生产中,人们以群为生,群的意义在于团结互助。团结互助使人人关系越来越密切,从而互生情愫,相互爱护,"爱己——爱人——爱世界"一波波向外扩展及延伸。作为西方主流思想的基督,其精神最为人们普识的就是"爱"。《马太福音》(上)的序言中就讲到苦难的犹太人第一个强盛的阶段是从阿拉伯罕到大卫期间。有勇有谋的大卫以其英勇善战,赢得了人们的爱戴和尊重。受人推崇的大卫把犹太人团结起来并引领犹太人走向强大。可是,到巴比伦时期,犹太人战败灭国且沦为阶下囚,此后,由于征战,政权更迭,犹太人历经苦难。为摆脱困境,求得平安,重拾幸福,犹太人寄希望于出现一个承继大王血统的救世主。这个救世主就是后来的耶稣。万能的耶稣以什么来救世和助人脱困呢? 是普世的大爱,是对苦难、穷困的接济和帮助。书中讲到,耶稣被人们称为"大卫的子孙"。耶稣之所以被称为"大卫的子孙",是因为注重血统的犹太人首先给予承担救世使命的耶稣高贵纯正的王族血统。然而,耶稣被称为"大卫的子孙",是在他治好了聋哑人,治好了睚鲁快要死掉的女儿和血漏妇女，帮助了两个瞎子……做了许多扶危济困的善事之后。正是这些得其帮助的人欢呼其为"大卫的子孙"越来越多，耶稣的救世身份才越来越为人们所认可。①《马太福音》第一章中从家谱中的女性说起，提示福音的本质在于除去犹太人和外帮人的界限的"宇宙性和上帝的慈爱"。②《马可福音》中记述耶稣做了许多好事，耶稣救济病人，助困解难。其中讲到耶稣给予穷困者帮助的动机是"我怜悯他们"。在救助大众的故事中，讲了两个故事。一次可怜、同情这些如同没有牧羊人一样的可怜人，耶稣不仅给他们讲了许多的道理，还拿出自己的四个饼、两条鱼让四千人吃饱饭。另一次，同样是面对这样的大众讲完许多的道理之后，拿出自己四个饼、两条鱼让五千人吃饱饭。《马可福音》中还记述，有一文士问耶稣："诚命中哪是第一要紧的呢?"耶稣答："第一要紧的，就是说：'以色列啊，你要听，主我们上帝，是独一的主。你要尽心、尽性、尽意，爱主你的上帝'。其次就是要'爱人如己'。再没有比这两条诚命更大的了。"③表面上看，福音书中给予耶稣高贵纯正的王族血统和救世使命，耶稣给予民众的关怀、帮助、救济被赋予了上帝救世的色彩，然而，若除去神话传说的表象，其实给予弱势、穷困者关怀、帮助、拯救的耶稣，却只不过是来自普通民众中的一员，一个平民式的老百姓。福音书所讲的故事，表面上是以神的方式为大众讲着济世的道理，事实上想要强调的是"怜悯、同情、爱"才是人世间的真谛。一个人，尤其是一个被赋予伟大使命，承担救世济民的重任的人，一定是善良的人，有同情心、怜悯心的人。一个要得到大众尊重和爱戴的人，一定是乐于给予大众祝福和帮助的人。这些感性的故事要证明的是扶危济困、救死扶伤是最基本的"人道"，是人类及人类社会得以存在及发展的必然的基础的道德观念及规范。基于同情、怜悯心，以"爱"的名义出现的扶危济困、救死扶伤的"人道"不只是一些人的，还是超越民族界限的，不分种族的。

纵观人类文明发展史，影响人类的神话传说及各宗教流派可以有宗族、宗

---

① 巴克莱：《马太福音注释》(上册)，方大林、马明初译，人民出版社1969年版，第4—5页。
② 巴克莱：《马太福音注释》(上册)，方大林、马明初译，人民出版社1969年版，第6页。
③ 马可：《马可福音》，引自《圣经》，中国基督教协会1998年版(南京版本)，第6、8、56页。

主、神主的区别,但是,最具共性的价值观指向的是"爱"的"人道"和基于"爱"的"人道"上的扶危济困、救死扶伤的社会救助的实践性行动。最具影响的世界三大宗教,佛教讲"善缘";伊斯兰教讲"善功";基督教讲"济(救)世"。人类虽然是宇宙万物中的智能生物,但是如果仅凭一人,或部分人的力量,面对纷繁复杂的世间万象是难以生存的,人类只有团结一致才有最大的种群生存和繁荣的空间。"人道"首先是生存之道,而能把人们团结起来,凝聚起来,为生存及发展抗争的就是爱己如爱人,给予他们帮助的实际行动。爱己如爱人的社会救助小到个人的生存与安危,大到族群、国家甚至整个人类的生存与发展,换言之,以"爱"的名义出现的扶危济困、救死扶伤的"人道"价值取向在人类中是最具共性的共同需要。从这一角度,人道的伦理目标在社会救助目标的伦理上属于最基准目标。这里所说的"人道"强调的是人类的生存及发展之"道",与作为某种系统理论观念的"人道主义"有所区别。在实践中,由于时代,阶级的需求及理解的差异,"人道主义"有不同的理论体系,但是,真正的"人道主义"必然是以合人类整体利益的,能最好满足人类整体生存及发展作为自身"主义"的价值目标指向。真正的"人道主义"在实践的行动中必然体现为扶危济困、救死扶伤的超越狭隘利益的社会救助行动。

　　第二,基于友爱的伦理目标。友爱的伦理目标在社会救助目标上属于基本目标。基准和基本两者有交集也有区别。基准,名词,相当于标准,是测量时的起算标准。[1] 前面说人道的伦理目标在社会救助目标的伦理上属于最基准目标,强调的是人作为人,与动物及其他事物的区别的起算标准点,是社会救助得以发生的人伦意义的起算标准点,是人类成其为人而非群体性动物并得以生存和发展的充分且必要的条件。基本,可充当名词、形容词和副词,可解析为:根本,根本的,主要的,大体上。[2] 友爱的伦理目标在社会救助目标的伦理上属于基本目标中的基本是"根本"的意思。强调的是其重要性,是救助

[1]　中国社会科学院语言研究所词典编辑室编:《现代汉语词典》(第5版),商务印书馆2005年版,第632页。

[2]　中国社会科学院语言研究所词典编辑室编,《现代汉语词典》第5版,商务印书馆2005年版,第631页。

得以存在的主要的、重要的起始条件。"人道"作为基准目标包含着友爱,但"人道"中的友爱更多的是不自觉的,是人作为同类由人及己的感同身受的同情、怜悯而在情感及行动上表现的友爱。"友爱"作为基本目标,包含着"人道",以"人道"为起点,但是有作为人的理性自觉,是作为人而非简单动物性生命存在的伦理道德的观念和情感自觉认同及行动。从层次上"友爱"高于"人道"。"友爱"是形容词,意为友好亲爱。① 友爱是人际交往中建立在彼此信任、相互支持、兴趣意志相对一致基础上的自然情感。友爱可以超越性别、种族、阶层、年龄的限制而表达为彼此交好、友善的人际关系。友爱常常被比喻为阳光雨露,给人安慰,予人温暖,彰显人性。

"有朋自远方来,不亦乐乎";"虽有兄弟,不如友生";"海内存知己,天涯若比邻";"人之相识,贵在相知,人之相知,贵在知心"……这些关于友情,友爱的经典句子为许多人熟悉并时常引用。人生在世,友情、友爱是人不可或缺的情感需要,友爱的前提是相交、友爱的持续在于相识,友爱的升华在于彼此的互帮互助、患难与共的真诚。亲情源于血缘和共同的生物基因。友情超越生物本性,是建立在人的社会性上的彼此愉悦。相交、相识使人摆脱孤独,互帮互助、患难与共的真诚使人有精神及情感上的归属和安慰。注重人伦,强调社会整体性和共同性的中国,自古重视友情,强调人与人之间的友爱。论语《学而》中有说:"弟子入则孝,出则弟,谨而信,泛爱众,而亲仁。"②有一次,孔子与弟子们谈志向,子路曰:"愿车马衣裘与朋友共,敝之而无憾。"当子路问及孔子的志向时,孔子说:"老者安之,朋友信之,少者怀之。"③以仁德、仁爱为基础的人人之爱是人之所需,建立于仁爱、友爱之上的人人关系又在彼此关怀中各得其所。《雍也》中:"夫仁者,己欲立而立人,己欲达而达人。"④真正仁爱、慈善的人,自己想要站立也让别人站立,自己想要通达也让别人通达,即由

---

① 中国社会科学院语言研究所词典编辑室编:《现代汉语词典》第5版,商务印书馆2005年版,第1651页。

② (春秋)孔丘:《论语》,新疆青少年出版社2005年版,第2页。

③ (春秋)孔丘:《论语》,新疆青少年出版社2005年版,第34页。

④ (春秋)孔丘:《论语》,新疆青少年出版社2005年版,第44页。

己及人,设身处地,将心比心。如此仁慈、善爱的人人关系原则,在面对窘迫,身处困境的同类时,必然不会袖手旁观,而是鼎力相助。墨子主张互利,兼相爱,因为不相爱,各自为利是天下不平的根本原因。若是天下人兼相爱,天下太平,众人受益。一个尚贤、充满生息之气的国家,在治国之道上,应当是"有力者疾以助人,有财者勉以分人,有道者劝以教人。若此,则饥者得食,寒者得衣,乱者得治。若饥则得食,寒则得衣,乱则得治,此安生生"。①兼相爱的国民之间,可由己及人,视友如己,由友及民,视民如己,从而能做到"饥则食之,寒则衣之,疾病恃养之,死丧葬埋之",②墨子的尚贤和兼爱中,突出地强调了若想生存平安、幸福,人与人之间的相处法则应当是尽己为人,助人也是利己的,是人与人之间的友爱。墨子还说虽然人皆想富贵,厌恶贫贱,但在行动上应当尽自己之力扶助、救助弱势。我们所熟悉的《孟子·梁惠王上》也说"老吾老以及人之老,幼吾幼以及人之幼。"③虽然是推己及人,但实质上强调的是人与人之间的友爱之交。主张无为而治的老子,也讲慈善友爱,"圣人无常心,以百姓之心为心";④圣人"常善救人,故无弃人;常善救物,故无弃物"。⑤"友爱"是人们在生存中结下的情感,是人们在生产、生活中对人与人关系理性认识上的情感需要。是人与人相互帮助,彼此扶助的情感基础。

古希腊伊索说:"同类相求乃好友";⑥"患难见友心"。⑦古希腊芝诺说:"朋友就是另一个我。"英国丘顿·柯林斯说:"发达时朋友识我们,苦难中我们识朋友。"⑧乔治·西什说:"困难识朋友。"⑨查尔斯·凯莱布·科尔顿说:"正如最炽烈的火能使铁最坚固地粘合在一起,最牢固的友谊形成于共同的

---

① 朱越利:《墨子》,辽宁教育出版社1997年版,第17页。
② 朱越利:《墨子》,辽宁教育出版社1997年版,第33页。
③ 万丽华、蓝旭译注:《孟子》,中华书局2006年版,第14页。
④ 张震点校:《老子·庄子·列子》,岳麓书社2006年版,第13页。
⑤ 张震点校:《老子·庄子·列子》,岳麓书社2006年版,第9页。
⑥ 喻翔生编译:《西方名言集锦 英汉对照》,云南民族出版社2004年版,第140页。
⑦ 喻翔生编译:《西方名言集锦 英汉对照》,云南民族出版社2004年版,第142页。
⑧ 喻翔生编译:《西方名言集锦 英汉对照》,云南民族出版社2004年版,第141页。
⑨ 喻翔生编译:《西方名言集锦 英汉对照》,云南民族出版社2004年版,第140页。

苦难中。"①法国安德烈·莫鲁瓦说:"真正的友谊是预见别人的需要,而不是显示自己的需要。"②这些西方的格言警句中透着友爱的渴望,诠释着友爱的意义,突出困难中的扶助、救助在友爱中的重要性。苏格兰作家、哲学家、历史学家托马斯·卡莱尔认为是"友爱"这条纽带把人联系在一起。友爱之所以能把人联系在一起,那是因为人个体的力量是非常弱小的,要想更好地生存和发展,人与人彼此间的互助是必需的,患难见真情,互助显人心。《荷马史诗》中的《伊利亚特》讲述了希腊人和特洛伊人之间的战争。通常人们对《伊利亚特》的解读为英雄的塑造。然而,若是多读几遍,让我们感动的不只是英雄,还有人性的思考。《伊利亚特》中的希腊人和特洛伊人的战争直接起源于天后赫拉、智慧女神雅典娜、爱情女神阿佛洛狄忒三个女人为一个有"献给最美丽的"字样的金苹果之争。直接起因于王子帕里斯劫走了斯巴达美丽的王后海伦。长年的战争让神的威严被亵渎、礼仪被破坏、城市烧杀掳掠、流血牺牲、殃及无辜的百姓。长年的战争也成就了英雄,为爱情而战,为友情而战,为尊严和荣誉而战,为民族而战。阿波罗神恼怒阿伽门农欺负他忠实仆人老祭司克律塞斯,把复仇及惩罚的箭连续九天射向希腊,希腊横尸遍野、瘟疫盛行,死亡沉沉。这说明人与人的纷争严重时可引起战争冲突,让生灵涂炭。阿基琉斯不能忍受阿伽门农对他的侮辱,让曾经帮助过宙斯的母亲,请求宙斯的帮助惩罚阿伽门农,让希腊人在战争中失败。他把自己与阿伽门农的事情告诉母亲说:"……要是你有力量,就该保护你的孩子。你深受宙斯的信赖和喜欢,曾经在他危难的时候帮助过他。……现在就请你到他的殿堂里走一趟,求他帮助特洛伊人,让他们得胜,要希腊军队大败而逃,好教所有人都知道阿伽门农的愚蠢,知道他是怎样激怒了全军最英勇的将领。"③宙斯尽管碍于妻子赫拉不能直接帮助,但出于回报,最后,宙斯以假相的美梦,诱使阿伽门农攻打特洛伊,遭到惨败。这说明帮助是相互的,哪怕是如宙斯般有权威的神,对给予

---

① 喻翔生编译:《西方名言集锦 英汉对照》,云南民族出版社 2004 年版,第 137 页。
② 喻翔生编译:《西方名言集锦 英汉对照》,云南民族出版社 2004 年版,第 139 页。
③ [古希腊]荷马:《荷马史诗》,何兆泉编译、戴晓明绘画,浙江少年儿童出版社 2003 年版,第 23—24 页。

过自己的帮助的人请求帮助时,即使遇到困难,也要想办法回馈。帮助和救助是相互的,虽然回报不是当下,但在持续的时光中,助人与回助是交织循环的。特洛伊英雄赫克托尔为保卫特洛伊人民,告别父老妻儿走上战场,打败阿伽门农率领的希腊人。希腊人惨败后,阿伽门农悔恨交集,他认识到要战胜特洛伊英雄赫克托尔只有与阿基琉斯和解并使他回归队伍。受阿伽门农委托,阿基琉斯的老师和忘年朋友福尼克斯劝说阿基琉斯回归不成时,福尼克斯老泪纵横地说:"阿基琉斯,我打心眼里喜欢你。还记得从前,你不愿同别人一道赴宴,除非我把你抱在我的膝头,陪你吃肉喝酒。年少的你喝得难受,吐出酒来,还常常把我胸前的衣服打湿,我把你当儿子,你会保护我。你不该有一颗无情的心。"① 与福尼克斯同去劝说阿基琉斯的埃阿斯说:"我们走吧! 朋友的友情不能打动阿基琉斯,他不要友谊,不要荣誉,他要永远生气下去。"② 尽管福尼克斯细说时,阿基琉斯不愿意与阿伽门农和解,但是当战争继续,阿基琉斯看到自己的同胞艰苦厮杀,伤亡惨重时,他的愿望实现了,可是他没有快乐,原来愤怒的心反而被怜悯和忧虑充斥。他让副帅帕持罗克洛斯去打听谁受伤。涅斯托尔感慨地说:"阿基琉斯身为战士,却对他的同胞漠不关心,难道他真要眼睁睁看着我们的船只被大火焚毁、我们的军队被打成肉酱吗? 不错,他很勇敢,可他的勇敢只属于他自己。等到希腊人全军覆没,我恐怕他也要追悔莫及。"③ 涅斯托尔还让副帅也是阿基琉斯好友的帕特罗克洛斯回去劝说阿基琉斯,因为"朋友的规劝容易被接受,说不定你的劝告也能撼动他的心"。④ 这说明困难时,给予友情的帮助是应该的、必然的。即使是有情感上的原因不愿意帮助也被视为"无情"。战斗持续着,希腊人不断地失败,打到了希腊人的战

---

① [古希腊]荷马:《荷马史诗》,何兆泉编译、戴晓明绘画,浙江少年儿童出版社 2003 年版,第91 页。
② [古希腊]荷马:《荷马史诗》,何兆泉编译、戴晓明绘画,浙江少年儿童出版社 2003 年版,第92 页。
③ [古希腊]荷马:《荷马史诗》,何兆泉编译、戴晓明绘画,浙江少年儿童出版社 2003 年版,第101 页。
④ [古希腊]荷马:《荷马史诗》,何兆泉编译、戴晓明绘画,浙江少年儿童出版社 2003 年版,第103 页。

船上,无数的士兵和将领死亡,倔强的阿基琉斯虽然自己不愿意返回战场,但是,还是让副将、好友帕特罗克洛斯穿上自己的铠甲,带上自己的兵器去率兵打仗。这说明,人们对于死亡和伤残的悲剧自然会心生同情的。接着,帕特罗克洛斯不幸战死,并被特洛伊人剥去了铠甲。帕特罗克洛斯的死亡,使阿基琉斯痛苦得吃不下饭,终于出于为好友复仇,他与阿伽门农和好并出战。英勇的阿基琉斯杀死了特洛伊英雄赫克托尔,希腊人反败为胜。攻城中,阿基琉斯战死并与好友合葬。这又说明友爱是生死与共的。最后,足智多谋的奥德修斯以空心木马计,帮助希腊人赢得了为夺回美丽的海伦而持续十年的战争。《伊利亚特》中的这些情节,若撇开神灵的色彩,从现实的人伦上,论证了人与人之间的纷争不利于团结,会给人类带来灾难。尽管人与人之间有不同的利益诉求,但是同宗、同族的利益是一致的,由于同宗同族的血缘、生产、生活上的地缘、事缘、人缘的关系,在一方遇到利益受损,生存处于困难之际,联合的行动是必然的。在合作共事的过程中,友谊、友情也是可以患难与共,生死相依的,对遭遇困难和困顿的同类给予救援是应当且必需的。

虽然东西方友爱的作用大小有差异,友爱在具体的血缘、地缘、人缘、事缘的重视和影响程度不同,但是人类发展中共性的特点在古代的思想陈述及故事的表达中是一致的。"尽友爱之力,伸出援助之手"常常被用作号召和鼓动人们参与社会救助的宣传语。对于熟人社会的中国,友爱与人际熟悉程度直接相关,往往以血缘、地缘、人缘、事缘等方式一波波演绎,社会救助的力量和成效也与血缘、地缘、人缘、事缘的交集层次直接相关。血缘、地缘、人缘、事缘越近,救助的力度越大、越深,救助的成效越大。2016年春节前夕,一例发生在我们身边的基于熟悉群体的救助接力非常感人。2016年1月21日,浙江省湖州市二中的一位老师的女儿不幸患白血病,入住浙江省儿保医院,需要输血。由于血库中的血液跟不上,家长在同事、朋友等QQ群和微信群里发布求助的信息,其求助信息很快得到响应,迅速得以传播。尤其是湖州二中的老师和同学们响应最迅速。很快杭州的献血点、献血的情况等各种讯息快速传递,短短不到一天的时间就解决了输血的问题。紧接着,为完成孩子获得偶像鹿晗签名的心愿,家长又发出了求助的信号。让我记忆最深刻的是这一救助信息被转发到湖州民盟 QQ 群里时,转发的盟友特别加上了一句话:"孩子的父亲是我们民盟的。"紧接着,民盟里的一位盟员,同时是湖州电视台的主持人仰诚明,立即表明自己可以尽量帮助孩子实现愿望。湖州电视台的主持人仰诚明再通过现在在浙江省电视台的曾经采访过鹿晗的主持人,原来的同事的帮助获得了鹿晗签名,鹿晗还对孩子战胜疾病给予了鼓励。这一救助过程中,除去事件本身,出现最多的词是"我们"、"我们的老师"、"我们的同事"、"我们的盟友"……我们在调查中也印证这一规律。100%的人认为若是熟悉的亲人、友人遭遇困窘,需要救助会尽自己之力出手相助。关注新闻的人们都知道 2015 年 9 月 4 日,一张随家长偷渡而死亡于海滩上的叙利亚三岁小男孩阿兰·库尔蒂的照片引发了欧洲难民潮。德国女总理默克尔宣布德国可接受 80 万难民,被视为英雄,且被亲切地称为"妈妈默克尔"。紧跟着德国女总理默克尔的表态,英国、法国、匈牙利等欧洲国家纷纷转变了原来不乐意或不情愿接受难民的态度,相应地放宽了接待的条件和人数。① 虽然对难民潮各有评价,"妈妈默克尔"也觉得是件难处理的事情,但是对支持难民救助的声音还是比较强大且有力的。欧洲难民救助中有基于人道、人权的出发点。如果我们从政府要员及主张救助的民众的讨论中,可以更多感受到给予难民救助,也是人们对人与人之间应当有"友爱"情感的普通认可的必然结果。2016 年 2 月 1 日,央视网新闻直播间,播出了题为"欧洲难民危机 德国:柏林市政府感谢民众救助难民"的新闻报道。新闻中说:2015 年德国接收了 110 万难民,其中柏林接收了 80 万。为了感谢民众的支持,也为了使难民救助后续工作做得更好,柏林市政府举办了感谢民众救助难民活动。一些平时很少向公众开放的公共设施及资料也向市民开放,尽可能提供条件,让民众了解难民情况,提供信息,使愿意参与难民救助的志愿者能发挥所长,并利用好资料参与难民救助。柏林市市长米夏尔·穆勒说:"……要真正使难民成为我们社会中的一员,以及邻里间和睦相处,我们社会的每个成员都要参与,都

---

① 王宏彬:《德国为何选择接纳海量难民》,财经网 2015 年 9 月 6 日,见 http://new.caijing.com.cn/overseas/2015-09-06。

要有所贡献……"①视频报道还反映了柏林官员及民众参与难民救助的热情。这些官员的热切呼吁,民众的热情参与的音像材料,体现了人与人之间的友爱的情感在社会救助中的实践践履和事实印证。

无论东西方,从调查或文献资料可以得出救助的主要影响因素有:被救助对象的困难程度;救助个人或主体能力大小;救助及被救助双方的熟悉及情感密切的程度,即人与人之间或主体与主体之间的友爱程度。友爱这一相互信任、相互帮助的伙伴关系使人道的共存有了理性和情感的交集,从救助实践经验可认为:在社会救助中的人伦关系中发挥作用最大的是"友爱"。

第三,基于共享的伦理目标。共享的伦理目标在社会救助目标上属于核心目标。核心,是一个从事物的关系来给予定义的名词,即中心、中心部分。②事物的核心目标,可从事物自身及事物与外界的关联两个角度确定,即决定事物自身存在和影响事物确立自身价值和影响的最大交集点就是核心目标。依据唯物辩证法,一事物自身内部各要素间相互作用构成事物本身,但在众多的构成要素中,往往有一个点,如同心脏是最重要的关节点或称中心点,决定事物的生死存亡。一事物除自身之外,还与外界发生联系,以自身与外界互动体现自身存在的价值。能成为核心目标的往往是使事物成为自身,并在事物向外界延伸发展,扩大其影响时起决定作用的定位(基点)或方面。最形象的比喻,如同一颗投入水塘的石头的落点。当我们把一颗石头投入水中时,以其入水点为中心,水波纹一圈圈往外延伸、扩展,入水点即为核心。共享,是动词,即共同享有。③ 这里讨论的共享不只是动词,更强调的是人与人之间,人与组织之间,组织与组织之间的资源或需要的交换和交流。可以共享的可以是有形的物质资源或需要,也可以是无形的精神、文化等可以满足人们生存及发展需求的非物质资源或需要。社会救助中讲共享,其意义或价值在于通过不同

---

① 新闻直播间:《欧洲难民危机 德国:柏林市政府感谢民众救助难民》,央视网,2016 年 2 月 1 日,见 http://news.cctv.cn/2016-02-01。

② 中国社会科学院语言研究所词典编辑室编:《现代汉语词典》(第 5 版),商务印书馆 2005 年版,第 480 页。

③ 中国社会科学院语言研究所词典编辑室编:《现代汉语词典》(第 5 版),商务印书馆 2005 年版,第 554 页。

主体(组织)间的资源或需要的交换、交流,扩大人类生存及发展的能力,同时增进类群体的安全感、归属感、幸福感。也正是由于共享的意义或价值,使社会救助得到社会整体的认可,吸引人们热情的参与,并在实践中不断地发展和完善。共享有人道的前提,有友爱的基础,共享是"人道+友爱"在实践救助上的伦理道德观念的提升,是人类甘苦与共、团结互助的类存在的整体性的彰显。相比于人道和友爱,共享对于人们认可并参与社会救助的触动更大,在社会救助的社会功能的扩展及延伸上影响更深,因而,共享的伦理目标在社会救助目标的伦理上具有核心目标的资质。

"共享"在中国古代的历史典籍中,也是古已有之的伦理观念。俗语说:一方有难,八方支援;同甘苦,共患难;人心齐,泰山移。子曰:"里仁为美。择不处仁,焉得知? 不仁者不可以久处约,不可以长处乐,仁者安仁,知者利仁。"①孔子认为,仁是利人利己的,聪明的人对别人好,其实也是对自己好。孔子还说作为一个读书人如果只知道读书,追求功名,而耻于粗茶淡饭,这样的人是不值得交往的。一次学生子贡问:"如有博施于民而能济众,何如? 可谓仁乎?"孔子回答:"何事于仁,必也圣乎! 尧舜其犹病诸! 夫仁者,己欲立而立人,己欲达而达人。能近取譬,可谓仁之方也已。"②一个人只是想着扶助百姓,救济民众那还不是仁呢,真正的仁,达到圣人之境的仁,应当是能由己及人,由人及己,凡事都能设身处地为他人着想。孔子在这时谈的都是仁,但从字里行间我们可以感觉到真正的仁,大仁大爱是甘苦忧患与共,是"共享"。儒家思想持家国同构的观念,在人与人关系上,家族血缘兄弟是基础,然而儒家思想又强调一个人若是君子,"四海之内,皆兄弟也。君子何患乎无兄弟也?"③天下一家,人与人之间就当有荣辱与共、困苦分担的"共享"观念。我们常说老子无为而治,无为其实是克己守礼,舍小我而成大家。老子谈到如何可以天长地久时,他认为天地可以长久,以他人为先,成全他人才能成就自己。"天地所以能长且久者,以其不自生,故能长生。是以圣人后其身而身先,外

---

① (春秋)孔丘:《论语》,新疆青少年出版社2005年版,第23页。
② (春秋)孔丘:《论语》,新疆青少年出版社2005年版,第44页。
③ (春秋)孔丘:《论语》,新疆青少年出版社2005年版,第85页。

其身而身存。非以其无私邪？故能成其私。"①人自然是有自己的，若是无自己自然无忧患了，可是难得的是舍小我，以天下为己任啊。若是一个人能以自己许天下，为天下而生，天下就可以托付给他了。老子于是说"何谓'贵大患若身'？吾所以有大患者，为吾有身；及吾无身，吾有何患？故贵以身为天下者，可以寄天下；爱以身为天下者，可以托天下"。②在老子看来真正聪明的人，不是那些总想着自己的人，尤其是圣人，有道之人是善于救人、救物的人。"是以圣人常善救人，故无弃人；常善救物，故无弃物。是谓袭明。"③心怀天下，悲怜他人。意欲有得，舍小我方可成大我，舍自得而有大得。无为而治的生存之道，也是以自身为弱，以他人、大众为先。正是这样的家国同构，随着社会分工，人与人之间生存及发展的关联度越来越密切，其团结互助也越来越突出。一方有难，八方支援，同甘共苦……由己及人，由人及己的"共享"观念在社会救助中，不仅不可或缺，而且是救助伦理中的核心目标。

西方基督教教义里说：爱无差等，上帝之下，人人皆为兄弟姊妹。虽然对自由、平等、博爱有不同的解读和批判，但是，若不考虑其阶级性和时代性，只从字面本身的含义把握，自由、平等、博爱似乎是普世的伦理信念，不失为一种理想境界。自由是对个体存在的独立品格的肯定。平等是从人与人之间的关系对个体生存及发展的无差别社会地位的赋予。博爱是基于人类的整体性，突出强调人类社会存在及发展的理想现实秩序所需要的善良品格和实际行动。网络百科中，把博爱定义为"己所不欲，勿施于人；己所欲者，常施于人"的精神。④显然博爱本身就表达了共存、共享之意了。在《荷马史诗》的《伊利亚特》和《奥德赛》中，因为人是个体的存在，有个人利益，有自得，有私心，有个人英雄主义等弱点，两个故事描写不回避这些人性的弱点，但故事中亦有整体、团队的观念和匡扶正义、救助弱者的思想。如《伊利亚特》中讲述的是

---

① 张震点校：《老子·庄子·列子》，岳麓书社 2006 年版，第 4 页。
② 张震点校：《老子·庄子·列子》，岳麓书社 2006 年版，第 5 页。
③ 张震点校：《老子·庄子·列子》，岳麓书社 2006 年版，第 9 页。
④ 《自由、平等、博爱》，源于百科词条，引用日期 2014 年 3 月 29 日，见 http://baike.so.com/doc/1097776-1161589.html。

特洛伊战争。虽然战争的起源是三个女人的苹果之争,但直接的原因却是年轻的特洛伊王子帕里斯掠走了斯巴达无比美丽的王后海伦,还把斯巴达王宫的财富、珠宝掳掠一空。以斯巴达国王墨涅拉奥斯的兄长阿伽门农为首组建了一支由希腊盟国组成的庞大联军,出兵攻打特洛伊,以夺回美丽的王后海伦,并洗刷耻辱。这一战争的直接起因及行动的组织方式就反映了联合、团结、援助、患难与共的原始价值观。《奥德赛》中讲到以木马计战胜特洛伊,使希腊历经十年最终取得特洛伊战争胜利的伊塔奥德修斯卡国王在神及众人的帮助下,历经艰难,回到故乡,与妻儿团聚的故事。一开始就讲到返家途中的奥德修斯一行迷了路,落到一个巨人岛上被岛主巨人质疑,奥德修斯说明流落至此的原因时说:"我们请求得到你的招待和帮助。巨人啊,宙斯保护所有求助者和外乡的旅客,你也应敬畏神明,答应我们的求援吧!"[1]可见,救助需要帮助的人是万能的神宙斯的职能之一,像宙斯一样帮助需要救助的人也是人们应当做的。在柏拉图的《理想国》中,苏格拉底不主张像荷马那样讲神的自私和不足,尤其是对青少年讲这样的故事是不可取的,因为能成为神的,必然是人的保卫者,就应当是完美的,慈善关怀弱者的。"决不该让年轻人听到诸神之间明争暗斗的事情(因为这不是真的)。如果我们希望将来的保卫者,把彼此钩心斗角,要弄阴谋诡计当作奇耻大辱的话。""儿童最初听到的应该是最优美高尚的故事"。[2] 苏格拉底从每个人的满足,离不开他人的提供,强调了社会分工的重要性和广泛性。正是由于分工,进一步强调人与人的分工与合作的关系、分工和合作的需要。每个人应当用人所长,每个人应以自己所长为社会服务。这就说明人与人之间必然是互助和共享的。"有个人的正义,也有整个城邦的正义。"[3]在有秩序的城邦里,每一个人都有他应尽的职务。对于孩子的教育,要教育他们"使他们倾向于爱护他们的国家和他们相互爱

---

① 　[古希腊]荷马:《荷马史诗》,何兆泉编译、戴晓明绘画,浙江少年儿童出版社2003年版,第172页。

② 　[古希腊]柏拉图:《理想国》,郭斌和、张竹明译,商务印书馆2002年版,第73页。

③ 　[古希腊]柏拉图:《理想国》,郭斌和、张竹明译,商务印书馆2002年版,第57页。

护"。① 在苏格拉底的观念中，人与人之间本身是互相依赖的，彼此做好自己的事情，相互帮助，一个好的国家就可以产生。在苏格拉底看来，互助友爱的共享的观念不只是一个国家，还由一国到邻国……不断延伸，这样就可以有一个完美的人世间。以上论述说明，古希腊的文明也是强调共荣共享的，以如此价值观念，对贫弱困难的同类给予及时的救助不只是人道的，感同身受的救援，还是作为类存在的共同体的发展的需求，是一个好的、和谐的国家及社会发展的自然的本性的应当的行动。

"邻居失火，不救自危；平时肯帮人，急时有人帮；助人要及时，帮人要诚心……"这些流传广泛，通俗如白话的谚语是共存共享观念深入人心的印证。在分工日益细致的今天，合作、互助、共享的观念更是渗透于生产及生活，患难与共成为考察类群体及个人品格的重要内容之一。对处于困难的同类给予及时的救助成为一项自然的社会伦理道德观。我们在走访中也发现人们100%认可"人生在世，谁无难处，你帮我，我也帮你"。一个家庭团结与否，人们很自然地会以遇到困难是否彼此相助作为评判的现实依据，把家庭的整体的相互共享作为一个基本的家庭道德观。广西贺州市某县某村的乡风备受称赞，因为这个乡的民众富于共荣共享、团结互助的传统。他们有宗族管理组织，如某家遇到困难，只要报到宗族管理人，立即就组织宗族的集体救助。在走访中，我们从人们的言谈中感觉到，如果一个家兄弟姐妹多人，一个人生活好了，那不算本事，真正的本事是，生活好的走在前的发展好的人能尽自己之力带动其他兄弟姐妹，给生活困难的亲戚邻里以帮助。共荣共享、团结互助也是许多民族的优秀传统，许多民族扶贫助困的意识都非常强。人们救济、援助的出发点建立在共荣共享的观念基础上。信奉伊斯兰教的一些如回族等少数民族，遵从《古兰经》教导，把扶危济困，乐善好施作为第一大善行。在广西的壮族、瑶族乡村的走访中，共荣共享、团结互助还写在族谱里。中国的扶贫帮困也越来越体现共存共享的目标。如普遍开展的"一对一，手拉手"帮扶行动、企业与贫困地区和贫困户的结对帮扶、教育扶贫、科技扶贫、文化扶贫等等，尤其是

---

① ［古希腊］柏拉图：《理想国》，郭斌和、张竹明译，商务印书馆2002年版，第129页。

"十三五"提出的"精准扶贫,精准脱贫"。救助援助不只是一家的,而是整个世界的国际化的。东南亚一些国家时常因台风等自然灾害导致国民受灾而得到世界各国的帮助。以中国而言,2010 年至 2012 年,中国对外援助金额为893.4 亿元人民币。三年间,中国给予亚洲 30 个、非洲 51 个、大洋洲 9 个,拉美和加勒比 19 个,欧洲 12 个……共计 121 个国家提供援助。① 中国对外援助的方式多样,其中以技术合作、人力资源合作方式的援助不只是简单的救急式的物资提供,还有技术性发展式救助,显然就是共荣共享、团结互助的援助了。从被救助方而言,获得救助不再是困难的被同情,是暂时的救急,临时的扶助,而是作为类整体的共存共享。被救助不再是简单的同情和可怜,获得救助也不是一般的友情,而是作为类群体共存共享必然的行动,获得救助也是权利。从施助方而言,给予困难者救助不是简单的纯粹付出,也是得到。如果一个企业或个人扶危济困上有所为,可以在类群体中树立良好的社会形象,并由有责任、乐于助人、长于救助的社会形象使个人和企业赢得社会的尊重爱戴,获得更好的社会生存和发展空间。Life Water 公司生产的公益水,创造了652%的营收奇迹。这家 Life Water 公司注意到人们很多时候喝的瓶装水喝了一半就扔了,另一半被浪费很普遍。每年被丢弃的这半瓶水如果统计下来可以解决缺水地区 80 万孩子一年的饮水量。于是,Life Water 公司改装 45 组装配生产线,每天生产 5000 万瓶半瓶装饮用水,每个瓶子上还印有缺水地区孩子的图片,公司声称空出的半瓶水由 Life Water 公司直接捐助缺水地区的孩子们。这些经过改装生产的半瓶水销往 7 万家超市、便利店。半瓶水,尽管销售的价格不变,依然是 2 元钱,可是由于其公益慈善的创意,创下了销售的奇迹。② Life Water 公司这半瓶水的成功体现了社会救助中共存共享的伦理目标。一瓶水才 2 元钱,半瓶水不算什么,扔掉了就扔掉了。半瓶水对于需要用水的人也算不了什么,也就半瓶。半瓶水对于企业而言,也不算什么,一瓶水

---

① 参见中华人民共和国国务院新闻办公室:《中国的对外援助》(2014),新华社 2014 年 7 月 10日,见 http://news.xinhuanet.com。

② 参见益美传媒:《靠着卖这神奇的半瓶水,这家公司竟创造了 652%的营收奇迹!》,扬州文化网,2016 年 2 月 18 日,见 http://www.yzwywh.cn/news。

才2元钱,半瓶水也就1元钱。可是当大家齐心协力,把一个个半瓶集中起来,把1元元钱集中起来,捐助给有特别需要的特定人群时,其作用和意义就发生天翻地覆的改变了。对于买半瓶水的消费者一元钱的半瓶水可以成就大爱。对于获得救助的群体,众多的一元钱的半瓶水可以解决大问题。对于倡议捐助的企业,可以通过半瓶水打造负责任、富于慈爱之心的企业形象,从而让更多的人去购买其产品,产生更大的企业利润。这个半瓶水的发展公式可总结为"(消费者+企业+救助对象)×共享(共担)=最大的社会效益+经济效益"。所以在《靠着卖这神奇的半瓶水,这家公司竟创造了652%的营收奇迹!》一文的结束语为:"其实在许多时候,公益与商业并不割离,相反它们的发展一向是相辅相成的。不如就学着像Life Water一样,用商业的资源模式去做创新的公益,这才是爱的真理!"我们也有接触一些企业,当提出需要企业参与救助项目时,他们首先关心的不是捐助的数额,而是了解捐助的项目的意义和形式。如果捐助是有创意的,企业可以通过捐助赢得社会认可、树立形象。这样的创志对于企业的产品成本宣传更是有战略意义的。当然,通常这样的捐助很快就能得到实现。

社会救助可以区分为:基于人际关系的救助;基于组织关系的救助;基于地区关系的救助;基于国家关系的救助;基于整个人类整体的救助。由于个人、组织、地区、国家、类整体的救助差异性,救助导向和流动方向不同,救助的物质、条件存在差异。这些区别和差异,使救助的共享有显性和隐性之分。有些救助的共享是显性的,可在当下明确地把救助的目的呈现于公众。有些救助的共享是隐性的,在当下不便或无法呈现和表达,但是随着时间的推移,可慢慢呈现。通常来说一捐一助,对于被救助方而言,是直接的获得,对于施助方而言是当下的付出,但是当下的付出可能赢来的是未来的良好形象,为施助方形成核心竞争力提供基础和力量之源。对于社会整体而言,救助可产生彼此互动的良好的社会人际关系及情感,调节平衡不同主体的利益关系,促进社会的整体平衡是无法在当下计算和规定的,即救助的社会效益往往属于隐性共享。不管社会救助中显性及隐性共享效应如何,共享的伦理目标在社会救助目标的伦理上属于核心目标。一是类群体的共存共享被普遍认可:"贫困不只是个人的问题,还是社会的问题。"二是贫困的救助不只是被救助者得到的问题,还是施助者树立形象,获得社会认可,赢得利益的业务方式(手段)。各得其所,合作共赢成为社会救助或说公益事业发展的创新模式,也是一种可持续发展的模式。

　　第四,基于幸福的伦理目标。幸福的伦理目标在社会救助目标上属于最高目标。幸福从词性上是名词也是形容词。作为名词是使人心情舒畅的境遇和生活。作为形容词是称心如意的。① 这里所说的幸福是指称心如意的,即使人心情舒畅的境遇和生活,是基于每个个体幸福基础上的人人幸福,即通常所说的公共幸福。目标有层级,之所以把幸福的伦理目标视为社会救助目标的最高目标是因为幸福是集向往、过程和目标于一体的情感体验和价值定位。从人类的情感体验上,幸福是基于人本的情感需要的定位,是人们在奔向目标的过程中可感受的正向情感体验,是人们对未来生存及发展状态积极向上的向往和追求。健全的社会救助建构的前提是,每一个人都是社会的一员,都有其存在、发展的价值,应当得到认可及尊重。健全的社会救助在建设的过程中,虽然不是每个人都能在事实上得到救助,但救助制度本身为每一位社会成员拉起了最低的生存及权利的保障线,从而为全体民众提供了生存、发展的安全感。由社会救助制度提供的安全感进一步增进了人们的群体归属感,人与人之间的关系如阳光明媚的春天,让人们感受、体验、享受到愉悦、舒畅的在类群体中生存、发展的境遇和生活状态。总之,幸福是人作为类群体存在的最为集中的共同价值追求。社会救助把幸福作为理念及行动的目标,不仅与人们对社会美好生活的向往一致,而且与作为类群体存在的人类的文明发展的需求相吻合,因而是最切实的人类需求,也是最理想、最高的伦理目标。

　　早在春秋战国时期,我国就有对"幸福"一词的描述。积极入世的儒家思想虽然没有直接使用"幸福"一词,但以入世生活的快乐为切入点,肯定并强调人应当追求愉悦、舒畅的情感体验。儒家思想认为,快乐不只是物质的生

---

① 中国社会科学院语言研究所词典编辑室编:《现代汉语词典》(第 5 版),商务印书馆 2005 年版,第 1527 页。

活,更是道德情感的感受,除个人的心情、心性之外,还包含了友爱帮助及助人为乐的伦理道德观。子曰:"贤哉,回也! 一箪食,一瓢饮,在陋巷,人不堪其忧,回也不改其乐。贤哉,回也!"①孔子表扬颜回贤德,因为颜回在别人不能承受的极为简朴的生活中依然保持着他快乐的心情。子曰:"饭疏食,饮水,曲肱而枕之,乐亦在其中矣。不义而富且贵,于我如浮云。"②在孔子眼里,吃的是粗粮,喝的是白水,曲着胳膊当枕头,都可以乐在其中。如果是不讲仁义,还能享有富贵,那是如同浮云一般,根本不在他的眼里。在利益与命运,利益与仁道的关系问题上,孔子更重视命运,强调仁德的重要,"子罕言利,与命,与仁"③。幸福不只是行为人享受的吃穿,还是基于"仁德"基础上的愉快的心理感受。在"孝、悌、忠、信、礼、义、廉、耻"最具传统的"八德"之中,孔子最重视的是"孝悌"。孝,即为人子女的,年少时,要尊敬、爱戴父母及长辈,年长后,要反抚父母及长辈。悌,即兄弟姐妹之间相互关怀,互相帮助。以人伦的关系看,身体发肤受之父母,外加家庭养老送终的体制,表象上的"孝悌"只是从血缘的关系提出的基于责任与义务的道德要求。然而,由于家国同构,孝悌在具体的实践解读中呈现出以血缘(家庭)为核心,一波一波,一圈一圈不断向外延伸的社会人伦秩序所需要的或倡导的社会道德要求,及人与人之间困难相济的扶助秩序。有人问孔子为什么不参政? 或谓"子奚不为政?"子曰:"《书》云:'孝乎惟孝,友于兄弟,施于有政'。是亦为政,奚其为为政?"④家国同构,助人亦是助己,由亲情到友情到同类之谊,遇到困难的人们,无论是基于情还是义都应当尽自己的能力给予帮助(援助),以助人为乐。

与孔子积极入世的儒家思想相左的老子的出世无为的道家思想相比,老子强调顺其自然、福祸相倚,但是老子也如孔子也讲慈悲为怀。老子说:"上善如水。水善,利万物而有静,居众人之所恶,故几于道矣。居善地,心善渊,

---

① (春秋)孔丘:《论语》,新疆青少年出版社2005年版,第39页。
② (春秋)孔丘:《论语》,新疆青少年出版社2005年版,第48页。
③ (春秋)孔丘:《论语》,新疆青少年出版社2005年版,第60页。
④ (春秋)孔丘:《论语》,新疆青少年出版社2005年版,第13页。

予善天,言善治,事善能,动善时。夫唯不争,故地尤。"①善人如水,保持自我,顺其自然,与世无争,又如天之大道,润泽万物,没有咎怨。老子认为"道"为大,自然有道、社会有道、人亦有道。对为人之道,老子说:"我恒有三葆,持而宝之。一曰慈,二曰俭,三曰不敢为天下先。夫慈故能勇;俭,故能广;不敢为天下先,故能为成事长。今舍其慈,且勇,舍其俭,且广,舍其后,且先,则必死矣。夫慈,以战则胜,以守则固。天将建之,如以慈垣之。"②慈、俭、不敢为天下先,从形式上都是无为、不争、礼让、慈爱为本,但从本质上是以礼让、慈爱去成就,去赢得他人的尊敬。人因有慈善赢得他人的尊敬,获得他人的拥戴,由于有后备的众人之力,因而可以更勇敢。人因为勤俭节约,不奢华浪费,可以以更强的坚韧意志去开拓创新。人若是谦逊,不争先,反而能得到人们的尊重和爱戴,成为领导人们去做事业的头领。若是舍弃了慈、俭、不敢为天下先这三宝,反而会走向死路。老子尤其重视"慈",慈用于战斗能取胜,用于坚守能巩固。老天若将要成就之,就会以"慈"保护之。老子思想通常归纳为无为,然而,因基于天道自然天成的前提,老子的思想从本质上,是要以温婉、慈善、谦让之心性,顺其自然,当以无为达到无所不为的境界。老子还说:"圣人恒无心,以百姓之心为心。善者善之,不善者亦善之,德善也。信者信之,不信者亦信之,德信也。圣人之在天下,歙歙焉,为天下浑心。百姓皆属耳目焉,圣人皆孩之。"③何为圣人? 真正的圣人永远是没有自己的心计,而是以百姓的心为心,为百姓着想。不管是善良或不善良的人,都能善待之,天下皆善。不管信与不信的人,都能信任之,天下皆信也。百姓虽然关注自己的所见所闻,而圣人仍然像对孩子一样关心百姓。正是没有私心,没有偏见,天下人心浑然一体,朴实、纯正。圣人爱民如子,百姓心性纯朴,如此天下,自然是莫大幸福之境。老子讲的虽然是处世、治世之道,但其中的"慈"、"善"从本质上以友爱、爱人、助人为本,尤其是圣人(强者)对百姓(弱者)更应当给予包容、关爱、帮助,甚至是救助。虽然孔子为代表的儒家思想积极入世,老子为代表的道家思

---

① (春秋)老聃:《老子》,山西古籍出版社 1999 年版,第 14 页。
② (春秋)老聃:《老子》,山西古籍出版社 1999 年版,第 124 页。
③ (春秋)老聃:《老子》,山西古籍出版社 1999 年版,第 88 页。

想主张出世无为,然而,他们共同的思想都强调快乐、幸福不是物质的满足,而是人人关系中的相助、友爱、帮助。正是因为仁慈善爱,对弱者的关心帮助,从而才可能建构起天人合一、大众幸福的社会秩序。

在治国之道中,《左传·宣公十二年》里就有"民生在勤,勤则不匮"。① 鲁宣公的意思是说老百姓的生计在于勤劳,勤劳就不会缺少衣食。《尚书·五子之歌》提出"民惟邦本,本固邦宁";②《管子·霸业》指出,"以人为本,本治则国固,本乱则国危";③《左传·庄公三十三年》强调"政之所兴,在顺民心";④《孟子·尽心下》"民为贵,社稷次之,君为轻",⑤这些论述强调民之幸福安康在于勤劳致富,强调治国应以民为本,利民、裕民、养民、惠民,国家安康,社稷太平。作为治国之道,以民为本,在不可控的自然灾害、生存困难发生时,给予民众及时的救助成为贤明君王必然的政策抉择及行动。《春秋穀梁传》《左传》《公羊传》《管子》《晏子》《礼记》等篇章中都有赈灾、济荒、救民的描写与思想。在《春秋穀梁传》中记载当诸侯国中有遇天灾者,其他诸侯国在粮食物品上要给予受灾国接济。为备荒年,提出储粮备荒应急的思想。诸侯国至少得有三年的储备,备下六年,九年更好,"丰年补败,不外求而上下皆足也。虽累凶年,民弗病也。一年不艾而百姓饥,君子非之。"⑥至宋代,中国社会救助制度从灾情上报,灾民登记,救灾物资发放形成了完整并非常成熟的体系。宋代不仅仅是自然灾害救助体系的完善,还建立了相对比较完整的社会弱势群体的生活救济及保障制度。如宋徽宗,专门成立了居养院、安济坊、漏泽园在全国范围内救助鳏寡孤独疾废者。这样的救济、救助体系,包含着君国一家,困苦相互救济,大众安生的治国之道。如今,在乡村调查中,我们走访过的一些受市场经济冲击、影响相对较少的乡村,这样的亲人邻里彼此帮

① 夏勇:《中国民权哲学》,三联书店 2004 年版,第 49 页。
② 夏勇:《中国民权哲学》,三联书店 2004 年版,第 49 页。
③ 夏勇:《中国民权哲学》,三联书店 2004 年版,第 49 页。
④ 夏勇:《中国民权哲学》,三联书店 2004 年版,第 49 页。
⑤ 夏勇:《中国民权哲学》,三联书店 2004 年版,第 49 页。
⑥ 阮元:《十三经注疏》,中华书局 1980 年版,第 2388 页。载杨德春:《〈春秋穀梁传〉的救助思想》,《孝感学院学报》2011 年第 4 期。

扶的温暖和热情依然是普遍倡导的民风,得到众乡村百姓认可的伦理规范。若某户人家遭遇灾害,遇到困难,乡村亲人邻里都会尽量到场,或是送来钱物,表示慰问;或是由宗亲、族群中德高望重的人物主持族人、亲邻会议,大家共商救助救济的方式、方法,帮助困顿者脱离苦境。若是村里有困难的乡亲无人问津,大家很自然地会觉得是对乡村民俗的背离,是族人、村人的一种羞辱。中国历来就有这样的传统:"一个人穷了,困了,不是一个人的事,是全家、全族、全村的事";"一个人富了,不算什么,一个人富了还要能带动一家、一族、一村人的富裕那才叫本事"。"有福同享,有难同当"是中国乡村中最普遍的人伦价值观。这样的价值观最终极的伦理指向是"共同幸福"。

对于西方,幸福是人类向往和追求的生活及生存理想状态,是一个典型的普遍的概念。在西方的理念中,善是维持或恢复幸福的最终力量,而人们生活及生存中的罪恶却是使幸福毁灭的原因。古希腊古罗马神话传说中,把人类创世分为金、银、铜、铁四个不同的时代。第一代的人,是最幸福的黄金时代的人。在克洛诺斯的统治下,众神把神的生活模式给予第一代人。甘美的水果、蔬菜遍地,肥美的牛羊,牲畜成群。人们不需要辛苦劳作、不必为生活发愁,没有贫穷困苦,生活安详,劳动自然,哪怕是死亡也只不过是温暖的长眠。第一代人结束后,众神又创造了第二代人。白银时代的人跟黄金时代的人差别很大,他们娇生惯养、不愿意劳动,不爱动脑,活了一百年还很幼稚。由于四体不勤、毫无理智,相互猜疑、妒忌,违反自然法规,行为恶劣……宙斯不愿意这样的人亵渎诸神,决定将之毁灭。众神又创造了第三代人。青铜时代的人性格粗暴、行为恶劣、整日拼打厮杀。他们不愿意采摘野果饱腹,专门吃肉,长得很高大,但他们思想顽固、执拗、僵化、呆板,只会舞动大刀长矛战斗。由于手段残忍,不为神明所容,青铜时代的人,最终被打入黝黑苦难,毫无阳光的地府。宙斯又创造了铜和铁之间过渡时代的人,这一过渡时代的人介于神和人之间,半神半人,他们高尚和正义。这一代人中有一些死于为夺取国王俄狄浦斯的王国,而倒在底比斯的七座城门前;有一些为了美女海伦而成群结队地跨上战船,俯卧在特洛伊城周围的田野上……他们死于尘世间战争后,宙斯把他们送上极乐海岛。肥沃的极乐海岛给他们提供蜂蜜般甜蜜的水果,在风景优美的极乐海岛上过上无忧无虑、非常幸福的生活。于是神又创造了第四代人，即铁的时代的人。这个时代的人堕落、败坏、充满痛苦和罪孽。神以痛苦和悲惨折磨他们，他们自己也折磨自己。父子反目，彼此加害；亲朋好友间缺乏坦诚、没有友爱、彼此怨恨；长幼之间之间没有尊重、同情、怜悯，白发苍苍的老人受虐待，横行霸道、坑蒙拐骗……善良被侮辱，公平正义被践踏。宙斯不满意铁的时代的人们的恶行和弊端，化作凡人走访人间，对善良者给予帮助，对罪恶者给予惩罚，甚至令之毁灭。① 在古希腊古罗马的神话传说中，类似这样的记述不是个别，邪恶最终要被毁灭，而正义、善良必然要得到认可并弘扬。邪恶往往由于某些人为争夺物质与权力，或对他人幸福的妒忌而起。正义是以追求善良，重返幸福的名义，惩恶扬善之举。在毁灭邪恶，弘扬正义的过程中，幸福成为人们最终的追求目标。幸福不只是物质财富和权利占有，更是生活的安乐，情感的满足，包括死后的社会认可。要获得幸福的必需的安乐、情感的满足及社会认可，除了个人的物质、精神的满足，自然少不了人与人的情感与温暖。少不了对长辈、老者的尊重，对弱者的关怀救助。在古希腊古罗马神话传说中，美丽善良的神天然就对贫病穷困，遭遇天灾人祸的弱者有同情及怜悯之心。在遭遇自身力量无法解决的困难时，神自然地会对这些生活中的弱势群体给予及时的救助。如在伊娥的故事中，宙斯爱上了美丽出众的伊娥，赫拉因为妒嫉不仅要惩戒丈夫宙斯，还要伤害伊娥，结果为保护情人又逃避妻子的惩戒，宙斯把伊娥变成了小母牛并赠给了妻子赫拉。失去人形，更失去自由的伊娥饱受心灵的痛苦，最后她的痛苦得到了山神潘的同情，并使宙斯和赫拉出于同情和怜悯而良心发现，最终解救了伊娥。伊娥为宙斯生下儿子厄帕福斯，最后这位获救的女子深得人们的喜爱及爱戴，被尊为女神，在后来她和她的儿子在埃及这个地方统治了很久，埃及人还为他们设立了庙宇，被称为伊斯神和阿庇斯神。② 在《伊利亚特》中也有类似神对受困者的及时救援的记载，女神救

---

① 金、银、铜、铁四代人的描述参见杨永胜主编：《古希腊罗马神话故事》（全译本），百花洲文艺出版社 2013 年版，第 244—246 页。

② 伊娥故事参见杨永胜主编：《古希腊罗马神话故事》（全译本），百花洲文艺出版社 2013 年版，第 249—254 页。

起了遇到风暴船只沉没的阿喀琉斯,这就说明神本就有救助遇难者的本分。古希腊古罗马时代,虽然阶级等级森严,但强调城邦的共同体,在《奥德赛》中有城邦中对罹难的他人的援助的描述,这被认为是公民的美德。伯利克里则把生命置于第一位,他说:"我们所应当悲伤的不是房屋或土地的丧失,而是人民生命的丧失。"①由于对财富、美丽、权力的争夺,人与人之间会有恶,神也不例外,然而,最终弱者的痛苦和无助又唤起神的良知。出于同情和怜悯,神毁灭恶、救助善的故事,在古希腊古罗马神话传说中是一个普遍的主题内容。类似这样主题内容的故事,最后都以善良有报,弱者得助,人类最终幸福安详为大结局。

总之,幸福是人神共同的向往和追求的目标,幸福的实现总有与恶抗争,扶助及救助受害者或弱者的过程,可见,社会救助从伦理道德的指向上最终是人类幸福的追求。

除了神话传说,强调美德,追求正义,实现人类幸福也是先贤哲人的共同理想和追求。两代师生且并称为"希腊三贤"的苏格拉底、柏拉图、亚里士多德都有对幸福的讨论。如提出著名的"美德即知识"论断的苏格拉底认为,人的品德、品行不是凭空产生的,是在对道德的学习认知的基础上获得的。一个拥有美德认识及观念的人,会有道德的品行。一个有道德品行的人才有幸福的生活体验。幸福不是物质财富,更不是为物质财富的不择手段,真正的幸福是善,是过有德性的生活。在《理想国》中,讨论到什么样的人能管理好国家的问题时,苏格拉底认为:"只有当你能为你们的未来的统治者找到一种比统治国家更善的生活时,你才可能有真正富有的人来统治。当然他们不是富有黄金,而是富有幸福所必需的那种善的和智慧的生活。"②柏拉图继承苏格拉底的思想,把人类应当具有的美德概括为智慧、正义、勇敢、节制。社会统一的美德是正义,智慧属于统治者;勇敢属于武士;节制属于平民,幸福等于善。受柏拉图思想的影响,亚里士多德认为人生所追求的幸福就是最高也是最后的

---

① 《欧里庇得斯悲剧》(三),人民文学出版社 1958 年版,第 233 页。载章海山:《西方伦理思想史》,辽宁人民出版社 1984 年版,第 52 页。

② [古希腊]柏拉图:《理想国》,郭斌和、张竹明译,商务印书馆 2002 年版,第 281 页。

善即"至善"。梭伦认为幸福在于善始善终。在梭伦看来身心健康,生活安宁,善始善终,才是幸福的人①;对弱者施以援手是宽仁、慈悲、同情之心,是善良与美德之举,是人们追求情感的高尚性,求得心灵安宁的需要。近代虽然受功利主义思想的影响,人们认为作为个人更爱自己,作为非神的普通人更看重的是个人的利益,如霍尔巴赫认为:"人从本质上就是自己爱自己、愿意保存自己、设法使自己的生存幸福;所以利益或对于幸福的欲求就是人的一切行动的唯一动力。"②虽然幸福由至高的德性降到了人的现实生活,但是正如爱尔维修所说,公共利益或社会利益是人类一切美德的基础,如果每个人只是追求个人利益,而不顾及公共利益,就不会有真正的个人利益。因为,个人幸福离不开社会幸福。判断行为正当与否的标准,不是行为者自身的幸福,而是公众的幸福。社会救助是善、美德、宽厚仁爱之心的实践证明,是公众幸福得以保证的底线,是人际关系"和"的基础。"我今日帮助了某人","我得到了某人的帮助"是人们表达自己人际关系和谐的幸福体验时说的众多话语之一,可见人人关系往往是在这些类似社会救助中感受到的互助友爱的情谊而得到心理满足和幸福体验。

社会救助在西方经历了早期城邦制中的人人相互救助,然后到以神的名义而进行的宗教慈善救助,再到社会保障面貌出现的制度设计。从总体上说,人类以群体性的方式存在,整体的安全及幸福是共同的追求,因为人人皆能保证生存及发展,人们才可能有现实的类整体存在感、组织感。当遇到困难时,能得到来自类群体的援助或救助,才可能有身为人类的整体存在的归属感和幸福感。在西方,救助更是包含在个人与城邦的关系中,是社会伦理道德与城邦政治的关系,是人类美德与人类幸福存在的社会整体关系。安提丰在《真理》中强调,人与人天生平等,没有差异,对于处于困难的人应当施以援手。中世纪的基督教从上帝普遍的爱出发,卢梭从社会契约论出发,休谟从人的天然同情心出发,强调对弱势群体,灾荒饥民的救助。到了近现代,罗尔斯、麦金

① 周辅成:《西方伦理学名著选辑》(上卷),商务印书馆 1987 年版,第 37 页。
② [英]休谟:《人性论》,关文运译,商务印书馆 1997 年版,第 616 页。

太尔等则从社会公平和正义,从美德伦理中表达了对弱势群体予以救助的思想。16 世纪,功利主义强调大多数人的幸福,认为弱势群体的产生是社会竞争的必然结果,主张应从国家的层面给予弱势群体救助,以此作为市场优胜劣汰法则的补偿。由此,1601 年英国制定了世界上第一部社会救助的法典《济贫法》,标志着社会救助正式纳入国家法制层面。此后,西方许多国家,如德国、瑞典、芬兰、美国、澳大利亚、新西兰等国都效仿英国,以立法的形式规定接受并获得救助是社会福利的部分,是公民的权利。从而,社会救助作为政府的责任及公民的权利,作为民生幸福,社会安康的重要内容在国家意识层面以法制的形式得以确立。

　　总之,社会救助在不同的历史时期,运作的具体方式不同,但是作为一项针对部分遭遇生存困难的民众,维持生产、生存必不可少的制度性措施,虽然直接的受益者只是部分的弱势群体,但作为保障制度设计的社会救助,其存在的意义和价值不只是解决这些特殊的弱势群体的生存及发展的基本问题,而且是使人们感受到人类整体存在的归属感,认识到全民幸福的价值理念及意义的具体可感的实践性行动。社会救助从制度层面上,确保社会合作性,即好的社会制度设计在其社会合作的目的定位上,是尽最大的可能确保每个社会成员的基本权益,以全体公民共同的幸福作为制度设计的首要的价值目标。社会主义、共产主义社会之所以被推崇及认可,之所以早年有许多仁人志士为之努力奋斗,也在于这一制度让最无产的人们都能享有社会的权利,确保社会生产、生活的自由,那么就不可能再有贫困与落后,不可能再有社会的罪恶,这样的国家或社会自然是人类整体幸福实现的载体了。也正因为这一点,人们喊出"为无产阶级彻底解放而奋斗"的口号。

第五章　社会救助的伦理价值

　　价值作为一个学术用语,最初是经济学家亚当·斯密、冯·纽曼等在经济学的意义上使用的概念,相当于"效用"、"效益"。此后,洛采、文德尔班、李凯尔特从哲学本体论的高度讨论"价值"范畴。① 学界对价值概念的界定大体上可有三个维度:一是把价值视为主体的主观评价,侧重于强调价值中的喜好、观念、愿望、情感等主观因素。二是把价值视为客体自身存在的属性,侧重于强调事物本身的功能(主要是物自身的有用性)和物自身存在的意义。三是把价值视为主客体的相互关系,侧重于强调客体对主体需要的满足程度。应该说,价值是一个主观和客观辩证统一的哲学范畴,价值就其来源首先是客体的存在,没有价值客体的存在,再好的主观愿望和评价都是一种虚无。其次价值的表现、价值的作用又依赖于主体的主观评价,只有主客体互动,才能彰显、展示价值的内容,发挥、启动价值的功能和作用。② 对某种社会活动及现象的伦理价值的讨论,至少包含三个层次的内容:

　　1.客体对象所具有的伦理道德性质、伦理道德内容;

　　2.客体所承载的主体的伦理道德理想、伦理道德信念、伦理道德要求;

　　3.客体的伦理道德实在与主体的伦理道德要求的有效互动和有机结合,使伦理道德的功能、性质得以转化为推动人类社会发展的动力。

　　在此,基于价值的功能视角,把社会救助的伦理价值区分为生命价值、管

---

①　万俊人:《现代西方伦理史》(下卷),北京大学出版社 1992 年版,第 9 页。

②　参见李德顺:《价值论》,中国人民大学出版社 1987 年版,第 108 页;李德顺、马俊峰:《价值原理》,陕西人民出版社 2002 年版,第 368 页。

理价值、美德价值三大方面①。

第一节　生命价值:生活维持与延续

　　社会救助的第一有用性,首先体现在其现实性。现实,简而言之是此刻、当下存在的事物及情形。现实价值,即事物当下存在的应当、必要性或有用性。社会救助基于善良意志,其直接的目的是帮助人类社会中的某些特殊群体,解决他们在生活、生产中遭遇的阻碍他们的生存及发展,且凭借他们自身力量无法克服或解决的困境。正是困境者的生存危机,引发了救助的必需,因而,救助的直接有用性指向的是维持这些特殊群体生活,确保生命的存续或发展,简称为生命价值。2015 年 5 月 21 日,陕西省咸阳市武功县贞元镇政府网上发布了一封爱心救助倡议书。倡议书中讲到贞元镇铺邑村 5 组村民杨利芹,一家连续遭遇了丈夫肝硬化病逝;小儿子突发精神分裂;大儿媳因生孩子大出血而死亡;大儿子因脑溢血而半身不遂;本人又患卵巢癌共五场病变。这五场病变,使一家主要劳动力不能继续生产和工作,对于这个要承担疾病治疗费用,还需要承担孩子生活费用的家庭来说,自身已经无力应对,甚至生存也发生了危机。由此,在镇政府网页上发布这一纸爱心救助倡议书,呼吁社会各界同情这家人的不幸遭遇,用爱心,以善举给予这个不幸的家庭以慈善救助。② 此外,典型的贫困申请书最常见的表达内容有:某人因身体不好,又下岗,每月收入很低,交完养老保险和医药费,所剩无几,加上现在物价很高,维持基本生活很困难,特申请贫困补助金,以解生活之困。典型的大病救助申请

---

① 这里的三个价值区分缺乏非常明确且统一的标准或依据,更多的是基于现实实用主义的功能视角来定位的。生命价值着眼于当下直接效应;管理价值目的是突出社会救助在社会管理上的意义;美德价值,突出社会救助的人伦道德的核心作用。这个划分目的在于强调不同视角下,社会救助的有用性。总体上说,社会救助这三大价值皆属于人伦价值,对人类类整体的社会功能。

② 参见贞元镇:《爱心救助倡议书》,武功县人民政府网站 2015 年 5 月 22 日,见 http://www.snwugong.gov.cn。

中明确自己所患疾病并详细地罗列治疗已开支及将要继续开支的费用后,会写道:本人收入困难,患病治疗费用极高,前期已向亲朋好友借款治疗,已欠下债务累累,如今不得不向政府申请大病救助,否则生命不保。典型的自然灾害的爱心倡议书中常常写道:某地发生某自然灾害,几十年罕见的灾害,造成重大的人员伤亡及财产损失……为了让受灾的民众得到及时的救助,维持生活,暂渡难关,请伸出你的爱的援手吧。新闻视频报道需要救助、呼吁救助的对象时,这些特殊群体的生活、生存的贫困现实境况是报道中必然的不可或缺的核心内容,记者及播音人员强调的是受灾、受害、处于困境的待救助对象的生活、生存窘迫到已严重影响、威胁到他们的基本生存。从这些爱心倡议书、贫困申请书和视频报道的重心(核心)内容可见,社会救助最直接、最现实或曰第一价值在于维持生活,确保生命的延续与存在。正是由于社会救助这一维持生活,确保生命延续与存在的第一价值,使社会救助成为与人类并存且相伴发展的极具伦理道德的实践性行动。

"善"从中国象形文字的角度看,可解读为含于"口"中的"羊"。性情温驯、长着两只角,咩咩软语,悠悠于羊群的队伍中……正是由于羊的温驯有加,性格内敛,合于群体,早在原始部落时,羊就既是美好人伦道德的吉祥物,也是人类财富的象征。"口"含"羊"为"善","善"的第一要义是物质。善的第一存在价值,就是有用,解决或满足人们"吃"的需要的食物或财物。"吃"不需论证,自然且显然只是为了生命的存在,生活的延续和发展必须"吃"。从古至今,最普遍最常见的救济或施舍方式就是给予困难者以维持生命而必需的粮食,此外,还有与生存相关的衣服、被褥、帐篷、粮种等生活、生产的必需品。历次自然灾害中最早送到受灾地区的往往都是解决温饱的物品。在中国《自然灾害救助等条例》中的应急救助措施中有这样的内容:在发布信息、灾民转移安置之后,紧接着就是"紧急调拨、运输自然灾害救助应急资金和物资,及时向受灾人员提供食品、饮用水、衣被、取暖、临时住所、医疗防疫等应急救助,保障受灾人员基本生活"。[1]

---

[1] 中华人民共和国国务院:《自然灾害救助条例》,温家宝总理于 2010 年 7 月 8 日,签署发布(中华人民共和国国务院令第 577 号),民政部门户网站,2010 年 8 月 2 日,见 http://www.mca.gov.cn。

在生活、生存救助上,解决"鳏寡孤独疾废"这些因人伦缺失或身体残疾而贫困到无法生存的特殊群体的吃穿住的基本问题,始终是民众、团体、国家救助的重要内容之一。有史以来,衡量、评价一个社会幸福美好与否,其中重要的一条就是"鳏寡孤独废疾者,皆有所养"。① 如今,低保的申请,特殊贫困群体的界定和救助是民政救助中常年不懈的重要工作。为确保贫困救助到位且有保障,2014年2月28日,时任民政部部长李立国在《社会救助暂行办法》新闻发布会上宣布,政府划拨的社会救助资金纳入政府财政预算,强调加强资金管理,专款专用,专项管理核算,以确保社会救助有保障。政府部门对社会救助资金的保障有确保救助公平的考虑,更有确保救命行动及时、精准到位的现实要求。为规范社会救助,避免一些不法分子,利用人们的同情和怜悯之心,假冒贫困人员,以流浪乞讨为职业,2014年5月5日,浙江省发布《浙江省流浪乞讨人员救助资金使用管理办法》,在该办法中规定,对流浪乞讨人员的救助原则上不给予现金救助,而以食物、衣服、被褥等生活用品的实物救助为主。可见,生存之需是直接、也最真实的救助。

　　在西方,面包、牛奶也是最常见的给穷困者救助或施舍的物品。作为慈善机构最重要组成部分的基督教堂,定期或不定期给街头流浪汉或生活困难的人们发放食物包在美国、俄罗斯、英国等西方国家是很常见的救助形式。早在1992年,美国学者霍奇金森和魏茨曼对113个宗教慈善机构的活动参与方式统计中,发放实物占50%。② 2009年3月14日,人民网"强国社会人"发帖说,如今美国排长龙的地方是社会福利署和教堂免费发食物的两个地方。在美国一些教堂至今都保持免费向穷苦人发放食物包的传统。这就说明对于穷困救助首要的最常见的方式是给予食物。慈善救助以给予食物为救助方式,恰好从救助的实践行动上证明,社会救助第一且最现实的价值在于维持生活及生命的存续。因而,发展至今,无论东西方,社会救助最大的一块工作内容是目前归属于社会保障范畴的生存救助或称低保救助,即对无工作,生活无着

---

① 崔高维校点:《礼记》,"礼运",辽宁教育出版社2000年版,第75页。
② 刘澎:《宗教与美国慈善事业》,普世社会科学研究网,2010年3月1日,见 http://www.paci-lution.com。

的失业或无业群体给予的生存救助。

维持生活及生命的存续作为社会救助的现实价值,在伦理道德上的依据是基于生命有价,任何人的生命存在都是人类整体性本质存在的一分子。人与人之间团结互助得以共存才是好的,善的人类。在写于春秋战国时期的中国第一部反映社会现实及人伦关系及思想的《礼记》中的礼运篇中,孔子谈到了人类最理想的社会:大同社会。孔子说:"大道之行也,天下为公,选贤与能,讲信修睦。故人不独亲其亲,不独子其子,使老有所终,壮有所用,幼有所长,鳏寡孤独废疾者皆有所养。男有分,女有归。货恶其弃于地也,不必藏于己;力恶其不出于身也,不必为己。是故,谋闭而不兴,盗窃乱贼而不作,故外户而不闭,是谓大同。"①在讲述完大同社会的理想之境的同时,孔子反省今日社会:"今大道既隐,天下为家,各亲其亲,各子其子,货力为己。故谋用是作,用兵由此起。"②孔子所感慨的大同,虽然其具体所指是夏、商、周时代的原始的共做共享的社会状态,但是大同从伦理价值的指向上是指人类这一以类整体方式而存在的群体,最理想的生存和延续的状态是:共做、共荣、共享,而又各得共所,各有所归。共同是前提,各得其所是归属。孔子在感慨中论述完大同的人类理想,感叹当下人各为自己谋而导致的社会不公,时代不平之后,又提到了小康社会。虽然这样的社会不如大同社会的理想,但是讲礼,通过礼"以著其义,以考其信,著有过,刑仁讲让,示民有常。如有不由此者,在执著者去,众以为殃,是谓小康"。③ 在孔子的论述中可见,现实的小康理想是以伦理道德等规约引导及治理的必然,使人们在"礼"的伦理道德规约下各得其所,又有所共同。在西方,苏格拉底和柏拉图也有理想国的交流和讨论。他们从正义与利益的讨论开始,虽然人人都有自己的利益,但是为人也是为己,社会共同是必然的。某日,克法洛斯与苏格拉底在交流,克法洛斯大意是说,现在的人们总是怀念年轻的日子,人因为上了年纪会遭遇亲友的冷落,老年是苦痛的源泉。其实老年的苦痛并不是年龄的问题,而是心态,如果一个人心平气

---

① 崔高维校点:《礼记》"礼运",辽宁教育出版社2000年版,第75页。
② 崔高维校点:《礼记》"礼运",辽宁教育出版社2000年版,第75页。
③ 崔高维校点:《礼记》"礼运",辽宁教育出版社2000年版,第75页。

和、宁静寡欲,即使年老也不会有这样大的痛苦,相反,年轻人虽然年轻,但是如果做不到大大方方,心平气和,照样会有许多的烦恼。克法洛斯的话引起了苏格拉底的感慨,在苏格拉底看来,克法洛斯的老年有福,所谓的心平气和、宁静寡欲并不是心态、性格使然,而是因为克法洛斯家财万贯。苏格拉底认为,大凡是亲手挣钱的人,有一文会想两文,他们爱钱财,不只是因为钱财有用,而且钱财是他们自己的产品。每个人因了生存都有自我的私心,这样的人是讨厌的,可却是事实存在的。而家财万贯的好处,在于不必为生存问题存心去害人或去骗人。这样家财万贯的人,在人生暮年,就不必为亏欠他人而心惊胆战。由此,苏格拉底与克法洛斯紧接着谈及正义。什么是正义呢?克法洛斯认为正义是每个人都可以得到适如其分的报答,正义的人会把善给予友人,把恶给予敌人。苏格拉底认为正义是一种合约的伙伴的关系。而作为人之所以需要正义,那是因为每个人都需要外界,离不开他人和社会。如同砌砖盖瓦少不了瓦匠,奏乐少不了琴师,船舶买卖离不开船匠和舵手,即使是修剪个花枝,也少不了刀工和花匠……正是由于事物统统是这样的,所以正义才有用,因而正义也是利益。苏格拉底认为虽然每一种技术都有其特殊的利益,但是只有技术为所有同类人所共同享受时才能真正得益。正义是善,真正的正义归于美德和智慧的范畴。① 正是由于人与人的相互性,所以人与人有共同、共和的需要,美德和智慧在于超越自己的一己之私,为老百姓谋利益。因为《理想国》以对人类整体及共同的生存或利益的讨论为前提或依据,所以,有人也把《理想国》也译为《共和国》。亚里士多德在讨论人与人关系时,说得最多的也是共享、互助、友爱这些基于善的目的的思想及行为。亚里士多德认为人与动物的不同在于人有理性。正是因为人有理性,所以人与人之间不像动物为争夺食物残酷厮杀。人和人,尤其是关系相关、情感有加、彼此友爱的人们之间,在行动上都能为或与对方做些有意义的事情,在对方有困难时,能给予及时的帮助,即作为群体性存在的人与人的关系是互相帮助的。在亚里士多德的思想中,这种生活中的共享、互助的友爱行动是人们在现实生活中的爱或个别的

---

① 参见[古希腊]柏拉图:《理想国》,郭斌和、张竹明译,商务印书馆2002年版,第1—29页。

善的体验和积累。正是这些具体的特殊的个别的"善"的行动或经验的累加形成了一般的"善"。由于人与人之间的互相帮助,充满了"善"的体验的共享、互助、友爱取代了动物本能的为着争夺食物等个体生存物质而残酷厮杀的人的原始本性。正是这种自古以来共同体的理念,使社会救助成为自有人类以来不可或缺的必然的行动。当面对困难处境的同类时,一是自然的本能的同情心和怜悯心会让人们自然地伸出援手。二是人们所追求的共同、共和的理想社会之境,会让人们在国家的政治及组织的管理中对特殊的弱势群体给予关照。而通过解决这些特殊群体的基本生活及生命的延续而彰显人类整体性本质存在显然是最现实的,即有当下价值的人伦行动。

救助是伴随人类存在而存在的实践伦理行动。在有人类历史记载的史料中,我们也可以直观地感受到救助最直接、最现实的价值就在于解决穷困者基本的生存及发展问题。史前人类,自然灾害甚于猛兽,当人类的生存遭遇毁灭性的打击时,神总会及时出现,以同情、怜悯,以超越自然的力量,给予人类必要且及时的救助,确保生活、生命的存续。在人类救助史中,救助就是给予,给予穷困者以生存必需品的援助,帮助受困者延续生命是最普遍的记述。源于人自发的同情心和怜悯心的慈善救助是最具直觉主义的,且往往以人本思想在实际社会生活中得到运用或体现。可以说,关心弱者,扶危济困是基于人类的类整体而产生的最广泛、最具普世性的伦理道德情怀及准则,就在于救助首先解决的是生活,维持的是生命的存续。社会救助的解决或维持人们生活与生命存续的现实价值,在今天是得到普遍认可、认同的。此外,人们对弱势群体生活的维持及生命的维护认识与实践行动,发展至今,已从早年基于同情、怜悯的慈善正义逐渐发展为基于公民基本权力(权利)的社会保障制度的建立。早在 2000 年,中国人民大学经济学院教授方福前在谈福利经济学前沿问题时,开篇就说道,目前,世界上有将近 150 个国家建立了社会保障制度,失业保险、医疗健康保险、意外伤残保险、公共养老金、免费教育、贫困家庭和特殊人群的补贴、食品和住房计划等福利措施统统纳入社会保障范畴。①

---

① 参见方福前:《福利经济学前沿问题》,《光明日报》2000 年 4 月 20 日。

以人类利益和价值为中心,肯定人的基本尊严和价值,强调对社会全体成员的人性关怀,主张对社会中的弱势群体给予更多的关心和帮助的人道主义不只是道德规范和伦理原则,更是主张以全人类的解放为己任的理想社会制度的意识形态内容之一。

马克思主义学说就肇启于最初的对贫苦农民、贫困工人生存状况的关注。青年马克思对贫苦大众的生存状况本着深切关怀和同情之心。如发生在1842年的马克思早年的为林木盗窃案辩护的事。当时,德国社会中向资产阶级转变的地主等有产者,正处于资本主义原始积累时期,他们对土地、森林等原属于包括农民在内的大众的公共所有的资源大肆侵占。农民为维护自身权益继续进入森林生产劳动,进行了反占领、反剥夺的斗争。然而,农民在森林里的继续狩猎、采伐的生产活动,侵害了早期资本原始积累的有产者的利益而被判决有罪,就产生了当时的林木盗窃案。年轻的马克思关注这一事件,在调查的基础上,写出了《第六届莱茵省议会的辩论》的第一篇文章,发表于1842年5月5日的《莱茵报》上。文章认为,农民传统的生产、生活权利是不容侵犯的,他们有依于传统的生存权利。这是青年马克思为贫苦农民的生活、生存问题给予的法律和社会舆论的救助。同样在1842年的《莱茵报》上,记者科布伦茨发表了一篇通讯文章。文章记述了摩塞尔河沿岸的贫困问题,对政府漠视民众困难给予批评。科布伦茨的通讯报道被视为对政府的攻击被禁止。马克思为支持科布伦茨,他作为《莱茵报》的主编,亲自到摩塞尔河沿岸进行实地调查,收集资料并于1843年1月连续发表题为《摩塞尔记者的辩护》的若干关于摩塞尔河沿岸的贫困问题的辩护文章。马克思基于捍卫贫苦穷困的广大农民权益的立场,对政府官僚的残酷剥夺农民的事实进行揭示和批判。这又是一次生存问题的救助。正是对阶级分化、贫苦问题的关注,此后,马克思从商品、从生产关系的视角研究资本的原始积累和劳动的异化等问题,揭示了贫困产生的阶级根源,指明无产阶级暴力革命及无产阶级专政为全人类最终解放之路。这可视为马克思对全世界所有无产者的救助。

马克思确定无产者的彻底革命并取得完全胜利之路是全人类的解放之

路,从逻辑上就是最无产的,处于社会最底层的劳动群众都能当家做主,都生活无忧,那么社会就无所谓剥削和压榨,必然人人幸福。马克思主张从根本上消灭剥削,不只是对劳苦大众这些弱势群体的关注和同情,不只是对社会底层民众的人文关怀,而是基于人类的整体性共存的前提下,每个人、每个生命都是平等的都应当有主人翁存在权利的大众解放的社会人伦价值观。由此,关心弱者、扶危济困自然是马克思主义政党的传统。如果连最困难的群体的最基本的生活、生存都不能得到关心和救助,就谈不上为广大人民排忧解难。以民为本、以人为本的政治观就必然流于形式和空谈。以民为本、以人为本的执政理念也就无从实现。有着大同理想的中国,秉承马克思主义理想走向了社会主义。从毛泽东主席,历经年华,到今天的第六代领导集体核心的习近平主席,他们始终把全心全意为人民服务作为党的宗旨,人民利益高于一切,时刻把人民群众的安危冷暖放在心上。他们秉承情为民所系,利为民所谋,权为民所用,为民办实事,切实解决人民生产、生活中的困难的民本思想把民生作为最大的责任。正是这一定位,我们可以感觉到新中国成立至今,对弱势群体的救助,解决占人口少数的部分弱势群体的生活问题,始终是最基础的为广大人民谋利益的实际惠民行动。如 2003 年,在全国很有影响的广西五保村建设工程,虽然最初是解决特殊的因房屋年久失修,风霜雨雪天气无法居住的农村孤寡老人的生活住所问题的应急之举,但是最后演变为政府出资,集中安置解决全体农村孤寡老人的生活的民心工程。从 1993 年开始,上海首创低保救助至今,我国低保已建立健全为完整的体系。在具体的社会救助的实践中,解决生活、生存问题是第一位的,也是最现实的。虽然社会救助最现实的功能是解决生存、生活的基本问题,但是,以人为本,强化人本的救助理念已深深植入政府执政理念之中,救助弱者,精准扶贫更是成为政府工作的自觉。目前,解决所有贫困人口的基本生活或生存问题已经不是口号,而是具体地纳入各级政府的具体工作。

总之,社会救助的伦理价值首先在于对生命存在的重视,以解决穷困者生存及发展困境的第一要义在于维持生活,维系生命存在。

第二节　管理价值:社会公平与正义

从社会救助发生的最初形态看,救助只是出于人与生俱来的慈悲之心,善良意志。对穷困者施以援手,是因为人都是有感情的,正是"慈善"这一主要的情感使人们面对同类的穷困潦倒不会视而不见,而是很自然地由人及己。特别是在人类早期,尤其是遭遇不可抗的自然灾害侵袭,对遭受困顿的人们伸出援手是人的本能、本性。当然在这一问题上,也有一种说法是人们对穷困者的救助无所谓善恶,只是一种完全的本能。其实本能是有善恶之分的,只是人们是否自觉意识到而已,因而,哪怕是潜意识地给予困顿者援助都是出于施助者的慈悲之心,善良意志。这也是我们所说的人之所以为人,人与动物的分别,在于人的慈悲与善良。概而言之,人们普遍认为救助的出发点是人的善良意志,是人类的情感在人际交往中,对弱势、穷困者感同身受的由人及己的情感,并由这一情感迁移,而选择的无偿给予穷困者帮助的实际行动。尤其在小国寡民的农耕时代,救助主要是救急,给予穷困者一些临时的生活物资是最常见的方式。由于这样的救助时效短暂、临时性强,因而,在救助现象表征上的人性等若干功能中,以慈善、同情、怜悯之心最为突出。人们通常不会考虑,也不会重视救助合理应当与否,正义公平与否。人们行动的主要触动点在于施助者个人的心理感受和情感体验,即通常所说的我的心情和感觉。只要施助者本身觉得可行、乐意,出于个人意愿那就是好的。所以,从个人的行为角度审视,社会救助最直接、最现实的价值在于解决穷困者的生存,维护生命存在,确保生命延续的价值,是不图回报的援助和给予。

然而,当社会生产方式由自给自足的农耕时代进入工业时代后,人们遇到的贫困问题不再像农耕时代那样单纯。人的贫困主要不是因为不可抗的自然灾害,也不是人们个人的劳动意志薄弱,而是不可预测的时而扩大、时而缩小的社会化大生产。当生产扩张时,离开并失去土地,依靠生产流水线某个环节工作挣得生活费以谋得生存的人们,他们所面对失业带来的生活无着,同样如自然灾害不可抗,同样是个人力量无法解决的。同时,由失业而产生的贫困问题如同历史上其他原因产生的贫困一样,会影响社会的稳定。这一时期,因失业而产生的贫困问题相比于历史上其他原因产生的贫困问题更具有社会属性。其阶级、阶层的财富差别在人们的认识中不再简单地归咎于劳动的意愿,先天的禀赋和技能,人们更从社会阶级的差别思考问题,并把这些问题看作社会的不公,尤其是社会地位的不平等而导致的收入分配的不平等。由此,许多有识之士为贫困者呼吁,从社会不公的角度分析研究贫困问题。如,《乌托邦》的作者,空想社会主义者托马斯·莫尔,在担任大法官期间,他自己在给予遭遇生活贫苦的百姓帮助的同时,还向当时的国王呼吁,在政府的层面给予贫困者补助。从社会救助制度建立健全的过程也能说明救助的社会性发展过程。在 1572 年以前,英国的社会救济,①以"慈善之心"为社会舆论及力量之源,主要救济物质及救济基金来源于教会和民众的慈善捐助,而 1572 年以后,贫困是社会的不公所导致的,贫困不应当由个人承担的认识及观念慢慢得到越来越多的人的认可。这就说明,在机器化大生产之后,人们对贫困产生的根源不再简单地局限于不可抗的自然力,而是从社会生产、生活的群体性、整体性来分析贫困。以生产关系的分析视角,人们认为贫困是由社会生产方式所带来的社会阶级、阶层分化的后果。这一后果不只是贫困者生存的问题,还会殃及统治者利益,因为这样的贫困会引发为生存而起的对统治者的颠覆性斗争。由此,救助不只是基于"慈善之心"的行为,还应当是作为政府及国民的"责任"与"权利"问题。即贫困有贫困者自身的原因或责任,而更多的是社会的原因或责任;获得社会救助不只是接受他人的施舍,而是作为社会一员的基本权利。此时,"慈善之心"这一救助的自然本性,衍生为具有社会连带关系的社会利益与个人利益的平衡器,表现为以"责任和权利"面目出现的可协调阶级、阶层矛盾,协调社会公平正义性的工具性的公共选择行动。

　　救助作为一项公共的选择性行动,尤其是当救助越来越成为调节社会阶

---

① 考虑到救助与救济的差别,1572 年以前英国的社会救助,更准确地应称之为救济,即自发的临时性的援助、接济。

级、阶层关系的手段时,随着社会救助受众面的扩大,影响力也扩大,临时的救济演变为真正意义的社会救助,社会救助的行动和结果就不再是解决简单生存或生活问题的方式,而成为影响和平衡社会整体公平正义秩序的重要因素。社会救助就超越其最初的简易情感,而具有维护人类整体生存秩序的社会管理功能。当社会救助成为社会管理内容的一种手段时,就需要承担公共选择的责任。社会救助的合理应当、公平正义的问题也就自然成为与之相伴的价值性评判及追求了。社会救助在社会管理层面上就具有了维护社会公平正义的价值。当然,也要说明一点,社会救助的社会管理功能很多,在此,主要是从管理的伦理道德功能的定位来讨论社会救助的管理功能,因此主要把社会管理价值归结为维护社会公平和正义。鉴于社会救助具有维护社会公平正义的价值,那么,救助合理应当,就起到维护社会公平正义,稳定社会秩序的作用;反之,就会损害社会公平正义,严重的还可能造成社会混乱。这一点,可以从社会救助承担社会财富分配的角色给予论证。

在现实生活中,社会管理的功能性手段之一是分配制度。社会救助也是一项以社会分配方式而存在的管理角色。人们取得物质生存资料的最直接的方式是一次(初次)分配。一次分配是社会人凭借自己所拥有的劳动力、土地、资本、技术等,人们从事生产必需的,不可或缺的生产要素而直接获取物质生存资料或与物质生存资料直接对应的现金收入。一次分配的高低主要取决于生产效率,决定于人们在生产效率及物质财富创造中持有的生产要素的贡献率。由于人们天生的能力、素质的差异,更由于人们拥有的土地、资本等生产要素的差别,外加上在社会化生产中的机会或机遇等不可控因素的影响,一次分配必然会产生较大的收入差距。良性社会管理的分配制度,除了考虑并受制于生产效率外,还要兼顾社会分配中的公平和正义的问题,因为公平正义的社会分配是社会稳定和谐的基础。基于秩序稳定,社会和谐的目标设定,仅有一次分配显然效用不足。为确保社会分配的公平,维护社会正义,就需要有多次分配对一次分配进行弥补及调节。这就产生了二次、三次甚至更多次分配等。对于什么是二次、三次分配有不同的定义。通常,二次分配是国家政府凭借国家管理条例、法律等政府权威,通过征收税收、管理费、转移支付等方式,强行进行的社会物质财富或货币资本的转移与流动,以达到调节不同群体人们的收入水平的分配。以国家政府财政方式支出的社会福利、社会救助、社会保障归属于二次分配的范畴。三次分配除国家财政直接转移支付外,通过社会号召、舆论导向引发的个人的、某些非政府组织或团体的自愿性质的财富转移。如个人的、非政府组织的慈善捐助就属于三次分配。归属于二次、三次即再分配层次的社会救助,无偿给予生活困顿者物质生存资料或生活资金,在维护社会稳定的同时,也维护社会公平正义。

最早建立社会救助制度的英国,在传统的贫苦救济和社会救济中建立健全了社会救助制度。英国建立社会救助制度的直接原因就是由于当时社会生产时而扩大、时而缩小的不稳定性,产生失业工人,而失业工人因除自身劳动力之外,一无所有。失去了工作的工人,由于生活、生存无着而产生的愤懑情绪不自觉地发泄于机器,出现了捣毁机器的工人骚乱。此外,出于生存的需要,失业者不得已的偷盗、抢掠等行为,提升了社会犯罪率。人们意识到,以失业者为代表的人们对社会的抱怨及穷困者自身无法解决及承受的贫困、疾病等生存困顿,已成为社会不稳定的重要因素。此外,当时的英国,由于贫困人数的增加,以教会、社会慈善组织的路径解决贫困人口生活及生存的方式在社会发展的过程中日渐衰落,非政府组织平衡社会矛盾的功能无法完成。为维护社会稳定,避免因日益增多的贫困人口危及社会安全,1601 年伊丽莎白一世颁布了《济贫法》。① 由于这一法案是第一个以国家意志颁布的法案,由此,开启了政府有责任且应当对社会贫困人口进行救济的序幕。法案要求对于无力解决自身生活的老弱病残者应当提供必要的生活物资。对于缺乏技能而失业的有劳动能力的人口,政府要强制进行技能培训,并尽量给予工作的安置。为确保政府救济责任的履行,使救济落实到位,还设置济贫区,每个济贫区设有专门的济贫官员,由专人负责对贫困人口发放救济物资、安排失业培训等具体工作。法案还把济贫视为社会公众的责任,设置济贫税,救济与纳税结合,由济贫官员对辖区内有产者征收济贫税。1601 年伊丽莎白一世颁布的这项

① 丁建定、杨凤娟:《英国社会保障制度的发展》,中国劳动社会保障出版社 2004 年版,第 5 页。

《济贫法》,虽然初衷在于维护有产者利益,以调节社会阶级矛盾的方式,给予穷困者的救济,但是,在现实的社会实践的结果上,强调了贫困产生的社会责任,肯定了人们在生存权上的平等性。贫困救济不再是基于同情、慈善的救济,获得救助是人们维持生存的基本权利。获得具体救助的人们,虽然只是人群中的某些特殊的群体,但是享有救助的权利是全民的。救助不再是暂时的、临时的救济,而是普惠大众的社会保障的制度性救助。

1795 年,在原有济贫法的基础上,经过修订,英国又颁布了斯皮纳姆兰法案,开始实施斯皮纳姆兰制。通常认为斯皮纳姆兰制还有农业经济的平均主义思想,但是,在社会救济的具体措施中,斯皮纳姆兰制以明确日常基本生活的方式,进一步强化了社会救助中的公民基本生活权益的概念。斯皮纳姆兰制明确规定:

当一加仑(重八磅十一盎司)用二等面粉做成的面包值一先令的时候,凡能劳动的贫民每星期应有三先令来供其自己的需要,不管他是以自己的劳动或其家属的劳动得来这笔钱,还是他从教区方面领到津贴。另外,为了养活妻子和家庭的成员,每人还应有一先令六便士。当一加仑面包值一先令六便士的时候,他自己每星期应有四先令,他的家属每人应有一先令十便士。以后就按此比例继续下去,每当面包价格涨一便士时,对他自己就增加三便士,对他各个家庭成员就增加一便士。①

斯皮纳姆兰制以精确的维持生命的食品价格及维持基本生活的必要开支的计算方式,一方面给出了具体的救助水平的准确计算值;另一方面更强调了生活贫困者及其家庭成员为维持生存而申请或获得救助是一项基本权利,从而更进一步把贫困救济从基于同情的慈善性救济,转变为本质上的公民维护生存的权利(权益)。在这个意义上,可以说斯皮纳姆兰制开启了社会福利事业的最原始样板。由此,已成为政府当然责任的社会救助,不仅是维护社会秩序稳定、确保弱势群体的基本生存权利的制度,而且还是体现并涉及社会公平

---

① 《斯皮纳姆兰法案》,参见百科词条,引用日期 2016 年 4 月 6 日,见 http://baike.so.com/doc/508990-538875.html。

正义的分配调节工具。社会救助制度发展至今，虽然在世界各国具体的模式或方式不一，但是力求通过完善社会救助的制度，缓解、化解矛盾，尽可能体现社会的公平正义，增进民众社会生活保障指数的价值导向是一致的。

当社会救助具有社会管理的功能，尤其是涉及权利保障时，其公平正义的价值更是突出了。在社会救助的具体实践中，人们不只是关注救助的行为，而且还更关注救助的起因、过程和结果，即从救助的起因、过程到结果关注并审视社会救助是否合理应当，是否公平正义。2011 年 3 月 11 日，日本东部发生 9 级大地震，相望邻里，中国及时给予日本捐赠。2013 年 4 月 20 日，中国四川雅安发生 7.0 级地震，地震发生 30 分钟后立刻启动了对雅安灾区的紧急救援行动，2011 年经历了地震灾难的日本也积极及时地给予中国捐赠。这很正常，互相帮助，公平正义。一般而言，患难与共，守望相助是很自然的。按通常的道理，日本都为中国捐赠，面对困难，作为同类，更作为同胞的中国人，对受苦受难的民众以及时帮助更是应当，而且更是自然的事。把这份源自感同身受的发于"慈善"的暖暖情意送到同胞是人之常情，根本不需要太多顾虑。然而，在香港，当社会上发起为四川雅安地震募集救灾资金时，曾经为日本地震捐助的香港人，以"内地善款缺乏监督，担心被贪污"为由，部分港民拒绝向雅安灾区捐款。① 这一救助拒绝，从表面上看是管理的问题，善款缺乏监督，但实质上反映出人们对救助的"合理应当"、"公平正义"的重视甚于"慈善"应当的考量。救助在当下，不只是对遇到困难者给予及时脱困的帮助，不只是与生俱来的同情、怜悯、慈悲，人们越来越多地关注救助的合理应当、公平正义问题。在救助实践中，我们常遇到的问题有：这个善款是不是应当由政府全部负责呢？这个善款是不是应当由民众捐呢？如果是民众捐助，善款是不是都能到达人们意向的捐助对象呢？如果善款募集很多，多余的又应该如何处理呢？如果这些多余的善款送不到受困者手中，不用于最初发动捐助时公告的救助者，是否违背了捐助人捐助意向呢？类似问题若干。这些"合理应当"、"公平

---

① 妆点网：《部分香港人抵制赈灾捐款 理由：怕捐款被贪污》，2013 年 5 月 2 日，见 http://sztv.cutv.com/news/china/201305/0286268802.shtml。

正义"的价值性思维的向度反过来影响对救助本源的定位。当救助的"合理应当"、"公平正义"无法确定时,同情、慈悲、怜悯就没有意义,人们担心"慈善"被利用、被滥用会损害社会公平正义。香港人给邻里日本灾害救助,可是本为同胞的四川雅安灾害救助却犹豫不决,甚至有些人提出拒绝捐助,其实最让人无法承受的是有个别组织和个人利用灾害捐助占有物资和资金,而损害社会公平正义。类似这样的事件,在日常生活中也不是个例。如我们在街头看到的职业乞讨,由于乞讨的职业性,大多数人路过、走过这些职业乞讨时,往往是视而不见,哪怕是乞讨者把手伸到面前,也一并拒绝。也正是由于职业乞丐现象的存在,使人们对救助存在的本源依据——"慈善"被否定,使救助存在的必然性的支柱夭折。救助的应当与否,捐助款项如何使用等问题影响到人们对受难及穷困者的救助意愿,实质上是如今的人们已经从社会公平正义的管理价值来衡量行动的后果的必然。救助发展至今,已不是只要出于人本性的同情、怜悯、慈悲就行,不管善款善资如何使用,作为捐助人本身;只要对得起自己的良心就好,只要出于慈悲之心就行,其他不必操心。救助还有社会管理的价值和意义,救助不只是对受众的慈善行动,救助还要考虑全体民众的公平正义的价值诉求。救助的合理应当、公平正义成为影响和制约社会救助的重要的价值评判标准之一,因为不能借救助名义损害社会公平正义,对弱势群体的援助更应当用于增进社会公平正义。

当然,最理想的社会救助应当是使人类的美好情感和理性相吻合,即"慈善"的情感本源性和社会"公平正义"价值理性的两者统一。由于社会发展的整体性越来越强,社会管理的要求越来越高,人们也越来越从社会管理的角度认识和使用社会救助。救助是什么? 救助应该是什么? 救助不只是拿出钱财,施予困顿者,救助还有协调社会管理中公平正义,调节社会财富分配的功能及价值。人们基于善良、仁爱之心拿出的救助物资应当在整个救助的过程中贯彻公平正义的价值原则。香港捐款的问题,他们认为善良之心不能被利用,因而在四川雅安发生 7.0 级地震时,以"内地善款缺乏监督,担心被贪污"为由,部分港民拒绝捐款。虽然如此,但是雅安发生 7.0 级地震过程中,有些志愿者,自己亲赴灾区,直接把捐赠送至灾民。如体育明星林丹、谢杏芳直接赴灾区捐赠 220 万元。① 在确保捐款专用之后,香港部分民众在有影响力的公众人物引领下,最后还是积极努力募捐给予四川雅安灾区救助。接着,2013年 4 月 22 日,各媒体报道,香港政府向灾区拨款 1 亿港币救灾。为解决港人的担忧,香港政务司司长林郑月娥发言并通过媒体报导,保证严格监管善款用途。香港政府通过恰当的方法解决捐助过程中可能出现的违背捐赠意志的问题。紧接着,虽然质疑的声音还在,但捐赠救助活动很快发展起来,而同时,善款、善资的使用的公开机制也随之跟上。在社会救助的发展中,随着救助的社会管理价值中的"公平正义"观的凸显及在社会管理中的影响加大,要处理好社会救助的关系不是问题,不只是质疑救助的应当与否,更关键的是把救助的条件具体化,避免过于概括的原则性语言,以影响当事人对公平正义救助的客观判断和适度、合理的期待。

在全面建成小康社会的背景下,为实现社会财富为全体国民所共享,加强社会救助,中国政府把对弱势群体的救助更自觉地纳入公共产品供给的范畴,社会救助的力度、幅度比以往更大,以体现执政党及当下政府以"天下为公,为民造福"的使命感。公平正义也成为当前出现频率最高的用词,建立"权利公平、机会公平、规则公平为主要内容的社会公平保障体系"是党的十八大提出的一个奋斗目标。② 党的十八届三中全会也强调人民福祉是工作的出发点和落脚点,深化改革的价值导向依然是社会公平正义,公共服务要均等化。③作为对弱势群体或灾害受困人群的社会救助,是保障和改善民生的保底工程,把公平正义的价值理念放在突出的位置。这一本出自"慈善"的公益事业作为和谐社会建构的一个砝码,不再只是善良愿望,而是增进社会公平,促进社会和谐的助推器。在人们觉悟和自我意识日益凸显的当下,应当加强慈善救助事业的管理和创新,增强管理的透明度,在善款善资的募集过程中,不只强

---

① 许蓓:《林丹谢杏芳前往灾区帮助救灾 捐款 220 万元》,《广州日报》2013 年 4 月 23 日。

② 胡锦涛:《坚定不移沿着中国特色社会主义道路前进 为全面建成小康社会而奋斗——在中国共产党第十八次全国代表大会上的报告》(2012 年 11 月 8 日),《党建研究》2012 年第 12 期。

③ 中国共产党第十八届中央委员会:《中国共产党十八届三中全会公报》(2013 年 11 月 12 日),《中国合作经济》2013 年第 11 期。

调捐赠的"慈善"本源性,还要突出善款、善资管理运作的流程,化解民众对善款、善资使用的担忧和质疑,即彰显救助的合理应当、公平正义的社会管理的价值导向。

社会救助的"慈善"本源仍然是其存在的根本,而合理应当、公平正义等问题是操作性的,工具及价值导向性的,可以通过妥善的方法解决的问题。若要使救助事业得以持续并有效发展,使救助获得广大民众的支持,必然要把本源性与工具及价值性问题有机结合起来,即本源是出于"慈善",施行的方法上又要凸显"合理、应当、公平、正义"的价值诉求。行动方案的设定、具体的操作流程,救助产生的成效及时公示,使"慈善"的本源意义得以真实实现,那么救助就可以得到支持。操作性的,工具及价值导向性的合理应然,那么社会救助的公平正义的问题不仅不是问题,还能使社会管理更具公平正义性。

第三节　道德价值:美德培育与弘扬

社会救助是很典型的实践伦理,它集思想观念和实际行动于一体。社会救助既能从理论上反映人性,也能使人性在行动及结果上得以落实或被证实。人们出于同情、怜悯、慈善、关怀扶助弱者,人们出于公平正义反思救助,既从慈善的人伦关系上把握人性,又在社会人伦的关系上思考人性。这样的个人情感本性与社会理性存在相结合的实践性伦理行动有益于社会道德情操的提升与完善。

第一,守望相助,扶危济困的人伦美德。

作为以社会群体的方式繁衍生息的人,对同类的关注、同情是与生俱来的。由于个体力量的绵薄有限,出于生存和发展需要,人必定要使自身融入社会,从而个人利益与社会、群体利益紧密相连。群体为个体的发展提供更强大的生存发展空间,并提供集体对个人的保障机制,个体在群体中生存发展时,既要使自己的行为活动有益于自身,又要有益于他人和社会。正是人类长期生存发展的人与人、人与集体、人与社会的彼此依赖的人伦秩序,使彼此照应、守望相助、扶危济困成为人类普遍认可的人伦美德。

早在古希腊,德谟克利特从人都是平等的前提出发,提出同情的概念。在人与人的关系上,他强调相互关心、相互同情、相互帮助,强调扶危济困,他认为这是人获得快乐,社会能够和谐发展的条件。中世纪,强调"博爱"精神的基督文化更是充满了同情、怜悯和仁爱的色彩。基督教教义设定的第一前提是,每个人都是上帝的子民,人与人是平等的,都是兄弟姐妹的关系,由此,基督教教义主张每个人都要爱自己,更要爱他人,对于那些身处困境的人们要及时地给予援助,爱人即为基督最本真。到近代,尽管出现了对传统价值观的反叛,强调个人利益,主张个性张扬,然而,个人利益与公共利益的和谐仍然是讨论的主题之一,从"个人本位"出发,最终仍要导出"全体福利"的思想。如培根,他强调人的"自爱"本性,但是他也认为人性中有一种隐秘而先天的爱他人的倾向,即同情心和仁爱心,所以人在自爱的同时又必然关心他人的福利。① 到了现代,随着伦理与政治的融合,人们又从"人权"、"社会正义"的视角讨论弱势群体的救助问题,如罗尔斯主张通过制度的安排实现最少受惠者的最大利益。② 在罗尔斯看来,世界上最弱势的群体都实现其最大的利益才是正义。然而,这样的制度保障只是程序,要有现实的惠及所有人,尤其是弱势群体的正义,除了必需的分配,还离不开守望相助、扶危济困的人伦美德,因为对于一个连生活、生存都无法确保的人是不可能有真正意义的分配公平、秩序正义的。守望相助、扶危济困在人类的生存及发展中是不可或缺的、基本的条件反射。

以家为本位、家国同构的中国,守望相助、扶危济困更是有着悠久历史的传统美德。西周就有"孝"的宗法思想和"敬德保民"的政治思想。西周强调亲亲、尊尊,把"孝"作为一种基本的道德观念和行为规范,强调儿子要服从、尊敬、奉养父亲。孝从人伦来说是长幼有序,强调对长辈的尊重和爱戴,但从生存法则的角度,是基于人伦秩序的对因年龄而处于社会弱势的老年群体的

① 许苏民:《人文精神论》,湖北人民出版社 2000 年版,第 222 页。
② 约翰·罗尔斯:《正义论》,何怀宏译,中国社会科学出版社 1988 年版,第 21 页。

社会制度上的援助。在政治上,主张实行德政,认为治民的关键在"惠民",对人民要宽容、仁爱,特别是对那些无依无靠、孤苦伶仃的鳏民,更要爱护有加,施以恩惠,"怀保小民,惠鲜鳏寡"。① 西周的"孝"的宗法观念和"敬德保民"的政治思想演变为春秋的"爱人"、"忠恕"的"仁爱"原则。"亲亲,仁也",②"仁之实,事亲是也"。③ 仁即"爱人",④这里所讲的爱人,不仅仅是爱亲人,而且包括血亲以外的其他社会成员,是"爱众",在政治上就要"养民也惠",⑤"因民之所利而利之",⑥"博施于民而能济众"。⑦ 墨子还提出"兼爱"思想,视人如己,"爱人若爱其身"。⑧ 对待自己的友人"饥则食之,寒则衣之,疾病侍养之,死丧埋葬之"。⑨ 对待民众也要如此。孟子也说"亲亲,仁也;敬长,义也",⑩"老吾老以及人之老"。⑪ 可见,在中国传统文化中,以家庭为基本单位的人伦关系特别强调子女对父辈的孝顺、体贴、尊重,特别强调赡养的责任和义务。在人与人的相处中,强调互相尊重,互相关心,互相帮助。由于家国同构的社会特征,国是家的扩大、延伸,因而守望相助、扶危济困就成了处理人际关系的基本准则。

无论东西方,人与人之间的温暖离不开同为邻里、同为人类的类群体的存在。亲属邻里遇到困难的彼此相助是人类共同的传统。最早建立健全社会救助体系的英国,规定年满16岁以上的公民,如果缺乏工作,生活无着,就可以申请社会救助。社会救助的内容涉及很广,除了吃饭穿衣的基本生存所需外,还有疾病、生活必需品的购买都可以申请救济金。救助的方式可以是临时的,

① 《四部精华》(史部经部)中的《尚书·无逸》,北京古籍出版社1988年版,第21页。
② 杨伯峻、杨逢彬注释:《孟子》,"孟子·尽心"(上),岳麓书社2000年版,第230页。
③ 杨伯峻、杨逢彬注释:《孟子》,"孟子·离娄"(上),岳麓书社2000年版,第133页。
④ 杨伯峻、杨逢彬注释:《孟子》,"论语·颜渊",岳麓书社2000年版,第114页。
⑤ 杨伯峻、杨逢彬注释:《孟子》,"论语·公冶长",岳麓书社2000年版,第41页。
⑥ 杨伯峻、杨逢彬注释:《孟子》,"论语·尧曰",岳麓书社2000年版,第192页。
⑦ 杨伯峻、杨逢彬注释:《孟子》,"论语·雍也",岳麓书社2000年版,第56页。
⑧ (清)孙诒让注释:《墨子间诂》,"墨·兼爱",上海书店1986年版,第62页。
⑨ (清)孙诒让注释:《墨子间诂》,"墨·兼爱"(下),上海书店1986年版,第70页。
⑩ 杨伯峻、杨逢彬注释:《孟子》,"孟子·尽心"(上),岳麓书社2000年版,第230页。
⑪ 杨伯峻、杨逢彬注释:《孟子》,"孟子·梁惠王"(上),岳麓书社2000年版,第13页。

也可以是长期、固定的。对于 80 岁以上的高龄老人来说,更应该获得长期的固定的生活救助。① 养老的扶助机制是各国普遍存在的扶危济困的保障性机制。以家国同构为特点的中国,守望相助、扶危济困不只是传统,还是社会主义制度的道德理想。中国历来对鳏寡孤独疾废这些弱势群体给予救助。社会主义社会不只是救而助之,而且对这些弱势群体在吃、穿、住、医、葬等方面给予生活照顾和物质帮助,力求让他们真正地享有"居有其屋,食有其源,乐有其所"。曾经在全国引起很大反响的广西五保村建设是最具典型的实践案例。

2001 年,地处南岭之地的广西,因大雨不断,一些年久失修的危房倒塌,其中农村中最弱势、生活最困顿的五保户的房子大多在连续的异常的大雨中无法幸存。本就是无劳动能力、无固定收入、无法定抚养人的"三无"人员的五保户们,凭借自身的力量根本无法解决基本生活问题。五保户们只能依靠同村亲友邻里的帮助。亲属邻里在对遭遇困境五保户的暂时生活接济中,想到依靠集体。一些村干部发动群众给这些生活困难得无法自救的五保户们修复或重建住房。由于救助资金有限,桂平市首先利用旧村委办公用房安置五保老人,开创了集中安置的先例。经济条件相对较好的钦州市,借鉴桂平市统一安置的做法,也考虑到节约资金和将来便于对这一特殊群体后续的集中救济及管理,一改以往原地重修五保户原来单家独户的倒塌房屋的做法,在村中调出一块土地,以政府出资,村民出劳力,同心协力统一建房的方式,统一安置五保老人,由此诞生了"五保第一村"——钦南区黄屋屯镇五保村。钦州市这一做法,迅速传播,尤其得到在广西区经济基础最薄弱的贺州市的认同。贺州市在短短的时间里迅速推广,不断壮大、完善这一救助模式。这些基层最初的因守望相助、扶危济困的传统而自发地对农村五保户的救济行动,引起了社会及媒体的极大关注,在广西区民政厅、广西区政府的重视、介入、推动下,最终演变为当时引起全国关注的五保户供养模式的创新行动。广西的五保村的建

① 参见陈倩:《英国社会救助对我国城市低保政策的借鉴研究》,《安徽商贸职业技术学院学报》2009 年第 3 期。

设采用的是政府+社会+个人的多元参与的建设模式。建设资金由政府民政部门拨款一点,社会募集一点,村民村干捐助一点的"几个一点"的方式解决。灵山县佛子镇大坡村全体村干每人垫资 3000 多元共约 2 万元支持五保村建设,蒋家村村支书上官强章拿出儿子多年打工积蓄了的 2 万多元支持五保村建设;① 当时的贺州市更是采取"六个一点"来解决建设的问题,即市财政以奖代拨奖励一点,县(区)财政出一点,争取自治区民政厅资助一点,挂村单位帮助一点,村民义务献地献料和投工投劳帮一点,社会募捐一点。② 贺州市钟山县凤翔镇凤凰村,28 户农家主动砍掉村边的竹林,献出 5 亩建设用地。凤翔镇舞龙村拆掉村头庙堂,迁走附近祖坟,让出一个古木参天的优美环境建设五保村。③ 贺州市桂岭镇 2004 年干部群众投工投劳总数达 800 余个工作日。④ 广西五保村的建设实质上是以政府为主导、多方参与的救助社会弱势群体的活动。依据是经调查统计,在资金的筹措上,所有的县市都是采用"几个一点"来解决问题。五保户统一居住,统一管理,使五保户这一农村中的弱势群体得到及时救助的同时,彰显了集体、团队的力量,产生更大的社会救助的联动效应。当时计生部门、共青团、妇联、学校、基层党组织纷纷与新建的五保村签订共建协议,进行定点五保村帮扶。随着越来越多的相关部门的进入,以五保户为主要对象,集医疗、娱乐、中介、维权、社会救助等于一体的农村综合服务平台逐渐形成。从 2001 年到 2003 年,短短的三年时间,基本解决了广西全区农村五保户的集中供养问题。当时五保村的入住率很高,如贺州市就达到了 100%。⑤ 早年建设高潮期,在走访接触中,我们可以感觉到很多入住五保村的老人相当激动,心怀喜悦,溢于言表。有些老人自发地贴出感恩的对联,他们祈许:晚年逢盛世,鳏寡孤独皆有养,老人永健康。在走访交流中,人们普遍认可五保村建设,大家认为在广西五保村建设中,展现了一个个一方有难、

---

① 钦州市民政局 2004 年 6 月 16 日广西五保村建设工作会议材料。
② 贺州市民政局提供。
③ 广西区民政厅 2005 年 8 月广西五保村建设理论研讨会材料。
④ 贺州市民政局提供。
⑤ 贺州市民政局提供。

八方支持的感人场面,涌现一件件不计得失、助人为乐的感人事迹,这是中华民族扶危济困精神在新时期的发扬光大和现实演绎。正是有守望相助、扶危济困,人与人之间才有温暖,才有集体的归属感。五保村建设不只是一件大好事、大实事、大善事,对于参与其中的人也是对传统美德实践的过程,他们以自己的实际行动体会到了守望相助、扶危济困的力量,对于通过媒体等各种途径了解到这一信息的民众,也感怀守望相助、扶危济困的现实存在。尤其在市场经济的当下,且分田到户,农村生产方式的个体性及分散性,集体弱化,五保村建设过程中体现出来的守望相助、扶危济困的大众积极参与的事实使人们得到一种心灵上的安慰和净化。

第二,乐善好施,利他主义的经济伦理观。

一提到经济和经济活动,人们通常会联想到人的逐利本性,利大大干,利小小干,无利不干。追求个人利益的最大化、谋求个人需要的满足,仍是经济活动、经济行为最直接的动机和目标。马克思说过,"在任何情况下,个人总是从自己出发的",[1]"人们奋斗所争取的一切,都和他们的利益有关"。[2] 追求个人利益具有一定的合理性和正当性。但是,由于社会群体生活的制约,人们的逐利活动和行为也要受道德规范的制约,满身铜臭、一味利己的人,最终都要被排斥,甚至遭唾弃,不被群体接受、容纳。人不同于动物,人也并非纯粹的经济人,作为既有理性又有情感的高级生物,人在追求经济效益的同时,也会考虑经济行为所产生的社会效益;人在创造财富的同时,也会思考财富使用的意义和价值;人在追求物质满足的同时,也会追求情感、意愿、道德等精神上的满足;人除了有满足自身生存发展需要的物质欲望以外,还重视同类的看法和社会的评价。因而,经济活动、经济行为带有"利己"和"利他"的两重属性,经济活动、经济行为会与慈善事业、社会公益事业联系在一起。投资者追求财富增长的同时也往往积极地回报社会,这使经济活动带上明显的非功利性、利他性。即使是追求经济的行动中,利他也是客观存在的,因为只有满足他人需

---

① 《马克思恩格斯全集》第3卷,人民出版社1972年版,第514页。
② 《马克思恩格斯全集》第1卷,人民出版社1972年版,第82页。

要的产品及服务才可能有市场,即俗话所说的意欲得必先舍,舍而后得。

利他主义的经济伦理观作为一项传统文化还深深地影响人们的价值取向和行为选择。如:注重集体,家国同构的中国,重义轻利的传统文化源远流长,深刻地影响甚至左右着人们的人际交往。在中国,自古就有"居利思义",①"夫义者,利之立也;贪者,怨之本也。废义则利不立,厚贪则怨生",②"夫义所以生利也,……不义则利不阜",③"德义,利之本也",④"义以建利"等等思想。⑤ 这里所讲的义,是指合符"礼"的道德要求,个人私利追求要符合整体的大众的利益。义可服众,义可得人心,因义可得利,失义则失利。"义以生利,利以丰民",⑥"不义,神、人弗助"。⑦ 即使人有逐利的本性,也要以义为重。"凡人之性,莫不善义,然而不能义者,利败之也"。⑧ 作为仁者就更要舍生取义了。义利的关系本质上是个人与整体、利己与利他的关系。中国传统文化强调整体和利他,在经济生活中,既强调财富获取的正当性,又强调财富使用的意义。一个人富了不算什么,关键在于能否散财济众,能否广施仁义之举,因此提倡人皆应各尽所能助人、利人,"有力者疾以助人,有财者勉以分人,有道者劝以教人"。⑨ 正是由于利他主义在经济行为和社会关系中客观存在,社会救助这一无偿对穷困者给予物质援助、精神鼓励的行动,其实是人类乐善好施、利他主义的经济伦理观在人们面对和处理社会中的人与人关系的现实印证。

---

① 《春秋左传集解》,"左传·昭公二十一年",上海人民出版社 1977 年版,第 1469 页。
② 李维奇点校:《国语·战国策》,"国语·晋语二",岳麓书社 2006 年版,第 63 页。
③ 杜预注、孔颖达疏:《春秋左传集解》,"左传·禧公二十四年",上海人民出版社 1977 年版,第 338 页。
④ 杜预注、孔颖达疏:《春秋左传集解》,"左传·禧公二十七年",上海人民出版社 1977 年版,第 363 页。
⑤ 杜预注、孔颖达疏:《春秋左传集解》,"左传·成公十六年",上海人民出版社 1977 年版,第 744 页。
⑥ 李维奇点校:《国语·战国策》,"国语·晋语二",岳麓书社 2006 年版,第 55 页。
⑦ 杜预注、孔颖达疏:《春秋左传集解》,"左传·成公一年",上海人民出版社 1977 年版,第 635 页。
⑧ (汉)董仲舒:《春秋繁露·玉英》,中华书局 1975 年版,第 468 页。
⑨ (清)孙诒让注释:《墨子间诂》,"墨子·尚贤"(下),上海书店 1986 年版,第 38 页。

从个体行为来看，社会救助具有不求回报、利他、助人的显性特征。一些先富裕起来的个人和地区对贫困个人及地区给予的支持是无偿的，是不谋求回报、不带有功利目的的奉献爱心的利他行动。因为人类是整体，爱自己也要爱他人，爱他人也是爱自己，每个人的存在都以社会整体的存在作为前提。虽然，时间过去了近十年，但是每每想起我们早年跟踪调查的广西五保村建设过程，当时连续且热情的群众捐赠建设的场面和案例还是记忆犹新，很为感动。钦州市三海镇黄膳村全村村民捐款支持五保村建设;①北海市 2003 年五保村建设中，社会的个人捐助，群众义务投工和无偿献料折算为人民币共达 85 万元;②合浦县虎岭村支书个人捐建了一个价值 3800 元的沼气池;③2004 年上半年钦州市建筑工程承建商垫资建设五保村共计达到 50 多万元,④与广西相邻的广州市,2005 年上半年发动的为广西百色市兴建五保村个人捐款共收到捐款 70 万元。⑤ ……这样的事例实在不胜枚举，很普遍。当年我们在走访调查中了解到人们都愿意给予五保村老人力所能及的帮助，尤其在同一个村庄，没有不愿意捐助五保村建设的。在和参与捐助的人们的交流中，我们听到的最普遍的话是："哪个没有遇到困难的时候，帮帮是应该的。""这些老人无儿无女，一个人本身就可怜了，生活又困难，帮帮是必需的。""帮帮，能做到的就做做"……农村分田到户后，集体主义相对松散，人们对个人财富、个人的物质利益比较重视的情况下，有如此热烈的捐助行动让我们感动，因群众自发且自觉的乐善好施的热情是人性中互助友爱的现实体现。在整个五保村建设的捐献捐助过程中，一方面，我们再次感受到农村分田到户后久违了的集体的力量。另一方面，我们再次在现实的生活中确证，在人类历史发展进程中，贫困捐助是从古至今，最具普世的永恒性的救助行动，因为人们普遍认为对同类中的弱者给予帮助是应当的。若是用心，我们不难发现，乐善好施，扶危济困与

---

① 钦州市民政局 2004 年 6 月 16 日广西五保村建设工作会议材料。
② 北海市民政局 2004 年 6 月 16 日广西五保村建设工作会议材料。
③ 合浦县民政局 2004 年 6 月 16 日广西五保村建设工作会议材料。
④ 钦州市民政局 2004 年 6 月 16 日广西五保村建设工作会议材料。
⑤ 毕式明、黄丽颖等:《扶持贫困山区 提倡每个干部捐款 20 元》,《南方日报》2005 年 4 月 21 日。

人类共存,遍及人类生存的每一角落,每年每时每刻爱心救助都在社会生活中。2014 年,全国各地接收社会捐赠款物达 604.4 亿元。各地接收捐赠衣物5244.5 万件,折合人民币 8 亿元。间接接收其他部门转入的社会捐款 2.2 亿元,衣被 105.6 万件,捐赠物资折款 39011.6 万元。全年有 1694.9 万人次困难群众受益。全年有 1095.9 万人次在社会服务领域提供了 2711.1 万小时的志愿服务。① 2015 年,我们对湖州师范学院的学生进行了调查,93.5%学生志愿参与志愿服务活动。很多学生会把自己一些淘汰的,还相对较好的衣物用于捐赠。还有些学生志愿参与农村进城务工人员的子弟义务教育辅导活动。当同学中遇到重大疾病等自身无法克服或解决的困难时,班级、学院甚至全校会自然地发起援助捐赠行动。在问卷调查中,遇到穷困需要救助的人们时,在确定困难真实的前提下,100%的同学会回答愿意尽自己所能给予及时的帮助。

通常人们会自然且普遍地认为,人是个体的存在,没有人是不为自己的。人的感觉、思想、认识都是从自我出发,以自己的得失作为行动与否的判断依据。尤其在市场经济的条件下,利大大干,利小小干,无利不干不只是普遍的更是理所当然的。然而,这样的观点忽略了人还是群体,即我们在文中一再强调的人的类整体的存在性,人们还有关注他人的一面,还有互助互爱,渴望类群体归宿的心理及情感需要。古希腊数学家、哲学家,埃利亚学派代表人物芝诺强调人的自我性,但是,他同时也指出自然给予人自我性的同时,也赋予人社会性。俄国无政府主义领袖人物克鲁泡特金则在他的《互助论》中,从生物的本能出发,强调了人本性就应当是友爱互助的,因为人是生物界最软弱、最需要在爱护中才可以成长的物种。人的互助友爱的本性可能会因个体生存的现实而被暂时掩盖或忽略,人都是理性的经济人,以自身利益最大化为追求目标,但是,在社会分工的组织化生产、生活背景下,利他是必不可少的。不能满足社会及他人需求,产品没有售卖对象,就不可能获得利益。要利己就得先利

① 　民政部:《2014 年社会服务发展统计公报》,民政部门户网站,2015 年 6 月 10 日,http://www.mca.gov.cn。

他,有责任的、以他人利益为重的、富于慈善之心的商家获得社会认可,其提供的服务或产品就有市场。在中国的民间很普遍的育人教导之一是:有德者,必仁义,有仁义者真有财。经济是利己的,但是要达成利己,必然要利他,经济与伦理是不可分的。亚里士多德在他的《尼各马可伦理学》一书中就说过,财富只是手段,人们应当追求的是善,至善才是目的,因为至善就是幸福。从社会救助方式上,可区分为因血缘亲情必需的出手相助,因区域地缘可能的出手相助,因现实利益或未来可预见甚至不确定的利益而选择性的出手相助。在市场经济条件下,基于利益的选择性慈善越来越普遍。如曾经被争议,但是由于其慈善捐助之最而列于中国民政部慈善捐助榜首的陈光标,他自己认为是从企业应当承担社会责任的角度,高调投身于慈善捐助事业,但是人们通常把类似陈光标这样的企业家参与或投身慈善视为基于现实利益的选择性慈善。即便如此,选择性慈善进一步证实意欲利己,必先利他。从人的社会存在的秩序伦理上,利他重于并优于利己。也如我们前面所提到的,自从1978年,农村实行分田到户后,原来纯朴的乡情,因生产方式上的个体性,人与人之间的关系蒙上了一层利己的面纱,在直觉的现实的生活中,人们最现实行动是为自己的利益而做,甚至为利益而争。但是,人类存在的整体性的现实,让人们的内心又有渴望群体归宿的心理及情感的需要。以救助农村中最弱势群体的五保户的五保村建设项目涌现出来的捐助热情,让人感动的同时,更认可了乐善好施利他主义的重要在于人们以此可以有集体的感觉,人们在此类的行动中可以有为人的温暖。在人类历史资料的记录中,大凡是在灾难发生时,民众自发的或政府有组织的对受困者不期而至的关怀都可以让人们得到一种精神的净化、灵魂的洗礼。也正是有社会救助,让人们感受着人类整体存在的温暖的同时,印证了人性本真之爱的现实。

第三,秩序和谐,可持续发展的社会伦理观。

和谐,本义是指音调的配合默契,相得益彰。由音乐引申为事物之间的互相照应、互相弥补、相辅相成的共同存续和发展的良性状态。从系统论的角度,和谐是指构成事物系统的各要素各得其所又相互影响、相互配合而达成系统秩序的最优状态。社会安定团结和可持续发展的前提和基础也是和谐,和谐才可能有可持续的社会良性发展状态。构成社会的政治、经济、文化各个子系统的彼此谐调、相互促进、有序发展的趋势或状态,人们称之为和谐社会的状态是人类孜孜以求的理想。

早在古希腊,柏拉图就曾构想过理想国。在这个理想国里,各个阶层各尽所能,各安其职,按照各自的德行行事,并以自己的努力获得"幸福"。在宗教世界里,衣食无忧、歌舞升平、平等友善、睦邻友好、各得其所,即为理想和谐的社会。中国长期以来则把"大同世界"视为理想目标。在大同世界里,"人不独亲其亲,不独子其子,使老有所终,壮有所用,幼有所长,矜寡孤独废疾者皆有所养"。① 中国传统观念中有"不患寡而患不均"②的思想,强调物质财富分配的均等和公平,它虽然带有平均主义的空想色彩,但也隐含着反对两极分化、追求共同富裕、谋求全体幸福的和谐社会的理想和愿望。人类的群体性,使人们描绘的理想社会蓝图不可能是以某些人、某个阶层的利益为目标的,只有推进整体利益,并惠及社会全体成员,让每个人过上有保障有尊严的生活,才真正标志着人类社会的文明与进步,才是人们梦寐以求的生存状态。西方资本主义国家注重社会福利,可视为阶级关系的调和,也可以视为对人类平等、共享幸福的政策选择。总体上,现代社会把社会福利的增进、社会保障制度的建立健全作为衡量社会发展和进步程度的标志之一。

救助弱势群体,解决贫困问题,更是坚持科学发展观,努力构建和谐社会,以社会主义作为理想社会制度的中国的必然民生行动。邓小平同志提出发展是硬道理,把解放生产力,发展生产力,消灭剥削,消除两极分化,最终达到共同富裕作为社会主义的本质内容。党的十六大报告中明确提出要形成全体人民各尽所能、各得其所而又和谐相处的局面,要建设惠及十几亿人口的更高水平的小康社会。③ 处理好经济与社会发展的关系,解决好经济发展中出现的各种不协调、不平衡问题,其最终目的是构建社会主义和谐社会。党的十六届六中全会明确提出社会和谐是中国特色社会主义的本质属性。提出"把共同

---

① 钱玄等注释:《礼记》(上),"礼记·礼运",岳麓书社 2001 年版,第 296 页。
② 杨伯峻、杨逢彬注释:《孟子》,"论语·季氏",岳麓书社 2000 年版,第 157 页。
③ 红旗大参考编写组:《构建社会主义和谐社会》,红旗出版社 2005 年版,第 3 页。

建设、共同享有和谐社会贯穿于和谐社会建设的全过程，真正做到在共建中共享、在共享中共建"①。这里的共建共享就是要让广大人民群众，包括弱势群体在和谐社会建设中得到最大的实惠，共享社会进步的成果。党的十八大，以习近平为核心的当下领导集体，不只强调和谐，共建共享，更以"中国梦"一词表达了要在这一届政府领导下真正实现国家富强，人民幸福的中国复兴的历史重任。为实现中国强国之梦，习李格局更积极主动地关注民生，制定了让社会文明进步的成果惠及十四亿人口最现实的举措：精准扶贫。

在现实的具体行动上，关注弱势群体，建立互助体系，增进社会福利，促进社会和谐，是新中国成立以来我们坚持不懈的事业。当然，受社会经济发展水平的制约，我们对弱势群体的扶助和救济的力度及发展水平有一个渐进发展，不断提高及完善的过程。新中国成立初期，当时百废待举，国弱民贫，贫困救助主要是自然灾害中的受灾民众和生活无着落的城市流浪者。1956年社会主义改造完成之后，成建制、规范化的长期社会救助主要集中于社会中的特殊群体。如农村合作化完成以后，建立了以社队为主、以集体经济为依托，建立了分散供养和福利院集中供养两种方式的五保户供养模式。当时，农村生活水平很低，但福利院集中供养或每月支付五保户3—5元生活费的方式还是体现了社会主义大家庭对弱势群体的关注。② 社会主义新中国的幸福要惠及所有中国人。这样的供养方式一直持续到农村实行联产承包责任制前。1978年，农村分田到户后，由于生产方式的个体性，农村基层组织弱化，甚至名存实亡。由于生产的个体性，原来依存于"三提五统"③提留而用于农村中最弱势群体五保户的固定支出资金失去了可依存的主体，由此，导致福利院、五保户的供养资金跟不上发展需要还出现下降的情况。如广西，在2003年五保村建设前，经济状况相对弱势的县，分散供养的五保户每月也就只能领到5—10

① 胡锦涛：《中共中央十六届六中全会胡锦涛讲话》，《广西日报》2006年10月12日。
② 蓝志流：《广西民政志》，广西人民出版社1996年版，第129页。
③ 三是指公积金、公益金、管理费。五是指教育附加、计划生育、优抚、民兵训练、道路修建五项费用。提和统是动词。是从农村生产收入中提取一些用于以上三项积累，五项内容开支的费用的一种方式。

元生活费,经济强一点的县最多也是 30 元。① 分散供养的五保户在村落中的生活状态最困窘,与周边村民的生活对比非常悬殊。他们的住房都是又矮又小、又破又旧、又黑又脏,基本上是泥砖瓦房或夯墙泥房,大多数被民政办列为危房;五保户的生活用品非常简陋,卫生条件非常差。在与村民的交谈中我们发现,一提到五保户的生活状况,很多人都是无奈摇头,啧声连连,认为五保户的生活条件实在是太差了,看了真不是滋味。与之相比,一些生活相对殷实的人家,却住上了二层、三层不等的砖混结构的平顶楼房,家里彩电、冰箱等用具齐全。这样的反差,显然不符合社会主义共同富裕的要求,不符合社会和谐发展的要求。一个和谐的可持续发展社会,最起码要关注社会全体成员的生存权、生命权。一个和谐的可持续发展社会,会尽可能地为全体民众,包括社会中的弱势群体,提供较好的生存、生活环境,确保一定的生活质量。一个和谐的可持续发展社会,会努力减小社会成员间的生活差距,力求让社会全体成员共享社会进步和经济发展的成果。关注弱势群体,让他们"居有其屋,食有其源,乐有其所",应是建设社会主义和谐的可持续发展社会、实现全面小康的应有之义。正是这样的秩序和谐,可持续发展的社会伦理观使民众,尤其是政府重视社会救助。社会救助反过来又进一步印证并强化秩序和谐、可持续发展的社会伦理观。

在此,我们仍然以广西五保村建设为例加以分析。虽然导致广西五保村建设的直接动因是 2002—2003 年南方过多过大的雨水天气导致五保户房屋倒塌,生活无着,但是广西五保村的建设把着眼点放到五保户这一社会最弱势、农村最特殊的群体身上,以解决其住房为起点,以确保其生存为基础,通过提供固定的生活救济金,改善他们的生活状态却是秩序和谐,可持续发展的社会伦理观在现实中的实践印证。五保户是农村中的最弱势的群体,对他们的救助首先是对每一个社会生命的尊重。若是再考虑到分田到户及市场经济导致集体相对衰弱,个人主义相对张扬的现实,广西五保村建设还是在真正的意义上关心人、尊重人、爱护人。在处理人际关系问题上,它为我们提供一种平

---

① 蓝志流:《广西民政志》,广西人民出版社 1996 年版,第 129 页。

等互助的道德理念,它强调不能因经济上的差距而歧视任何一个人,每个生命个体的存在都是有意义的,都应该得到尊重,都应该给予关爱。在处理人与社会的关系时,它诠释了社会对于个人的意义,它昭示社会是一个大集体,是人类共同生活的互助体,对于身处困境的人们,社会都应该在人道的意义上给予扶助和救济。广西五保村建设通过提供社会救助,使农村弱势群体摆脱困境,从社会政治伦理的角度看,这是追求社会和谐、践行可持续发展观的重要举措和实际行动。这一举措和行动的直接受惠者虽然只是五保户,但在如何看待和处理人与人、人与社会的关系问题上,在如何理解和促进社会可持续发展上,其影响却是广泛而深远的。从政府行为来看,广西五保村建设有明显的人道化、公益化的特点。五保村建设资金是通过广西区民政厅补助、地方财政的划拨和"几个一点"筹集的。如2003年北海市投入五保村建设的400多万元经费中,区民政厅补助155万,地方财政和挂钩单位100万,村集体60万,社会捐助85万。[①] 五保村的日常运转、生活定额补贴基本上依靠政府。仅2004年,广西财政就拿出了2000万元用于五保户的生活补贴。[②] 这部分资金主要来源于农村税费改革专项转移支付补助资金,农业税附加和其他村集体资金。资金由民政部门牵头,负责管理和监督,财政部门负责资金调度,基层民政办、村委会负责具体发放。广西五保村所需资金以民政厅补助、地方财政的划拨为主,说明政府主导、政府负责的社会福利或社会救济行动,是我们的基层政府组织对农村中最弱势群体的关注。这表明我们的基层政府组织并不单纯地追求经济指标,单纯地追求经济的发展速度,而是关注社会各阶层的利益协调,注意利益分配的合理调整,力求使社会全体成员的利益得到兼顾,使社会发展的成果能惠及最广大的群众。广西五保村所需资金的"几个一点"筹集,说明在社会共同的生活中,群或集体的共同帮助是客观存在的。我们在调查中,无论是基层的工作人员,还是乡村百姓,他们都认为友爱、帮助才能体验到生活中人与人关系的温暖。如果一个社区中的失业工人,身体残疾,年老体衰

---

① 北海市民政局2004年6月16日广西五保村建设工作会议材料。
② 张廷登2005年8月29日广西五保村建设理论研讨会会议发言。

的老人等这些社会中的弱势群体,能得到社会的关怀,能有国家制度的保障,人们对生存和发展的保障性预见就强,人们对社会人情、政府公共政策的认可度就高。总之,对处于困顿中的弱势群体给予及时且必要的救助既是人的自然本性,也是人们在长期的社会生活中形成的理性观念,因为有相互帮助自觉意识和观念的人群才是高于其他动物界的人类社会,有相互帮助意识和观念的人类社会才是有序和谐,可持续发展的社会。

第四,团结互助,福祸与共的团体伦理观。

人与人之间关系密切,利害攸关,团结互助,福祸与共是人类自然生存的哲学,也是人类祈望的理想社会的团体观。个体的人在大自然中是极为渺小的。孤单、脆弱常常是我们感慨人生苦难的常用词。然而,当个体的人能团结起来时,却又形成一股无穷大的力量。因此,团结互助、福祸与共是自人类存在以来就有的基本伦理观。《庄子·大宗师》说:"泉涸,鱼相与处于陆,相呴以湿,相濡以沫,不若相忘于江湖。"①泉水干涸了,鱼儿被搁于陆地,它们相互吹出湿气,以唾沫滋润着彼此,与其让它们这样可怜,不如让它们在江湖中各自自由,彼此相忘。庄子的本意是想用比喻的方式说明:最理想的人人状态是各安本分,各得其所,各自有自己的生存及自由。但是,人们对庄子的这段话最普遍的解读却是:困难时期,应当彼此帮助,患难与共才可以维持生存、渡过难关。为什么庄子要表达的"相忘于江湖"的本意却不如"相呴以湿,相濡以沫"来得更让人感慨呢? 因为现实生活中"相忘于江湖"易,而"相呴以湿,相濡以沫"难,而且"相呴以湿,相濡以沫"似的亲情、友情等,更具有维护生命,维持生存的伦理价值。《孙子兵法·九地》有说:"所谓古之善用兵者,能使敌人前后不相及,众寡不相恃,贵贱不相救,上下不相扶;卒离而不集,兵合而不齐。"②善于用兵的人,能拆散敌人,使其不能以团结的团队的方式作战。同样,善于用兵的人,在指挥自己的军队作战时,却能如"常山之蛇,击其首则尾至,击其尾则首至,击其中则首尾俱至"。③ 那么,能否使自己的军队做到如此

---

① 张震点校:《老子·庄子·列子》,岳麓书社2006年版,第44页。
② (春秋)孙武:《孙子兵法》,中央民族大学出版社2004年版,第79页。
③ (春秋)孙武:《孙子兵法》,中央民族大学出版社2004年版,第83页。

团结呢？孙子说："可。夫吴人与越人相恶也，当其同舟而济，遇风，其相救也如左右手。"①吴国人和越国人，他们彼此仇视，可是当他们遇到风浪，处于危机时，却能彼此如同左右手一样的相互救助。正是患难与共是人之必然，如果能使人们处于共同的生死攸关的存亡之境，团结互助是必然且自然的。三国时期曹植在《求自试表》中也有："而臣敢陈闻于陛下者，诚与国分形同气，忧患共之者也。"②《战国策·燕策一》中，苏秦为建立合纵联盟，北上游说燕文侯，他说，燕国一小国、弱国，若想生存且不受强国欺辱，最好的办法是"天下为一，则国必无患矣"。③ 燕王为谋得一小国之安定，欣然同意加盟，以借盟之团队的力量壮大一小国的声威。由于齐国攻打，燕国惨败。危急时刻，新继位的燕昭王立志在日后使燕国强盛，报复齐国，一洗耻辱。昭王向当时的贤能之士郭隗求教如何正确面对破败不堪的燕国并使燕国得以重振发展。郭隗劝昭王以贤聚能，团结大众，"燕王吊死问生，与百姓同其甘苦"。④ 为成就大业的前提。最终昭王齐聚人才，联合秦、楚、赵、魏、韩等国，成功讨伐曾经让燕一败涂地的齐国。这些古之例子说明，人欲度困，国欲图强，千古不变的法则就是团结互助。此外，在人人关系上"彼此兄弟，自应有福同享"⑤、夫妻当"及尔偕老"⑥的俗语又表明，人欲彼此和谐，团结互助，福祸与共是自然的人之伦理。有爱心，学会帮助他人是最为普遍的社会育人之理。社会主义社会使团结互助，福祸与共的团体伦理观得以自觉的彰显。

在现实生活中，团结互助，福祸与共的团体伦理观也是生存、生活的必然。个人生活状态往往与他所处的集体中的人际关系和集体力量的大小紧密相联，也就是说个人与集体的关系直接影响个人生活。在原始社会，由于个人力量非常弱小，个人必然要依靠集体，人与人之间必然要精诚团结，相互配合，坦然无私。如大禹治水讲的是大禹继承父业，领着伯益、后稷和一批助手，带领

---

① （春秋）孙武：《孙子兵法》，中央民族大学出版社 2004 年版，第 83 页。
② （魏）曹植：《曹植集校注》，人民文学出版社第 1984 年版，第 371 页。
③ （西汉）刘向集录：《战国策》，中州古籍出版社 2007 年版，第 315 页。
④ （西汉）刘向集录：《战国策》，中州古籍出版社 2007 年版，第 325 页。
⑤ （清）黄小配：《廿载繁华梦》，沈阳出版社 1996 年版，第 125 页。
⑥ 陈节注译：《诗经》，《新注今译中国古典名著》，花城出版社 2002 年版，第 80 页。

民众,开省通渠,解决水患,造福民众的故事。愚公移山讲的是一个年近 90 岁的老人,率领子孙后代和民众不畏艰难,开山辟路,感动天帝的故事。这样的故事在表扬神一样的英雄贤明之士的同时,也说明团队,集体力量的伟大。当然,原始社会的团结在某种意义上有基于生存需要的不自觉的必需。到了私有制社会,尽管人还是要依赖集体,但是私有观念的产生,使人们更多关注的是个人利益和个人得失。"人不为己,天诛地灭",[①]"拔一毛而利天下,不为也",[②]"天下熙熙皆为利来,天下攘攘皆为利往。夫千乘之王,万家之侯,百室之君,尚犹患贫,而况匹夫……亲朋道义因财失,父子情怀为利休"。[③] 从原始社会对集体的完全依赖,到个人利益的追逐,说明人类个体力量的增强,表明人们征服自然、改造自然能力的提高。但是,对个人利益的过分强调,带来了诸多危害:它使人成为物的奴隶,使一些人的人生目标蜕变为对金钱贪得无厌的追求;它使人际关系变得冷漠、紧张和功利,使个人在群体中缺乏温暖感、安全感和归属感……这是私有制必然的结果。当社会进入到工业时代,由于分工的细化,更由于生产社会化,合作协作又成为必然。资本主义社会尽管是私有制,但是资本主义工业化生产方式,使资本主义不得不注重失业人口的生存问题,由此产生了最早的贫困生活救济,并在生活中慢慢演变为社会保障和社会福利制度。一个真正文明、进步的社会,则能正确地处理好个人与集体、利己与利他的关系。现代及现代之后,保证每一个生命的生存权利,给予处于困顿的人们以帮助成为无意识形态区分的普遍共识。如最早建立社会救济制度的英国及早期资本主义经济发展比较好的西欧国家,以福利制度,以健全的社会救助制度解决市场或资本所产生的贫困问题。这一发展过程说明,社会救助存在及发展是团结互助、福祸与共的团体伦理观的必然,而且从人与人现实的救助关系中体现这一人类生存的基本理念。

---

① （晋）张湛注:《列子》,"列子·杨朱",上海书店 1986 年版,第 83 页。
② 田久川注译、王利器主编:《史记注释》,《史记·货殖列传》(四),三秦出版社 1988 年版,第 2714 页。
③ 田久川注译、王利器主编:《史记注释》,《史记·货殖列传》(四),三秦出版社 1988 年版,第 2714 页。

社会主义在经济上建立了生产资料公有制，为人与人的平等奠定了坚实的经济基础；在政治上确立了人民民主专政的政治制度，使人民成为国家的主人，为人与人的平等提供了可靠的政治保证。集体的发展要依靠每个人的努力，而每个人的发展更是离不开集体。正如马克思、恩格斯所指出的，"必须使个别人的利益合于全人类的利益"，①"每个人的自由发展是一切人的自由发展的条件"。② 相对于个人而言，集体是一个团队，依靠团队的合力，人们就可以增强自身生存发展的能力，增强改造世界的能力；有了集体的依托，人们就可以更加自如、更加自信地直面困难，争取胜利；有了集体的保障，在群体中生活的人们就可以获得更多的温暖感、安全感和归属感。中国人讲究人情，强调亲情，向往情意浓浓的群居，"人情喜群居而恶离索，故内则有家室，而外则有朋友"。③ 在处理人际关系上，我们提倡孝顺父母，友爱兄弟，和睦邻里，尊老爱幼，使爱意和温暖充溢人间，反对利益相交、利尽则止的利益交换关系。中国传统强调家国同构，强调家是国，国也是家，国是家的扩大和延伸，正如蔡元培所认为的"国为一家之大者，国人犹家人也"。④ 集体主义在新中国是以一种社会主义大家庭的方式出现的，在这个大家庭里，人民的根本利益一致，人们之间的关系是同志式的平等、团结、互助、友爱的关系，这种关系使社会主义大家庭成为一个休戚相关、患难与共、无坚不摧的共同体。新中国成立以来，正是由于我们构建了这么一个以集体主义为原则的社会主义大家庭，在中华大地上演了一幕又一幕一方有难、八方支援的动人画面，战胜一个又一个的艰难困苦，赢得了一次又一次的辉煌胜利。

无论是什么社会制度，社会救助制度的建立健全均是团结互助、福祸与共的团体伦理观生动的实践例证或实践证明。首先，社会救助的设计体现了人类或社会大家庭的理念。一方有难，八方支援，对于穷困潦倒无法生存的同类给予及时的必要帮助，以维持其基本生存已是各国，不分制度，共同接受和认

---

① 《马克思恩格斯全集》第 2 卷，人民出版社 1995 年版，第 167 页。
② 《马克思恩格斯选集》第 1 卷，人民出版社 1995 年版，第 273 页。
③ 蔡元培：《蔡元培全集》第 2 卷，中华书局 1984 年版，第 188 页。
④ 蔡元培：《蔡元培全集》第 2 卷，中华书局 1984 年版，第 263 页。

可的理念。差别只是由于国力的问题,社会救助的圆满、周全、水平高低不同而已。社会主义制度下,由于坚持公有制,坚持人民当家做主,把共同富裕作为社会本质,因而救助弱势成为不只是一项保障、福利制度,更是一项基于社会大家庭的自觉行动。如我们已经健全的低保救助制度和目前正在全面推进的精准扶贫等,这些制度及行动直接的动机是关注和解决人群中最弱势群体的基本生活问题,关注和解决落后贫困地区的发展问题,而整体的长远的间接的目标是建设社会主义全面小康、迈向共同富裕的具体行动。由于我国底子薄,疆域辽阔,人口众多,各地经济文化发展很不平衡,要齐头并进,同步实现共同富裕是不可能的。因此,我们党从中国的具体国情出发,制定了让一部分人、一部分地区,通过诚实劳动、合法经营先富起来的政策,并且希望这部分先富起来的人和地区,在富裕之后能帮助和带动那些尚不富裕的人和地区,最终实现共同富裕。这一被称之为先富带动后富、最终走向共同富裕的理论,是人类团结互助,福祸与共的团体伦理观的必然,也是与社会主义大家庭的伦理观相一致的。社会主义是一个大家庭,在这个大家庭里,确立了生产资料的公有制,人民在根本利益上是一致的,经济发展的结果不是两极分化,不会出现富的越富、穷的越穷的马太效应。在这个大家庭里,一部分先富裕起来的人群和地区,有责任、有义务关心、帮助那些还处于贫困落后状态的兄弟姐妹。在我国经济发展以后,对于社会主义大家庭里的特殊群体,通过社会救助或精准扶贫这些具体可行的途径,体现社会主义集体主义的精神。而社会各界给予了力所能及的关心和帮助又进一步地印证团结互助、福祸与共的团体伦理观。

人们之所以给予困顿者救助,并以一定的方式结合在一起,原因是人们能理性地意识到,有效的社会合作可以使人们过上比个人独立奋斗更好的社会生活。在社会主义这个大家庭里,由于经济基础的公有制性质,由于政治地位的平等性和经济利益的非对抗性,人们更能够紧密地结合起来,凭借集体的力量,更有效地解决一些个人难以解决的问题。我国对弱势群体的救助不是孤立的政府行为,而是国家扶持、政府指导、村委负责、多方参与的合作体系。如贫困救助资金的筹措,除依靠财政拨款外,还充分发挥社会多方合作的作用,鼓励发动各方参与,积极拓宽筹资渠道,尽最大努力解决救助的资金问题。这种合力的有效发挥,使生存其间的每个人都切身地感受到社会主义大家庭的温暖,体会到社会主义集体的力量。发挥集体主义精神,互相关心,互相帮助,同甘苦共患难,是处理社会主义大家庭内部关系的基本伦理原则,这一伦理原则在社会救助的生动实践中,雄辩地表明团结互助、福祸与共的团体伦理观在现实的社会人际伦理中并没有因为私有制或人们的功利主义退出人类大地。

随着生产力的发展,分工越来越细致,人们社会关系的交集越来越密,救助的内容更多,范围更广,持续的时间更长。我们越来越需要团队的精神,合作共享,乐于奉献,个人服从集体等大局的整体的意识越来越重要。然而由于自由民主的意识增加,市场经济及观念的深入人心,社会关系成为一种契约性社会关系。市场经济使人的主体性得以确立的同时,人们对个人的权益、个人的利益越来越重视。在这个时代,个人的私有财产,包括个人拥有的资本、自身劳动力等,都是神圣不可侵犯的,个人成为自存的目的而不是他存的工具,个体自由是一切价值的最终源泉,因而个人存在的本质、价值与意义均由他自身去创造和把握。从利益直接获取的层面上看,市场经济的竞争在刺激了人的工作热情和创造能力的同时,也刺激了个人的私利和私心。市场经济似乎给人一种感觉,个人的利益是第一位的,维护和实现个人利益是最为现实的,并且认为没有个人利益的实现,集体利益也成为虚空。这样一来,人们在思想观念和行为选择上,必然会首先考虑的是个人利益,个人权利至上,谋求个人权利和义务的对等,而不是更多地为集体和他人奉献和牺牲。尽管从道义上,他们认同为集体和他人牺牲自我的这种品质的高尚,但在行为上,更多的是以平等的契约或等价交换的关系来权衡利弊得失,选择自保或更有利可图的行事方式。市场经济的条件下,人间的温情和大义显得陌生了,集体的意识缺失。然而,人类社会与自然世界,人与物的不同在于人的类群体生存现实和人是理性文明的高等动物,即人除了维持生命生存,还要追求人生的意义和价值。而价值世界是一个应然的世界,是"应该是这个样子"或"应该是那个样子"的世界,是一定的社会主体理想中的世界。这个价值世界或理想世界不是一个"利"字可以衡量的,也不是个人可以左右的,它是一个群体的价值认同,是以集体利益,以人的类整体的存在为最大价值判断在内的应然世界。而遇到苦难和危险时,有集体的依靠,有来自类整体的救助是每一个人内心的渴望。

总之,社会救助包含并体现团结互助、福祸与共的团体伦理观。

第六章　社会救助伦理冲突与解决

社会救助最早是基于类群体存在自然而然产生的怜悯与同情心,对处于困顿的同类给予不求回报的及时救助的个体性行动。随着社会的进步,尤其是社会化大生产使社会分工越来越细,人与人,人与社会的关联性越来越强,贫困不再简单归因于个人懒惰,贫困越来越归结为个人不可抗的自然及社会原因。当个人不可抗的归因思维方式及观念越来越普遍,并形成社会共识时,社会救助就越来越得到重视并在实践中得以长足发展。在社会救助的实践进程中,由个别的临时性的暂时的救助行为,渐渐形成针对一类问题、一类人群的长期的可持续发展的救助制度,最终形成完善的基于基本生存和发展需要的救助体系。社会救助经历了由面对遭遇困顿的同类时的临时起意的个人行动,到社会存续发展所需的解决问题的救助机制,再到对维护群体生存权利的社会保障制度,最后成为惠及全民的社会福利体系的发展过程。正是由于社会救助的发展,最初的基于善良意志的救助行动,随着救助的扩面,在实践运行发展的进程中,除了救助出发点的善良意志外,还产生救助应当与否、公平与否等问题。由救助应当与否,公平与否等问题而引起的一些观念冲突也越来越引起人们的关注和重视,因为,这些问题和观念的解决与否会反过来影响民众对社会救助的认可,从而制约社会救助的发展。

社会救助伦理冲突的具体表现有很多面,在社会生活中也有许多现实的案例。我们时常可以在网络、微信上看到、读到关于职业乞丐的报道和讨论。2015年4月1日,蚌埠新闻网上一则题为《职业乞丐编造悲情博同情讨钱财》的网络新闻传播很快。文中简要地讲述了一个闻姓职业乞丐,经常购买短途高速列车票往返于南京和徐州之间。以父母病重无路费探视,家人患重病缺钱救治等故事,博取列车旅客同情获得捐助,每次可获得捐助性收入近千元。① 再如,房价高企的北京,目前已是一房难求,可是一个职业乞丐却能在北京买上两套房子的新闻在网络上传播,引起人们的热议。这一讨论,源于《北京青年报》一则《金顶山乞丐村"人去屋空"》的报道。文章以一群来自河南、河北、甘肃、四川等地的租住于金顶山的职业乞丐因地铁价格调整,外加地铁打击职业乞讨导致租住于此的职业乞丐搬离金顶山的事件为切入,以当地出租房屋给职业乞丐的房东徐女士的讲述为方式,提到一名以假扮腿脚残疾博取同情而行乞的男子,已经在北京买下了两套房子的事实。② 类似这样的职业乞讨,由于行乞人困顿的非真实性,人们在否定对其救助的同时,也会思考救助制度的完善性,讨论虚假求助中的人性问题。在我们早年关注的农村五保户救助的问题上,我们在与村民的接触中也有关于救助合理、公平的讨论,有些村干部把五保户的救助指标不合程序地分给自己的非五保亲属。近年,我们走访的广西、云南、贵州乡村,农村低保的问题人们也很重视。对于低保户的资格认证有些也提出质疑,因为低保非真正的低保,一些虚假信息及存在缺陷的运作方式损害了低保救助的公平和正义。还有一些获得救助的人们,并不因为得到救助开心,还觉得是一种负担,有些得到救助的人们认为,这么一点救助,不能解决大问题不说,还要背负上不好听的名声,但是,不要这些救助吧,又觉得可惜,有点鸡肋的感觉。这些实践中的问题说明救助越来越社会化,社会救助产生的伦理冲突也越来越明显,人们对社会救助伦理的关注和讨论越来越多,涉及面也越来越大。这样的社会现实表明,社会救助伦理问题的解决与否直接关系到社会救助的社会认可度,制约并影响社会救助的发展,损害社会制度的公平和正义。社会救助中的伦理冲突及解决自然成为需要重视和研究的问题了。

①　陈明:《职业乞丐编造悲情博同情讨钱财》,蚌埠新闻网 2015 年 4 月 1 日,见 http://www.bbnews.cn。

②　李铁柱:《北京金顶山乞丐村"人去屋空"》,《北京青年报》2015 年 5 月 17 日。

第一节　社会救助面临的伦理冲突

人有理性,又有情感,人有自由,又受缚于社会,所以说伦理冲突与人世相伴,人们无不处于理智与情感,理想与现实,个人利益与社会规范的矛盾与冲突中。伦理冲突主要源于人们认识上的差别,即人们的行为选择所要求具备的伦理价值观与自身已有的伦理价值观的冲突与对峙。① 社会救助中的伦理冲突,是指社会救助运作及发展需要而要求人们所具备的伦理价值观与当前人们已有的伦理价值观的冲突与对峙。如社会救助的责任和义务归属,施救方式的恰当性,施救标准的适度性,救助过程中涉及的社会公平、正义与发展的速度、效率的关系等,均属伦理困境问题或容易发生伦理冲突的范畴。

一、价值目标定位与实际效果的不一致

社会救助涉及的价值目标,即主体对客体有用性的期待值,如果期待值与实际效果一致就不会产生矛盾,如果不一致就会产生冲突、对峙,或曰困境。就社会救助而言,涉及施助者及受助者,而施助者又可区分为政府、社会组织、个人三类,三类施助主体,彼此交织、相互影响、相互制约。受助者也由于困难类型及具体情况的差异更是千差万别。正是由于施助者与受助者自身的复杂性,外加上他们之间的复杂关系,在救助期待上各有偏好,因而,在政府、社会组织、个人等主体身上不同程度地存在着社会救助理想期待值与救助实际效果之间不一致的情形,即矛盾冲突。

就政府而言,承担着社会救助的主导者的角色。在采集及农耕时代,生产关系相对简单,人们活动的范围有限,生产自主,一般的困难救助主要是在民间,由个人自发。政府号召、组织的救助往往是大型自然灾害或者因为战乱导

---

① ［英］麦克雷:《未来的一些伦理困境》,《现代外国哲学社会科学文摘》1995 年第 11 期。

致民不聊生,为稳定社会秩序,维护政权的救助。政府救助以统一开仓放粮为主要救助方式。这一时期的救助主要出于为生存需要必须团结的自然本能,是基于共同生存需要而对受困者给予的帮助。采集及农耕时代的人们对救助的应当、公平与否讨论不多,矛盾冲突不多,也不大,甚至没有救助冲突。工业时代,由于生产发展,社会分工,人与人的联系和彼此依赖越来越强,正如时下说的一句话,每个人越来越成为被社会绑架的一枚棋子。因此,人们对政府管理的期待越来越高,政府承担的社会管理职能越来越多,尤其是为民众提供生存保障的要求越来越高。工业,尤其是工业后时代,在提高社会生产效率的基础上,增加人民福利成为各国政府共同的使命和要求。政府作为国家权力的执行机关,在整体上,它必须处理好效率与公平的关系。尽管人们对公平含义的理解见仁见智,但它内含着保障权益、缩小收入差距的必然要求。这一点是确切无疑的,因为基本权益,尤其是生存权得不到保障,人与人之间的收入差距过分悬殊,人们就会本能地感到社会不公平。政府往往要根据社会经济发展所处的不同阶段,力求抓住社会主要矛盾及矛盾的主要方面,通过制度及政策的调整,相对灵活地处理好效率与公平的矛盾问题。长期以来,由于阶级矛盾而导致的利益差别,或者由于生产力发展水平有限等原因,提高生产效率,兼顾公平是许多国家政府的选择。因为没有效率无从发展,没有公平社会无法稳定。尤其在今天各国以发展为竞争第一目标的当下,效率成为第一追求。即使是像中国这样的社会主义国家也始终以"效率优先,兼顾公平"为社会发展的基本原则。归属于社会保障制度体系的社会救助,作为一次后分配,是协调收入差距、平衡社会矛盾的制度性设计,必然要服从于效率优先。通常社会管理制度设计的假设前提是:人性是恶的,好吃懒做,不劳而获是人的天性,此外,人们都有逐利的本性,因而以利益推动,效率优先是必然的。然而,从社会制度理想的设计上,还有一个设想:只要社会发展了,整个国家的经济总量上去了,即通常所说的社会的"蛋糕"做大了,那么社会中的人就可以更多地受益了,惠及面自然就广。由于效率第一的原则,尤其对于发展中国家而言,投入在竞争及发展上的资金大于投入在协调矛盾上的资金,所以一般情况下,发展中国家基尼系数高于发达国家。早在 2002 年我国基尼系数就已超过警戒线,达到 0.45。① 据西南财经大学中国家庭金融调研中心发布信息称,2010年,全球基尼系数平均值为 0.44,而中国为 0.61,2011—2012 年基尼系数没有太大的变动。② 在此,需要指出,关于中国基尼系数的问题存在争议,有信息认为没有这么高,而且,随着和谐社会建设的推进,2014—2015 年基尼系数已有下降。不管基尼系数情况如何,自党的十六大以来,经济利益的调整,和谐社会的构建,已跃升为我国民众普遍关注、政府亟待解决的问题。党的十八大提出"中国梦"的奋斗目标,"中国梦"是实现中华民族伟大复兴之梦,也是让 14 亿中国人民过上幸福生活的全面小康之梦,因而,社会救助成为中国梦圆必须要做好的一项重要工作。针对社会救助,提出了精准扶贫战略,使扶贫帮困目标更为具体,力求扶贫成效更为显著,使小康生活惠及全国各族人民。据 2016 年 2 月 29 日,国家统计局发布的统计公报:"2015 年全国共有 1708 万人享受城市居民最低生活保障,4903.2 万人享受农村居民最低生活保障,农村五保供养 517.5 万人。全年资助 5910.3 万城乡困难群众参加基本医疗保险。按照每人每年 2300 元(2010 年不变价)的农村扶贫标准计算,2015 年农村贫困人口 5575 万人,比上年减少 1442 万人。"③政府在社会救助上有许多理想,政府也自觉调节,主动扶助弱势群体,但政府角色多元,经济、政治、文化、社会、生态等各领域的工作都需政府投入。以竞争为特征的时代背景下,政府政策的价值指向主要还是发展,以总量绩效作为首选,相对于人们的需求而言,资源总是相对有限,所以,政府必然有现实选择。一些社会公益的、福利的、保障的工作因为不直接产生经济效益,不直接提高 GDP,只能从属于经济发展的需要,屈于效率之后。发展中国家由于经济本身有限,且面临发展的压力更大,政府对于社会救助的认可、理解、重视更有过程性,因而社会救助的理想和现实的冲突自然存在。发展中国家的社会救助普遍弱于发达国家。即使政府制度设计上要追求公平,让每一个社会成员共享社会成果,但实践中的效

① 国家信息中心:《中国收入差距大因为一般人太穷》,《中国证券报》2006 年 8 月 10 日。
② 张飘逸:《中国基尼系数 0.61 高于世界平均水平》,《华西都市报》2012 年 12 月 10 日。
③ 中华人民共和国国家统计局:《2015 年国民经济和社会发展统计公报》,中国政府网 2016 年 2 月 29 日,http://www.gov.cn/xinwen/2016-02/29/content_5047274.htm。

率第一,或效率优先的经济发展原则在事实上会影响社会救助、社会保障、社会福利的投入,制约社会救助、社会保障、社会福利的发展,即人们对共享社会发展成果的理想主义价值定位,让位于现实的发展需求。

就社会组织而言,近年已经成为社会救助的主力军之一。社会组织是人们为了某些生存或发展的目的或需要而组织在一起共同从事活动的社会群体。在我国,社会组织是指纳入民政部门登记管理的社会团体和民办非企业单位这两类组织。从事社会救助的社会组织有政府的和非政府的两种不同性质。随着我国改革开放不断深化,各种社会组织如雨后春笋般蓬勃发展。新华网(广州)2011 年 2 月 6 日一则新闻称从深圳民政局得到信息,深圳在"十二五"期间要大力发展社会组织,在五年内使社会组织翻番,每万人拥有 8 个社会组织,总量达到 8000 家。[①] 可见,社会组织的发展之快,数量之庞大。社会组织是社会管理由"小政府大社会"的管理理念而催生的,起着政府与社会各界人士、各阶层沟通的桥梁和纽带的作用的同时,弥补政府工作和管理的不足。社会组织在组织目的上具有非营利性,它们不以直接获取利润作为组织追求,而是强调组织的公益性、服务性,这一组织目的与社会救助事业的宗旨与目标一致。社会组织在组织运作上具有自主性,它们没有政府的科层制,在人力、物力、决策等方面有相对独立的自主性,这一组织的自主性或自我管理的特征非常适用于社会救助救急助困的需要。社会组织在人员的调配上,虽然不像政府组织有固定的人员配置,往往是兼职的志愿者,但广泛存在的志愿者恰好构成了社会救助这项公益事业重要的力量源泉。社会组织的组织公益性、自主性、灵活性使之可广泛地发动和利用非国有资产,组织发动民间人、财、物等各项资源参与社会公益事业。社会组织的性质适应于社会救助运作的特点,可弥补社会救助中政府主体缺失的领域、环节、时段。在政府未作为或迟作为时起作用,因而社会组织在社会救助中的价值是独特的。从宽泛的意义上,不仅慈善基金组织具有社会救助的职能,各行业社团、学术团体、群众

---

① 詹奕嘉:《深圳力争"十二五"期间社会组织数量翻番》,新华网广东频道,2011 年 2 月 7 日,http://www.gd.xinhuanet.com/newscenter/2011-02/06/content_22010151.htm。

性联合组织都可利用自己的优势,直接与间接地促进社会救助事业的发展。如一些慈善机构,特别是中国红十字会及下属机构,在扶危济困、敬老助残、灾害救急等方面已经成为民政部门最直接最得力的协助者。他们通过组织性的捐助项目,有计划地援助了落后地区、困难民众。如浙江湖州市红十字会从1999年开始,连续十几年,近二十年地开展贫困助学活动,通过发动社会捐助,帮助许多贫困学子圆了求学梦。其他的一些非慈善事业的社会组织,在社会公益与社会救助事业中也有不小的作用。如一些学术性团体,团结了一大批优秀的专家学者,专业技术人员和管理人才。湖州市目前拥有学术性学会组织101家,拥有个人会员33000人。这些学术性团体为政府决策提供建议的同时,还时常开展一些公益性的文化下乡活动,在城区乡村给民众提供精神文化建设援助。2015年,由这些学术性团体举办的"中国梦"南太湖人文大讲堂就达到了100多场,为科普宣传,为提升公众素质作出了贡献。① 在调查走访过的一些乡村及城乡边缘的社区,老百姓文化生活很贫乏,周边很多棋牌室。这些棋牌室名义上是娱乐场所,实质上是赌博场地。农村社区漂亮的活动中心,书报室、远程教育中心除了必需的党员学习活动时偶尔用一用,大多数时候形同虚设。社区内的体育器械破损、生锈,单双杠上晒衣被,乒乓球桌上晒干菜。有一句话说的是:不怕文盲、怕美盲。这些学术性团体的活动,从宽泛的社会救助意义上,确实是对后进或文化生活不足民众的一种人文精神及审美情趣的提升援助。一些行业协会,还为落后地区送去技术,培训下岗无业人员,帮助他们提升生存技能国家在民政部网站上公布的近年来新农村援助的项目或活动中,由行业协会举办的各种技术培训占了约60%。② 一些老年人组织,通过组织内的互助,增强自身群体的自我管理、自我服务能力,不仅减轻社会的负担,还是老年群体的互助互爱、彼此扶持的有效方式。从这些材料可直观认定,社会组织在社会救助中的作用确实是非常大。但是社会组织

---

① 市社科联:《市社科联2015年工作总结及2016年工作打算》(湖社科联〔2016〕4号),湖州社科网2016年2月15日,http://www.hzskw.net。

② 该数字根据民政部民间组织管理局全国社会组织服务社会项目平台服务新农村发布的信息统计。

在社会救助过程中由于自身定位与受助群体的现实需要不同,救助的实际效果不一样。很多时候,社会组织是根据本组织的组织形象、性质及组织人员的价值判断而设计、筹划社会救助活动和项目的。这些救助活动和项目由于缺乏受助者需要的周全考虑,与受助者的实际需要有差距,甚至有些救助项目并不是受助者需要和希望的救助项目。在调查中,一些贫困落后乡村对于文化下乡,捐赠图书的项目尤其不看好。对于他们来说,由于自身文化水平低,生活极其艰苦,他们首先需要的是经济扶助。至于文化、书籍等没有现实的当下需要。再者,生活的压力,文化水平制约,心理需要等因素,即使拿着书也无法或不愿意阅读。村民还反映,一些技术的培训与他们所从事的生产及工作不相关。有一些行业打着技术援助的旗号,实际上是要利用他们的土地或劳力资源。有些捐助活动实际上是企业或行业进行形象包装、产品推广的需要……一些社会组织的一些救助为虚,自我利益为上的做法损害了社会救助本身的伦理道德导向。一些救助工作流程考虑欠周全而产生的疏漏或虚假救助,不只是损害发起活动的组织,还使人们对救助产生质疑和不满。如近年多起慈善质疑事件,特别是"郭美美事件",导致中国慈善捐助减少了九成。"郭美美事件"后,作为慈善捐助事主的曹旺德对自己捐助西南五省十万贫困家庭 2 亿元的经费提出了被称为史上最苛刻捐款管理具体意见,他要求中国扶贫基金会差错率低于 1%,在半年内将钱完全发放到 10 万农户手中,同时提出基金会违约赔偿的要求。为保证善款专用,捐助方还成立了专门的监督委员会,请新闻媒体全程监督,要求中国扶贫基金会每 10 天递交项目进展详细报告。[①] 这一事件虽然引起了对慈善捐款规范化、细化、透明化的倒逼,但是这一事件直接损害了作为慈善事业龙头老大的社会组织:中国红十字会的公信力、美誉度,使社会公众对社会救助产生心理芥蒂。社会救助本身追求的扶危济困价值定位被现实结果撕裂。

从个人来看,首先是捐助者,个人捐助是最早的自发的互助方式,也是社

---

① 民政部社会救助司:《第二届中国社会救助研讨会在南京开幕》,中华人民共和国民政部 2011 年 5 月 28 日,见 http://dbs.mca.gov.cn。

会救助得以成立的最基础单元。一对一的直接的个人救助往往是基于亲情、友情及邻里关怀，更多地是临时性的暂时接济，其作用主要是心理安慰。在表面上，个人的捐助力量很弱小，但是当个人救助以某种名义发起，并形成以熟人关系延伸的救助网络时，人多力量大，积沙成堆，积少成多。一些明星、名人个人捐赠的数额也很庞大。由北京师范大学中国公益研究院对外发布的"2015 年中国捐赠百杰榜"累计入榜人员总共捐赠达 128 亿元，最高捐赠额达到 29.27 亿元，入榜者中最低捐赠额也有 1200 万元，入选百人榜中有 24 人捐赠总额超过 1 亿元。① 从救助的价值定位上，给予救助的个人，往往是有着同情、怜悯、慈悲、关怀之心，认为在自己能力范围内给予穷困者援助、救助是应当、应该。事实上，救助的目的、动机可能因人而异。有些人确实是出于同情、怜悯、慈悲、关怀之心、之情。有些人可能是基于某些功利的目的：有些人碍于亲人、熟人情面不得不捐；有些人借捐赠宣传个人，树个人形象；有些人以捐赠的方式，回避税收；有些人以捐赠的名义，收获其他项目等……尤其是对演艺明星高调演出后，声明演出所得作为善款捐赠助困救贫有不同的讨论。有些人认为只要捐助行动是实，就应当鼓励、肯定。有些人认为如此高调捐助是以捐助为形式，谋取现实或潜在利益为实，是不应当。从受助者个人看，穷困潦倒，生活无着的事实是社会救助得以存在的前提。受助者个人的情况差别很大，身处困顿，需要帮助的人们，往往处于不同的社会阶层，拥有不同的知识背景，有着不同的人生经历和不同的价值观念。单就低保户而言，民政部新闻发言人陈日发说，截至 2015 年 3 月底，全国共有城市低保对象 1013.6 万户、1842.9 万人；农村低保对象 2932.4 万户、5160.2 万人。② 截至 2014 年，全国集中供养农村五保人数 174.3 万人，分散供养农村五保人数 354.8 万人。③ 早在 2003—2005 年，当时广西全区有农村五保 36.8 万人，④他们生活的困顿

---

① 郭士玉：《2015 中国捐赠百杰榜》，新华网，2016 年 1 月 29 日，见 http://news.xinhuanet.com。

② 何莹莹：《中国 7003.1 万人吃低保 农村低保人数超 5000 万》，《京华时报》2015 年 4 月 30 日。

③ 国家统计局：《年度数据检索：农村集中供养、分散供养五保人数》，国家统计局网，2015 年 3 月 30 日，见 http://www.stats.gov.cn。

④ 广西区民政厅 2005 年 8 月广西五保村建设理论研讨会材料。

引起了极大的社会关注,为此,广西开展了全国都有影响的五保村建设行动,救助农村中这一特殊的弱势群体。虽然从生存、生命的角度,人们认可对这些特殊群体的救助。但是,一旦进入具体问题的交流后,人们就会有不同的看法和评价,有着不同的愿望和要求。在广西五保村建设中,在非受益者一方,有人认为,五保户的产生除了天灾人祸的原因以外,更多的是他们自身原因造成的,如有的年轻时就好吃懒做,有的沾上小偷小摸、滥赌滥喝的坏习惯,有的性格孤僻,难以合群,因此,花那么大力气对这么一个特殊群体实施救助,能有多大的价值? 有人认为,农村社会福利救助的主要对象不应该是五保户,而应该是残疾人,因为残疾人的生活更艰苦,更需要社会的关心和帮助。还有人认为,现在是市场经济,竞争强,压力大,大伙都忙得焦头烂额,都活得很累,自顾不暇,哪有时间和精力管别人的事……在受益者一方,有的五保户认为,虽然五保村建设对改善他们的生活作用很大,但是救助的水平太低了,只管有饭吃,其他很多问题还没有管上,如治病就是个大问题,若患病,只能等死。有些五保老人把五保村的生活标准与镇上的敬老院比较,认为:镇上敬老院有专人煮饭,有专人护理,伙食标准也高些,好多了,相比之下,五保村救助还是不公平。还有些五保老人及其亲友认为:住进五保村,五保老人的生活都应该由政府包下来,个人和亲属就没有责任了。如有一五保户得知自己有条件入住五保村后,在入住前就把自己所有的财产处理掉了。还有一五保老人生病未经批准,擅自到县医院住院治疗,欠下的医疗费就推给乡政府……。

　　由价值目标引起的伦理冲突,就在诸如此类的对社会救助的不同看法和评价、不同的愿望和要求中显现出来。

二、参与主体责任、权利、利益的界定不明确

　　主体是相对于客体的哲学概念,是在活动中居于主动、主导地位的一方。社会救助是一项实践性极强的伦理活动,其主体是人,是社会救助中的所有参与者。以目前的发展态势,社会救助不只是救急、应对,还是以社会福利社会化的思路开展和推进的社会保障机制,它融救济、救助与助人自救于一体。随

着社会救助制度及实践的不断推进,参与社会救助的主体越来越多,各主体在社会救助实践活动中的地位、作用、功能不断发生变化,有合作、有交集甚至还发生矛盾和冲突。任何事物若要有组织地顺利发展,必然要使各参与主体彼此配合,分清活动性质,明晰界定责任、权利、利益。否则,事倍功半。

就社会救助而言,参与主体责任、权利、利益界定不明确也是影响社会救助成效的原因。在社会救助中最容易引起参与主体责任、权利、利益争议的就是救助资金筹集和使用环节。比如,我们早年关注和研究的广西五保村建设问题。广西五保村因解决的是农村五保老人的养老送终问题,无论是筹建,还是维持发展都需要资金投入。2003—2005 年,广西五保村建设热潮时期,各乡村的投入、社会各界的捐助热情都很高。当时,每建一个可供 10 人左右居住的五保村房舍,大约就要投入 5 万至 7 万元。房舍建成后,五保老人搬迁入住后,后续资金的投入更大,包括每月的生活补贴、水电费用、生活娱乐设施购置费、住房的维护费用、入住老人的医疗卫生保健费等。广西五保村的初建有民政、卫生、教育、宣传等众多部门配合,形成了政府主导、社会多元参与,多方配合的局面。即使是在村一级,也有村委会、村民、五保对象的亲属、五保户自身、五保户责任田的代耕者等多元主体的积极投入。当时,为规范五保村建设,基于责任、权利、利益的分配和协调问题,市政府出台文件,界定一些可以界定的责任、权利、利益关系。如贺州市在五保村建设初期,下发了许多文件以明确五保村建设过程中各部门的具体职责:民政部门负责五保户的调查摸底和编制五保村建设基本规划,并按照市委、市政府的要求做好督促检查等工作;财政部门负责争取、调度五保村建设资金;计划部门负责五保村建设项目的立项审批工作……①。但是,在具体的实践中,早期建房舍的筹资是做得相对最顺利的,而其他的工作,比如房舍建设所需土地的问题、承建工程的问题、五保村后续维持和发展的资金问题等,就不是那么顺利了。建设过程中遇到的具体项目的矛盾,是因为政府主导,社会多元参与而导致各方责任、权利、利

---

① 贺州市委办公室、贺州市人民政府办公室:《贺州市五保村建设工程实施方案》,广西区民政厅《广西五保村》(内部材料)2004 年,第 139 页。

益界定不明确而产生的。政府各部门、参与救助的各企业、参与救助的各人（含五保户）这些参与主体虽然热情都很高，但是各参与主体的关系如何协调互动、各自应当做什么，应当做到什么程度为宜是不清楚的。基层民政办反映，政府要求，社会参与的五保村建设是对最基层的农村民政工作的支持这是肯定的，但是具体到工作的运作和维持，对于他们来说是责任更重了。基层民政办认为他们是最基层单位，责任重了，工作多了，但是权利和利益却无从体现。说得实际点就是，过去这些五保户是分散供养的，这些五保户的生活等问题一是他们本人自己负责，二是村上的亲戚邻里帮助，民政办保证供养经费发放就可以了，而五保村的建设使原来分散供养的五保老人变为集中供养，对于基层民政办而言，不只是供养经费发放的问题，这些老人的生活，也就是生老病死的责任更集中在民政办的工作上了。民政办层次低，机构小，人手少，工作人员甚至是兼职的，五保村建成运行后，对于他们来说，工作内容多了、范围加大了，工作付出更多了，不说增加工资，就是用于五保村后续运作的经费如何解决都不是民政办可以有自主权的。民政办的基层性质，使其甚至连获取五保村运营经费的渠道都不是太清晰，更不能做到有保障。他们担心五保村的后续维持的经费及工作压力让他们不堪重负。一些非民政部门虽然认同五保村建设，但是他们同时认为五保村建设应当是民政部门的事情，与他们部门的工作关系不大，临时性的从部门经费中划拨一点，再动员本部门干部职工捐助一点是可以的，如果从长期发展来看，若要他们承担持续的共建任务是不太现实的。当时，市委、市政府为确保五保村的长期稳定运行，动员各行政部门参与五保村建设，实质上是以行政管理的方式要求一些部门与五保村建立长期共建关系，事实上长期承担共建五保村的援建、存续、完善、发展的责任。这样的责任对于非民政部门而言，感觉超越了他们的职责、权利范畴，是不可能长期持续执行的。再有建设的用地问题，五保村建设需要用到一整块的一定面积的建设用地，分田到户后，村集体的共有土地很少，有些村事实上已没有集体共有土地，建设用地的解决就成为问题了。再有五保户搬入五保村后，有了新的安身之地，他们原来的房产、地产如何认定归属呢？正是由于参与主体责任、权利、利益界定不明确，早期轰轰烈烈，引起国家民政部及社会广泛关注的五保村建设,到中期慢慢产生矛盾。到后期,由于各种陆续产生的矛盾无法解决,外加上贺州市倡导建设五保村的市委书记、市长等领导变动,五保村建设项目无法持续发展。2010—2015年,多次重新走访五保村,这项2003—2005年被称为德政工作的基层救助行动,也就是10年时间,如今很少人再提起。有些五保村已经处于荒废状态,原来入住的五保老人又搬出五保村重回旧居,即五保村目前的现实是基本瘫痪、甚至事实废弃。

低保救助是涉及面最大的救助制度,低保申请中,同样遇到参与主体责任、权利、利益界定不明确的问题。我国推行全民低保,只要是家庭人均收入低于当地城乡居民最低生活保障线标准的我国公民,都可以有向当地政府申请并获得维护基本生活物质救助的权利。我国低保政策中明确提出“应保尽保、公平公正、动态管理、统筹兼顾”的基本原则。这16字原则强调了低保的惠及面全覆盖,即“应保尽保”。低保的实行要体现社会功能,做到“公平公正”。作为权利,低保涉及面广,但是,具体得助的受众却是人群中的特殊群体。低保救助的受众随着社会动态的变化而变化,发展而发展,不可能有固定不变的呈现模式。低保救助要做到“应保尽保,公平公正”,必然在具体的执行策略上是“动态管理、统筹兼顾”,因而,党的十八届三中全会提出“推进城乡最低生活保障制度统筹发展”。① 在全面建成小康社会,实现中国伟大复兴之梦,使社会主义改革开放成果惠及全体人民的大背景下,这里的城乡低保统筹发展,实际上是要实现城乡一体,在民众基本生存权的维护或保护上做到公平公正。为冲刺2020年,实现全面小康,《中华人民共和国国民经济和社会发展第十三个五年规划纲要》提出攻坚扶贫,通过政策、制度、行动力求全民脱贫,最后仍然做不到完全脱贫的,以低保的方式由政府兜底。2015—2016年,基层工作部门喊出的最流行的口号就是“政府兜底,精准扶贫”。目前,城市低保基本上能较好地落实,问题主要在农村低保。困扰农村低保的问题可以归结为参与主体责任、权利、利益界定不明确。农村低保救助不像城市那样简

---

① 《中共中央关于全面深化改革若干重大问题的决定》(2013年11月12日中国共产党第十八届中央委员会第三次全体会议通过),《求是》2013年第22期。

单,农村要做到应保尽保,公平公正,首先要确定低保对象。依据制度设计,家庭收入为确立低保对象的衡量尺度。这一确立低保对象的工作,看上去很简单,但是,在具体的实行中,农村低保户的确立却不是一项简单的工作。农村申请低保程序上,最核心的一条是必须说明自己的家庭收入情况、困难程度,只有收入低于农村当地低保标准才可申请低保救助。从制度的设计上,低保申请、审批、落实似乎也相当明确,没有执行的困难。然而,在市场经济背景下,我国农村居民工作性质的自主性、动态性、多样性等因素,农民的家庭收入准确测算在具体的执行中相当困难。当下,农民的工作具有很强的多样性、临时性。今天是建筑工地,明天菜市场,后天大商场,大后天,可能连续好几天赋闲在家,这样的收入多成分、多样式,工作的不稳定性,使农民的具体收入难以统计。再加上雇工方的克扣、拖欠,账面上有钱,可实际上无法形成事实性的当下收入,也可以导致部分农民致贫。此外,由于包产到户,农民生产劳动的个体性,外加上一些不良生活习惯,导致生活无着的现象也事实存在。总体上,对农村低保的认定相对于城市低保认定,要复杂且困难得多。我国基层民政办工作人员少,一般不设置专门的低保申报管理职位,依靠基层民政办工作人员核实救助对象的经济收入情况时常人手不足。基层民政办与农村低保涉及的相关部门还存在沟通和联系上的不足,有些信息和材料相对封闭,各部门对自己本部门在低保中担当的角色,并由角色应当承担和分享的责任、权利、利益没有明确的认识,也不容易做到精确扶贫帮困。目前,低保申请对象收入测算难、低保名额分配难、低保动态管理难、低保对象分类难、低保按户施保难的问题是农村低保工作的普遍问题。又由于存在这些困难,已于2012年明确下发的《最低生活保障审核、审批办法(试行)》设定的低保救助的各项具体规定,从文件章程上的规定相当细致且明确,但是,在实际具体执行中却是模糊性的,难以精确执行的纲纲条条而已。正是由于参与主体责任、权利、利益界定不明确,人们对低保救助的重视更多的只是“权利”和“利益”的认识,往往忽略、甚至无视“责任”。一些基层民政办人员、村委会人员缺乏对政策的准确认识和把握,各地不同程度地存在以关系亲疏、按人情轻重确定低保对象的情况。有些村干部,在村民自选中,还用低保指标笼络人心,作为拉选票的手段。再具体到低保人员,他们也把低保当作"权利"和"利益",而忽略了"责任"。一些困难户想到的是自己经济困难,就应当得到救助,不给救助就是不应该,而自己应当提供的各种论证材料却不乐意费心去准备并提供,只是拼着、争着要得低保。在广东、广西、云南、贵州农村走访低保户时,类似这样的现象不是个例。在与村民的交流中,村民反映的往往是为什么政府不给低保,而不是自己申请低保是否符合条件,是否按规定进行了申请,并提供有效的相关材料。在与一些低保户及反映自己应当列入低保,但无法列入并享受低保救助的村民交流中,低保救助中的矛盾主要还是当事人自身对政策缺乏认识,具体的就是无法提供相关的申请材料。农村低收入阶层把获得低保救助视为权利,重视利益,而忽略了应当履行及承担的责任。遇到这样的问题,有些基层民政办工作人员就自己帮着当事人做好申请材料,直接送到当事人手中签字,有一些救助对象,连签字都是基层民政办具体的执行人员代签。

医疗救助、医疗捐赠也是社会救助中主要的内容之一。人都免不了生老病死,病被视为人生四大难之一。然而,生病是一种痛苦,需及时救治,争取康复,生命无忧。但是,疾病的治疗是一项特殊的服务,需要专门的技术,涉及专门的仪器设备,治疗疾病的药物,病情严重无法自理的患者,还需要专门的护理人员,患病者不只自身无法工作,还要支出疾病治疗和护理的费用,所以,俗话说:"健康是福,健康即是财,一病穷三年。"然而,疾病与人相伴,区别只是大病、小病,自己能否负担疾病治疗费用、生病期间护理费用而已。基于生命有价,针对因经济困难自身无能力承担疾病治疗费用的情况,国家基于社会保障和社会福利的伦理诉求设立了医疗救助。为身患大病,自身无经济能力解决医治的公民提供专项救援。除此之外,生老病死也是人们都会遇到的问题和困难,对自己无能力解决疾病治疗的弱势群体,亲朋好友、人民大众自然会有同情心、怜悯心。正是基于类整体的自然同情心、怜悯心,针对疾病治疗的需要,以政府、单位(往往是病人所在单位)、个人(往往是病人的亲属、好友等)为主导,还会向周边熟悉的亲朋好友、同学同事发出慈善捐助的呼吁书。一些亲朋好友、同学同事再向自己的亲朋好友、同学同事呼吁捐助,由此层层推演,慈善捐助的呼声越来越高,呼吁救助的范围也越来越大,获得捐助的力度也越来越大。随着慈善救助的社会化,外加上"互联网+",因病而直接诉求网络,寻求医疗救助的捐助方式发展也很快,可以用星火燎原形容。如,天涯社区、华声论坛、微信朋友圈等,这些社交网上时常会发布一些求助信息,组织一些救助活动。随着网络救助的兴起、发展,一些民间自发的救助网络也在网上建立起来,如腾讯的 WE 救助(大病儿童紧急救助)、河北省正定市民间网络"402 爱心社"等。河北省正定市民间网络"402 爱心社"已成为合法的慈善机构。医疗救助与低保救助异曲同工,无论是政府民政部门提供的救助,还是亲属及社会各界提供的救助皆有救助的条件,即救助对象为伤病患者,且凭自身能力无法解决医疗所需费用,即贫病交困的对象。政府医保救助是每个公民的权利,但是,要获得医保救助必须符合救助条件,并依据规则申请。虽然民政部门通过各种方式对医保救助相关政策进行宣传,在调查中,人们对医保救助的关注和了解还是比较有限。医疗救助资金闲置和患病困难群众为疾病医疗费求助无门的现象同时并存。在具体的执行中,存在临时性将救助对象定为低保户,或直接把救助对象定为 70 岁以上高龄老人等一些与救助原则擦边的妥协式、临时性处理方式。按规定除特困人员外,接受救助的对象还可以是经各种救助仍然无法解决医疗困难的特困人员和接受救助后愿意回馈社会的人员。在调查中,授受救助的意愿是强烈的,但是,对于接受救助后,还考虑到将来有条件回馈社会的并不普遍,也不强烈。申请医疗救助的对象同样是重视救助的权利和利益,而忽视接受救助的责任。有些非政府的医疗救助捐赠,由于宣传、响应面广,获得的捐助不少。一些意识到接受捐助的责任、权利、利益关系的受助者会定期公告捐赠款项用于专项治疗的开支,承诺治疗剩余款项的处理方式。也有一些接受捐助者只在意捐助效果,只管接受到多少捐助,对于接受捐助而产生的责任、权利、利益关系不作考虑。还可能因为捐款多了,而发生滥用捐款的现象。

救助本是基于类整体的同情心、怜悯心而自然发生的对遇到困难需要帮助的同类给予的援助。当救助只是偶然的,未形成制度,涉及面较小,影响力及持续时间不长的情况下,参与主体只关注救助本身带来的利益是普遍的,人们追求的只是借助外界力量帮助受困者缓解或者摆脱困境,不会周全考虑救助的"责任、权利、利益"的关系问题。但是,当救助成为一项制度,涉及面广、影响力大、持续时间长时,救助就不只是救急了,救助产生的社会效应,包括后续责任、义务等问题自然成为人们关注和考虑的内容。如前面提到的五保村建设不只是救一时,还要考虑入住五保户老人后续的生活维持的问题。低保救助、医疗救助不只是一时的助困,而是带着社会福利、社会保障性质的,从权利上惠及全体人民的生命、生存权利的问题。即救助由基于同情、怜悯的救急成为福利性社会保障的制度设计时,基于同情心、怜悯心的情感救助就成为与社会制度相关的公平、正义问题了,自然就产生了关于救助的"责任、权利、利益"的关系问题的关注和讨论。如果参与主体的"责任、权利、利益"界定不明确,伦理冲突也就不可免。因"责任、权利、利益"界定不明确引发的伦理冲突自然会影响到社会救助的发展。最大的负面影响是人们不愿意参与捐助,不支持社会救助项目的开展,因此,当救助成为持续起作用的社会制度时,明晰的"责任、权利、利益"是工作可持续发展必不可少的条件。

三、个人利益与集体利益的冲突

"互利"是人际关系和谐的前提,"互助"是社会公益福利事业的基础。让社会成员认同社会是一个整体,并在这个整体获得一种归属感,在这个整体中建立起平等、互助、互爱的人际关系,这是开展和推进社会公益福利事业重要的伦理前提。在社会现实生活中,由于物质财富的相对有限性,人们一般较为关心自己的个人利益。如争取、维护个人利益的观念和意识普遍比较强;对集体财产处分的公平、公正、合理性普遍比较重视;帮助他人首先考虑自己的经济承受能力;参与公益事业以不侵害个人利益为前提;当个人利益与集体利益相矛盾时,一般希望保存个人利益,为了集体利益确需让渡个人利益,人们也希望遵循等价互换原则,至少是适度补偿原则等。当人们对个人利益过分关注时,就不能不影响平等、互助、互爱的人际关系的建立,不能不影响社会公益福利事业的发展。社会救助直接受益的对象是个人,但社会救助在制度设计的层面却是人类整体、集团整体,因而,社会救助中个人利益与集体利益的冲突也是自然而然存在的伦理道德冲突的现象之一。

从总体上说,社会救助的主线由早期城邦互助,到以宗教为主体的非政府组织为救助主体,以宗教的慈善活动为主要方式,慢慢发展为政府、国家、社会责任为主体,社会组织及慈善人士为辅的社会保障的民生福利层次。以城邦政治作为社会生活重心的古希腊古罗马,救济与救助包含在个人与城邦、道德与政治、美德与人生的关系中。在《伊利亚特》中就有记载,女神救起了遇到风暴船只沉没的阿喀琉斯,这就说明神本就有救助遇难者的本分。古希腊古罗马时代,虽然阶级等级森严,但强调城邦的共同体,在《奥德赛》中有城邦中对罹难的他人的援助的描述,这被认为是公民的美德。伯利克里则把生命置于第一位,他说:"我们所应当悲伤的不是房屋或土地的丧失,而是人民生命的丧失。"[1]对于为保护城邦人民生命英勇作战的英雄,对于给予接济处于生命危难的人们给予优待。安提丰则在《真理》中强调人与人天生平等,没有差异,对于处于困难的人当施以援手。中世纪的基督教从上帝普遍的爱出发,卢梭从社会契约出发,休谟从人的天然同情心出发,强调对弱势群体、灾荒饥民的救助。在中国,历史上一直以来都是重视社会救助,救助的具体落点是民众,但是救助的价值指向是社会整体。可见,无论东方或西方,社会救助作为社会安定,幸福民生的保底线是历史以来一以贯之的传统,是政府与社会应尽的本分职责。

社会救助毕竟是一个利益给予和得到的关系问题,个人利益与集体利益的冲突在所难免。还是提到我们一直关注的广西五保村建设。广西五保村建设本是一项主要面向农村孤寡老人的公益性福利事业,但是,在五保村建设的过程中,涉及五保村村址的确定、土地的调配、资金的使用、公物的管理等问题,如果互利互助原则得不到贯彻,极易引发利益冲突,从而影响五保村建设的推进。事实上,这样的问题确实存在。如,五保村建设需要一整片的较完整较宽阔的土地建房和安排五保户的生产和生活,以便于管理,这就涉及村址的选择和土地的调配问题。有的村庄,交通便利、环境较好的路段,征用、开发的可能性较大,因而潜在价值也较大,村民就不大愿意转让和调配;有的村民考

---

[1]　《欧里庇得斯悲剧》(三),人民文学出版社 1958 年版,第 233 页。转引自章海山:《西方伦理思想史》,辽宁人民出版社 1984 年版,第 52 页。

虑到自家土地比较便于耕种和管理,也不愿意与五保户调换土地;有的在调配的时候,过于关注个人利益,提出过高的调配条件和补偿要求;有的村庄,受传统迷信观念的影响,认为五保户无子女,命运不济,特别是那些中年丧偶、老年丧子的孤寡老人,在村民看来是命相不好的克星,而且五保老人的生老病死也不是什么好事,因此,不愿意在村落里建五保村;有的村民认为五保老人长期孤独生活,性格怪僻,个人生活不卫生,也不愿意五保老人作为一个群体与自己为邻。再如在资金的使用和公物的管理上,五保村的房屋建成以后,使用权归村里的五保老人,由村委负责管理是明确的,但是所有权归属于村委,还是归属于乡(镇)政府,或者归属于县(区)民政部门,却无明确规定。五保村遇到的资金使用和公物的管理问题,主要体现在对捐赠现金和物品的处置上。五保村是公益事业,是救助弱势群体的载体,它会不定期地收到个人和单位捐赠的物品和现金。比如,作为广西区级示范点的五保村,由于参观的单位和个人较多,收到的捐赠就多,而偏远的条件稍差的山区,收到的捐赠就少。不管捐赠是多是少,都涉及一个管理和处分的问题。捐款及捐赠物资一般由五保村村民选举的村长负责,依据老人的民主意见处理,平均分配。但是在具体的操作中,由于个人觉悟问题,个别五保村中的村长,出于个人私利,对捐赠物资和现金分配不公,这就产生了五保户之间的矛盾;大多数情况下,老人觉得这些捐赠的物资和现金应该平均分配到个人手中,但是从五保村建设的发展来看,这显然是不可能的,因为从长远来说,需要有一些公共资金支持五保村的持续运作,如用于房屋的防护、维修等,这就产生了五保户个人利益与五保村整体长远发展的矛盾;有些广西区级示范五保村收到的捐赠较多,这些捐赠是全部发给五保户个人或只用于个别五保村的建设,还是留出部分用于五保村集体建设项目的开支,这也存在一个如何合理处分的问题,处分得当,各方皆大欢喜,处分不当,就会引起争议,引发矛盾,影响慈善捐赠活动。还有的捐赠人出于个人的意愿进行的捐助,有可能没有考虑五保村管理的具体实际,影响了乡(镇)民政工作的开展。如某单位从便利五保老人的生活着想,在没有与当地民政工作人员沟通的情况下,直接给某五保村老人捐赠了一批电饭煲。这批电饭煲虽然方便了老人的生活,但是由于该五保村的水电费是由乡(镇)

民政资金统一支付的,电饭煲的使用增加了民政开支,乡(镇)民政资金是非常有限的,其使用具有均衡性,不可能对某个五保村给予特别关照,这就把乡(镇)民政部门置于两难的境地:不给老人用电饭煲不行,给用吧电费又成了大问题,五保老人本身没有经济能力支付电费,由民政部门支付,他们也力不从心。另外,有些五保老人及其亲戚担心入住五保村后,会影响五保老人的财产处理,因而也不愿意或不赞成入住五保村;有的五保老人担心入住五保村后,生病时,亲属撒手不管,死亡后的后事处理不妥,也不愿意入住五保村。利益冲突引起的伦理困境,已成为阻碍五保村建设和发展的不可忽视的因素。类似广西五保村建设中出现的个人利益与集体利益的矛盾冲突在许多社会救助项目中都存在,并成为影响、制约社会救助项目存续及发展的重要因素。

再如,2013年4月20日,四川雅安芦山发生7.0级地震,虽然香港各界很迅速为芦山震灾捐款6000万元,但是,由于中间发生的捐款讨论,提出了内地捐款管理问题。中国红十字会在遭受信任危机的同时,正式、公开且大范围讨论捐与不捐。这个事件在事实上,涉及救助中个人利益与集体利益的关系问题。如果善款管理不善,一是违背捐赠者个人意愿。二是本应救助的对象得不到救助,而被少数人挪为他用。这两个损害,使救助基于集体的爱心受损。在关注香港捐赠事宜之后,一名叫关英汉的老人,把自己长期积累的103000元善款交给沈阳市红十字会人员手中时,千叮咛万嘱咐一定要把钱数清楚,要实实在在地把这笔钱用于救助灾区的老百姓。

低保救助中也有这样的矛盾冲突。低保救助中表面上享受低保的是个人,特困户,但是从制度设计的角度,是针对全体国民,正是基于全体公民权益,要求救助金要按制度规定惠及事实的贫困户。所以在制度层面上,申请人的基本情况、申请人的家庭收入情况、家庭成员、人口结构、甚至包括子女受教育情况都需要通过公众信息栏公告无异议。有些地区对申请人的基本情况还要进行低保申请听证,通过提问、质询的方式确保申请人情况真实,符合标准。由于制度本身面向全体民众,而实际具体受惠却是个人。为确保低保救助不发生或减少个人与集体的矛盾冲突,推行低保救助对象家庭备案制度。民政人员到低保户家中进行走访,通过接触邻里群众、征求社区管理人员力求掌握第一手真实的资料,为低保救助提供既兼顾个人实际得利又不损害其制度上的公众权益设计提供决策依据。为实现低保救助的公平、公正,实现精准扶助,确保救助的制度设计目标能够实现,低保救助的规范化越来越走向程序化、制度化、信息化。这样的制度化设计是体现了大众的社会的公平、公正,但是,却涉及对弱势群体具体的个人利益的损害。如,个人的权益和隐私问题,为了得到低保救助,收入情况、家庭成员、人口结构甚至包括子女受教育问题都得公示。在我们的走访调查中,一些群众提出了不能接受这样的公告。他们认为这样公之于众很丢人,不如选择放弃低保救助申请。

四、救助责任认知的不统一

人们基于责任认知,往往从自身担当的社会角色出发,对自己行为可能产生的后果进行权衡,评估可能产生的利益得失,做出行动还是不行动、作为还是不作为的取舍决定,从而选择与自己身份相符合、与自己责任认知相一致的行为。人们对责任认知与否,对责任归属的主体判断不同,人们的行为表现和选择就不同。如果行为主体认为这是自己的责任,无论是基于道义上的考虑,还是出于利益得失的权衡,他们会自觉地视为分内的事,努力完成。反之,如果行为主体认为这不是自己的责任,他们在态度上会表现出冷漠,即便事情就在自己眼前,也会下意识地回避,会袖手旁观。

社会救助作为一项社会保障性福利事业是当经济发展到一定程度,人们基于对社会公平、正义、平等、自由的理解和认识,对社会发展过程中出现的处于贫困状态的弱势群体产生原因进行反思的基础上,而提出的保障弱势群体生命权、生存权、发展权的措施、方式或体制。对弱势群体产生原因的理解不同,救助责任归属主体就不同:认为弱势群体的产生主要是个人的原因,由于个人过错造成的,解决问题的责任就归于个人;认为弱势群体的产生主要是社会和国家的原因,解决问题的责任就归于社会和国家;认为弱势群体的产生既是个人的也是社会、国家的原因,解决问题的责任就应由个人、社会和国家共同承担。对发展救助弱势群体的社会福利事业的意义认识不同,对社会、国家和个人的责任理解也就不同:认为救助弱势群体的社会福利事业是实现社会公平、正义的方式,认为国家、社会有职责为全体成员构建最低生活保障机制,则救助的责任主要是社会、国家,并主张在社会经济发展的基础上,通过宏观调控、社会再分配、转移支付等手段来解决问题;认为救助弱势群体的社会福利事业有可能使个人忽略自身的责任,形成对国家、社会的依赖,从而不利于个人潜能的发挥,不利于社会竞争机制的发展,则解决弱势群体的生存问题主要是弱势群体个人及其家庭,主要是通过个人及家庭自救来解决;认为救助弱势群体的社会福利事业是构建新型的互助互爱的人际关系及创建和谐社会的前提,则解决弱势群体的生存问题就成为社会全体的共同责任,其解决方式是个人自助、社会互助、国家救助的统一。

责任认知准确,责任担当到位,社会公益福利事业就能顺利开展。还是以我们关注了近十年的五保村建设为例。五保村建设的问题,在五保村建设的过程中,虽然那种深怀仁爱之心,广施慈善之举的行为,随处可见,但是在社会道德水准不高、人们更加注重实惠的当代,人们对救助弱势群体的社会责任、个人责任的认知,仍受到传统观念、知识水平和个人利益的左右。在调查问卷中,认为五保户的救助是国家的责任,是民政部门的事的占 20%,对个人参与这一活动的动机是出于同情、献爱心的占 67%,出于社会责任的占 53%,支持民政工作的占 25%(此项问卷设计为多选题)。在实地访谈中,有些村民说自己每天为了生计,忙于耕田种地或外出打工,累得很,哪有闲暇顾及别人;能偶尔为五保老人加点菜,或过年过节给五保老人分点糍粑,或是请五保老人到家里吃顿饭已是难得。有些村民对于帮助生活困难的五保老人比较谨慎,担心别人说自己多管闲事,担心别人误会自己的助人动机,好心不得好报。他们认为帮助五保老人有个亲疏远近的问题,对五保老人的关心和照顾,应该是其亲人,如果逾越了亲属的关系,五保老人的亲属会不高兴,被认为是多管闲事或别有用心,要么是看不起五保老人的亲属,认为五保老人亲属没有尽到责任,要么是想继承五保老人的财产(五保老人的宅基地、果园、竹林、菜地等)。在他们看来,五保老人的救助是其亲属的责任,是由血亲关系而产生的天然责任和自然道义,认为赡养自己的父母是法定责任,义不容辞,但是对于与自己无任何血缘关系的其他老人,则爱莫能助。有些村民认为五保老人虽然晚年生活很可怜,但是,这主要是他们个人的原因造成的,因天灾人祸而成了五保户的毕竟是少数,大多数五保户要么是脾气古怪、孤僻而成不了家,要么是年轻时好吃懒做,或有犯罪前科,导致妻离子散,等等,认为他们现在的生活困境是咎由自取,应由他们自负其责,自食其果。诸如此类的责任认知显然不利于责任担当的问题的解决,不利于形成国家扶持、政府指导、村委负责、多方参与的五保村建设的合作体系,不利于五保村建设由行政主导向政策引导、市场运作、社会参与转变,一句话,不利于五保村建设的可持续发展。事实上,这也是导致五保村出现不能为继、走向衰落、瘫痪的原因。

再如低保救助,我们在广西乡村调查走访中,遇到了一位近80岁高龄的老太太,老太太没有获得低保救助的原因是:老太太因为已过世丈夫是某企业退休职工,丈夫在世时,老太太完全依靠丈夫经济来源生活,依据企业职工过世遗属困难生活补助条例,老太太每月可获得115元的生活补助金,所以不能再申请农村低保救助。她的子女反映她没有获得低保不应当,虽然老太太已从逝世丈夫所在单位按政策规定获得直系亲属生活补助金,但这份生活补助金很少,低于本村的低保救助135元,像老太太这样的生活境况不列入低保救助是不公平的。对这个问题的看法各执己见,在走访中,与老太太不是亲属关系的,大多数认为一个人不能同时得到两份或多份救助,因而老人没有获得低保救助是应当的。再说,农村老人的养老还有子女的问题,虽然老人原来是依靠其丈夫生存,当其丈夫过世后,应当由其子女负责养老送终。与老人有亲属关系的则认为,应当从老人事实的生活境况着眼,她生活困难,就应当获得低保救助,这是国家规定的。类似这样的责任认识的不对等而引发救助伦理观念上的冲突,在具体的社会生活中不是个例,而是平常现象。

第二节　社会救助伦理冲突的解决

社会救助的伦理困境、伦理冲突的存在,不利于社会救助的可持续发展。

为走出伦理困境,有必要对社会救助中的伦理冲突进行认识上的提升和深化。这是解决社会救助中伦理问题及冲突的必需。社会救助的具体方式多样,但是,无论什么群体的救助,在事实上都可以视为弱势群体。正是基于这一前提,在此,把社会救助的对象从最宽泛的意义上定义为自身遇到无法克服的困难,需要社会救助的对象。要解决社会救助中的矛盾和冲突,首先要正视弱势群体存在的必然性,合理性。

一、社会救助中的弱势群体存在的合理性

社会救助是针对社会中的弱势群体而开展的扶助、救助性行动。在一个人们的思想境界还没达到劳动成为自觉,社会可以提供的物质财富还没达到各取所需的时候,竞争不可或缺,人类社会中的优胜劣汰自然并现实存在。而且竞争、优胜劣汰往往还是人类社会基于对人性的自私和现实中存在的懒惰的社会现实的管理手段。要解决社会救助在伦理道德上的冲突问题,首先得承认弱势群体,即需要救助的群体存在的合理性,不可避免性。换言之,弱势群体合理性问题,从宽广的视野看,实际上是弱势群体应不应该予以救助的问题。由于对弱势群体产生的原因、存在的价值、救助的后果的认识不同,在该问题上就存在反对和赞成两种完全不同的观点。从伦理视角观之,要推进社会救助事业的发展,对弱势群体实施有效救助,首先得承认弱势群体存在是有社会现实依据的、是合理的存在。具体的依据如下:

第一,弱势群体产生的主要原因是社会原因。对弱势群体的产生的原因认识不同,对弱势群体救助的态度则不同。认为贫困的产生主要是个人原因,是由于个人的懒惰和浪费造成的,反对给弱势群体以救助;而认为贫困的产生主要是社会原因,是由于社会资源的相对有限,和社会竞争的优胜劣汰所导致的,则主张在一定程度上给予弱势群体以救助。人们无法选择出生的时间和地点,生于落后地区和贫困家庭不是个人意志能决定的;疾病和灾祸也不是个人的能力所能抗拒的;即使是性格怪愎、不良行为、品行不端、好吃懒做这些看似个人因素而造成的生活困境,也有其社会根源。倘若社会本来没有不良的

习俗、不存在不良品行存在和发展的空间,又哪里会有个人品行的缺失呢? 正如新自由主义福利思想家霍布森认为,贫困既有个人的原因也有社会的原因,即生而不均等的先天条件,导致一些人没有足够的能力发挥个人潜能,获得发展的机会或均等占有生产资料。① 可见,贫困产生的社会根源决定贫困的解决主要应是社会、国家的责任。解决贫困问题不能仅靠个人的力量,而主要应通过国家的有效干预,通过建立健全社会保障机制来解决。如广西的五保户其产生的具体情况是:

1. 由于早年家境贫寒,没有经济能力娶媳妇,成了老光棍(这部分五保户主要以男性为主,年龄偏大,大多数出生在新中国成立前,且分布在边远、穷困、落后的山区);

2. 由于疾病、残疾无法结婚或没有生育能力;

3. 由于天灾人祸老年丧子;

4. 由于性格怪悖、不良行为、品行不端、好吃懒做而使婚姻成为老大难问题。

五保户首先是家庭的残缺,没有完整的人伦幸福体验。造成这样的生活境况并不完全是个人的原因,在一定程度上毋宁说是社会的原因。类似五保户,贫困者的可怜确实有其自身的原因,但是这些自身的原因从根源上更多的是社会的因素导致的。

第二,弱势群体的问题是社会发展需要解决的问题。有人认为贫困或弱势群体的存在是社会发展的必然,也是物竞天择、适者生存的自然法则在社会生活中的体现。认为贫困的存在也是有益的,贫困者在接受施舍、依赖他人时会产生羞耻感,这就可以激发其本人及其他人的潜能和努力工作的动力。而对贫困人口的救济则会产生不良的后果:形成救济依赖,使人缺乏自立意识;助长浪费,影响民众自由等。② 也有人认为增加财富的目的是增进民众的幸福。主张发挥政府的职能,通过政府干预使人与人的收入保持平衡,强调对穷

---

① 丁建定、魏科科:《社会福利思想》,华中科技大学出版社 2005 年版,第 74 页。

② 参见[英]马尔萨斯:《人口原理》,朱泱等译,商务印书馆 1992 年版,第 58、54—55 页。

人的关心和救助,穷人生活富裕是全体国民安居乐业的前提,是国家兴旺发达的标志。[1] 其实,社会救助是社会发展的必然。随着我国经济社会的发展,社会保障累积资金也达到了一定的程度,解决弱势群体的生活困难问题理应提上日程。正如许多专家学者在中国社会保障论坛首届年会上指出:中国经济社会发展了,实现全民最低生活保障制度的条件已经成熟。

第三,弱势群体合理救助是人类互助协作、扶危济困美德的体现。有人认为救助弱势群体会造成或纵容依赖、懒惰、浪费等不良的后果。他们反对济贫,他们认为济贫实际上是鼓励懒惰和浪费,是对勤勉和慎重的打击,救助会导致个人对国家的依赖。[2] 具体的生活是每个人自身的,每个人都有通过诚实劳动获得幸福的权利和义务。然而,在物质资料相对有限的状态下,由于个人先天的素质和社会体制的现状,使个体在竞争中必然会出现资源占有的区别。因而生活中的困境并不单纯是个人品行的问题,资源相对有限、社会制度安排的不合理是主要的原因。如果我们把人类社会看作是一个共同的集体,那么对于生活中的弱者,社会和其他社会成员有责任有义务给予关心和帮助。如类似于五保户这样的困难户,我们在他们身上也许看到依赖、懒惰、浪费等不良品行,而且一旦有了政府的救助,有些人会为吃救济而放弃个人生存责任。我们不否定这种现象的存在,但是对于大多数有自尊的人来说,依靠救济生活是一种个人无能的体现,是一种耻辱,依赖救济生活是迫不得已。如我们不追究类似五保户这些需要救助的对象的早年生活状态,只是就目前的生活现状而论,如同五保户主要是一些老年人,"三无"人员一样,即使他们有雄心壮志也没有力量改变自己的生活境况了。如果说他们目前的生活困窘是早年依赖、懒惰、浪费等不良品行的惩罚,那么社会给予这一特殊群体的救助,则是社会的宽容,是人类互助协作、扶危济困美德的体现。

可见,救助弱势群体于情于理都是正当的合理的,社会救助在情理上存在是必然的。

---

[1] ［瑞士］西斯蒙第:《政治经济学原理》,何钦译,商务印书馆1964年版,第287页。

[2] 万俊人:《现代西方伦理思想史》,北京大学出版社1992年版,第9页。

二、社会救助的性质界定

社会救助伦理问题中，解决了弱势群体存在的自然及合理性问题之后，要解决弱势群体救助中的伦理问题，从整个社会管理的视角，从社会的整体性出发，必然要清晰地界定社会救助的性质。有生物学家在长期的研究中，认为人类是地球生物中最弱势的，成长时间最长，最需要依赖整体力量，在相互帮助中生存发展的物种。从我们的调查研究中，我们也认为社会救助是不可或缺的人伦关系的必然，是基于人类的类整体的生存和发展必需的。因为全体公民幸福才能有社会的安定，全体公民都能彼此照顾，在生存的基本权利和义务、在确保公民地位平等的前提下，人类社会才是幸福和美好的，人们才有类的归属感。

第一，以全体公民的幸福作为首要的价值追求目标。社会合作的目的，是使尽可能多的甚至全体公民在自由、平等的基础上，通过制度的安排进一步确保、扩大基本利益和基本权利。社会组织和管理的目的是以全体公民的幸福作为首要的价值追求目标。一个组织良好的正义的社会制度的设计是推进它的成员的利益。[1] 在马克思看来，大多数人的自由和平等也是以社会大多数成员的发展和利益增进作为归宿的。[2] 因而，社会主义制度最终目标是共同富裕。贫穷落后、两极分化，不是社会主义，社会主义制度必然要让每一个社会成员都享受到社会进步和文明发展的成果。因而关注、扶助弱势群体成为社会主义制度的应有之义。如五保户生活于社会贫困线以下，是极度贫困的弱势群体。只有通过政府，通过制度建设，使这部分人共享改革开放的成果，才能解决这部分最贫困的弱势群体的生存问题。让类似于农村五保户这类社会中最弱势的群体"老有所养，居有其屋，乐有其所"，是把全体公民的幸福作为首要的价值追求目标的体现。

第二，基本权利和义务分配的均衡和协调。在一个合理的、正义的、理想

---

① 李德顺、马俊峰：《价值原理》，陕西人民出版社 2002 年版，第 368 页。
② 罗国杰：《伦理学》，人民出版社 1987 年版，第 223 页。

的社会中,每个人享有的权利和承担的义务是均等的。但是在现实的生活中,由于社会的、历史的、个人的原因,使人们所处的社会地位、所拥有的发展条件不尽相同,必然存在权利和义务分配不均等的现象。柏拉图就承认人的差别的存在,认为人一出生就有先天的差异,而先天有差异必然会导致人们享有或承担的权利和义务的差别。① 罗尔斯主张通过利益补偿的方式,即通过制度调节,对那些最少受惠的社会成员给予利益补偿。② 从一定的意义看,弱势群体救助就是通过社会福利方式调节利益差别的方式之一,其目的是使最少受惠者通过社会救助得到一定的利益补偿。如接受社会救助的人们的收益就不是个人劳动所得,而是来源于财政支持、福利资金、社会捐助,来源于转移支付和社会福利彩票的发行。事实上,一些基层组织已经把社会救助作为民心工程纳入地方经济社会发展的规划了。当前,弱势群体救助不再是一般的慈善活动,不是一种暂时的救助方式,而是以政府为主导的、长期的、扶助的有效机制,是一种制度安排。尽管从目前来看,它涉及的人口数量较小,但是通过社会救助,使社会中的弱势群体得到利益补偿,得到帮助,确保每一个社会成员生存的基本权利,体现了社会制度在利益分配上的调节功能和利益分配追求的公平性价值取向。

第三,确保社会成员拥有平等的社会地位。公平的正义总是尽可能地从公民地位的平等性来评价社会体系的,因为,社会地位的平等是收入分配是否平等的前提。在一个秩序良好的社会里,所有公民的基本权利、自由和公平的机会都应该得到保证,而且,只有每个人都是一个与别人平等的公民,都在收入分配中作为分配的基本单位占有一个确定的地位,才可能使每个人的利益都被考虑到。③ 我们是社会主义国家,因为生产资料的公有制性质,在制度上确保了社会成员在政治上的平等地位,每个公民都是国家的主人,都是社会主义大家庭的平等成员,没有高低贵贱之分。弱势群体与任何阶层的公民一样都是平等自由的公民,理所当然地要让他们分享改革开放的成果。社会救助

① 许苏民:《人文精神论》,湖北人民出版社 2000 年版,第 222 页。
② [美]约翰·罗尔斯:《正义论》,何怀宏译,中国社会科学出版社 1988 年版,第 95 页。
③ [美]约翰·罗尔斯:《正义论》,何怀宏译,中国社会科学出版社 1988 年版,第 95 页。

是事业,是民心工程,它为弱势群体搭起了一个共享改革开放成果的平台,给遭遇困境的民众以可寻求帮助的后方。社会救助不是一般的施舍和救济,而是把救助对象视为平等的公民予以救助,充分地考虑到救助对象的实际需要和现实利益。首先把救助对象当作独立的、自由的、平等的公民来对待,是在地位平等的基础上的救助,以人为本,这在一定程度上体现了社会制度的正义性和合理性。在此,特别指出,明确弱势群体的性质,有助于正确认识和评价社会救助的意义。

三、社会救助的责任和义务划分

明确了弱势群体存在的合理性,明确了弱势群体救助的性质,具体到社会救助的操作,关键在于明确救助的责任和义务。因为人类社会是类存在,而社会救助从制度的设计上虽然是惠及全体民众,但在具体落点上却是实实在在的指向具体的社会中的少数受困群体。如果不解决好责任和义务的关系问题,一是社会救助本身的开展没有具体的指导者,号召者。二是社会救助本身毕竟是一个以物质救助为主,精神救助为辅的现实行动,缺乏明确的责任和义务关系会产生救助依赖,损害社会公平和正义,伤害施助者的情感。而且,只有在处理好社会救助中各参与主体的责任和义务关系的情况下,社会救助才可以获得可永不枯竭的可持续发展的源泉和动力。为使救助责任和义务的认识清楚,以下从社会救助涉及的政府、社会、亲属、自身四大主体来论述。在此,需要指出的是,这四个主体的责任和义务并不是孤立的,在社会救助运行的过程中,往往是交织在一起呈现,以社会救助伦理道德的方式左右并影响社会救助的整体效应。

第一,政府的责任。一个好的、称职的国家和政府,维护的不是个人利益,某些阶层利益,而是大众的全民的利益。边沁在《政府片论》中指出:"最大多数人的最大幸福是正确与错误的衡量标准。"①特别是视人民的利益高于一切

---

① [英]边沁:《政府片论》,沈叔平等译,商务印书馆 1995 年版,第 92 页。

的社会主义国家,更应该自觉地关心人民的安危冷暖。早在空想社会主义时期,托马斯·莫尔、康帕内拉、欧文等就认为,一个优良的社会制度应该尽可能地使社会中的大多数生活幸福,甚至是造福于整个社会。空想共产主义者温斯坦莱、布朗基等也认为,要消除贫困特别是消除由社会原因产生的贫困,主张关注普通民众,建立完善的社会保障机制。马克思和恩格斯从历史唯物主义出发,主张为社会中的弱势群体提供基本生活保障。① 此后,把消灭贫困,给每个人以劳动争取幸福的机会作为社会制度优越性的体现。因而,社会救助是社会主义国家和政府的责任。广西各级党委和政府正是从这一意义上提出并积极推进曾经轰动全国的五保村建设。2006 年 3 月 1 日,新修订的中国《农村五保供养工作条例》颁布并正式实施,它对农村五保供养资金渠道做出了明确规定,五保供养资金在地方人民政府预算中安排,中央财政对财政困难地区的农村五保供养给予补助。这就把五保供养纳入了公共财政的保障范围,五保供养从原来的农民集体内部的互助共济体制转变为国家财政供养为主的社会保障体制,这就在体制上明确了对五保户这一农村中最困难的群体的救助的政府责任。可以说,在全面小康社会的建设过程中,在努力实现中国梦的伟大进程中,很多社会救助项目成为政府主导项目的原因,就在于当下政府对社会救助的自觉责任认识。由于有政府的主导,救助项目的社会推进更为顺利、规范。

第二,社会的责任。穆勒说过,人类是应该互相帮助的,穷人更需要帮助。而给予穷困者帮助可以是组织的,也可以是社会其他团体和个人出于同情、出于爱心、出于相互协助等愿望的自发行为。② 一方面,企业、团体、个人参与社会救助活动可以扩大救助面,增强社会救助的力度。相对于庞大的需要救助的各种弱势及受困群体,来源于国家转移支付的社会扶贫资金或救助款就显得非常有限,因而救助弱势及受困群体的最佳方式是社会多元化,是企业和社会各界人士的共同参与。对于一个超过十亿人口,尚处于社会主义初级阶段

① 丁建定、魏科科:《社会福利思想》,华中科技大学出版社 2005 年版,第 76 页。

② [英]约翰·穆勒:《政治经济学原理》(下卷),胡企林、朱泱译,商务印书馆 1991 年版,第 558 页。

的大国来说,需要救助的人群如五保户、特困户、农村危房户、严重受灾致贫户、伤残户、孤儿以及大病救助等,加起来确实是一个庞大的数字,完全依靠政府来解决他们的基本生活问题显然力量不足。有鉴于此,企业把利润最大化、团体及个人把幸福最大化作为追求目标的同时,不应规避应当承担的社会责任和义务,而应该积极参与到社会救助社会的活动中来。另一方面,企业、团体、个人参与社会救助的活动,是社会生活的必然。集体的合力是受困人们克服、走出困境的推动力,也是人们获得社会生活安全感的需要。社会集体的生活可以给人更多的安全感,这种安全感不但来源于人们在生产中通过相互协助,使个人的生产能力得以增强,而且来源于人们在遇到困难时,可以得到的有力救助,从而增强人们克服困难、抗击灾难的信心和力量。俗话虽说人穷志强,但长期的贫困往往会消磨人的意志。如长期处于农村贫困线以下的救助对象,如果没有他人的帮助,不但不能维持现有生活水平;还因日渐年迈体衰而陷入更深的困顿之中。这些需要救助的对象也由于与其他村民生活水平差距悬殊,精神更加痛苦,对生活更加缺乏希望,对社会更加信心不足。社会组织、社会成员对这些弱势群体的帮助,可以让他们感受社会的温暖,可以唤起他们生活的热情,可以增强他们对社会的信心。其他社会成员看到这些在改善生活上无能为力的受困群体,也能得到他人的帮助,也能过上有保障的生活,他们本身也会增强社会生活的归属感、安全感,对未来生活充满信心。

第三,亲属的责任。中国社会结构,从其政治结构看以家国同构为特征,国家是家庭的扩大,宗法血缘的纽带将家和国联结起来,家庭以至家族就成了联系家和国的中介。人际关系就以家庭为基础,从家庭展开。其社会组织表现为家族、地方、亲属三大关系。社会关系网络表现为同族、同乡、姻亲、邻里关系。道德或伦理秩序就以结构层次的区别一波一波推演。伦理和道德情感上的厚薄,建立在关系亲疏基础之上,亲疏又以群体的血缘、地缘远近为标准。因而,形成了以家庭、宗族为主的保障体系,养成了以乡亲邻里为主要依靠对象的守望相助的习惯。如在弱势群体的救助上,由于血缘的关系,首先弱势群体的亲属是责无旁贷的,因为亲属往往是利益的连带者。如我们一直关注的五保老人,尽管有明文规定五保老人身故后的财产收归集体所有,但是长期以来,许多农村除了承包的土地能较规范地收归集体外,五保老人的宅基地、果园、菜地、竹林及个人财产基本上还是由其亲属或关系密切的好友及邻里继承。从五保老人身故后财产继承的习俗或传统上看,五保老人的亲属应该是五保老人的主要救助者。在我们走访的村庄中,持有五保老人的亲属理所当然应该承担抚养五保老人的责任的观点的村民不是个例。而生活境况好的五保老人的亲属也自觉地承担起这一责任,他们认为自己的亲人理所当然由自己照顾,让自己的亲人入住五保村是很不光彩的事,也是不尽责任、不道义的行为。血缘的关系既是社会的,也是生物意义的自然关系。从生理、心理的需要上,亲情是任何其他社会关系都不可替代的,因而,即使穷困者,有了政府的救助,社会的救助,但是无以替代的亲情仍然使弱势群体的亲属无法逃避,也不应该回避照顾、救助弱势群体的责任。

第四,自身的责任。任何作为独立存在的生命个体,都要尊重自己的价值,维护自己的人格,不自轻自贱,树立自信心,依靠自身的劳动和努力,把握自己的命运。自立、自尊、自强、自信,始终是实现生命价值,获得他人尊重和认可的基本条件。因为心智、情感、道德上的自我发展是健全人格形成的条件,是个人获得幸福和快乐体验的前提,是生命个体获取其他权利的前提。而对社会和他人的过分依赖是不良的行为,也会带来不好的心理感受,它会影响人的自我发展,伤害人的自尊。如果脱离个人的发展,没有独立生存的基本能力,就不可能有独立的人格和尊严。如我们接触到的农村五保老人,虽然是"三无"人员,由于年老体衰,不可能像青壮年通过生活扶助、技术培训、就业机会的提供等方式,摆脱贫困,从而依靠个人努力达到一般群众的生活水平。但是生活自立,精神独立,适度的生产劳动仍是五保老人健康、长寿,幸福安享晚年的主要因素。以目前的生活水平和医疗技术来看,人们的平均寿命延长。许多老人虽然年过六旬,但是仍能从事一定的生产劳动,生活自理更不在话下。国家、政府、社会为五保户提供了基本的生活设施和基本的生活费用,作为五保户本身也要通过自身的努力,尽可能少依赖他人,减轻社会和他人负担。因而,对五保老人这样的救助对象也强调自我管理,自我服务。一般不设专职管理人员,原则上以个人自理为主。事实上,除了政府、社会捐助以外,大多数老人自己也从事一些力所能及的生产劳动。孤寡的五保老人尚且如此，其他弱势群体也应当有自我负责的意识，尽自己所能争取自救，减轻他人和社会负担。

总之，社会救助涉及多方主体，明确各方主体的责任和义务，有利于提高各方主体的责任感，有利于增强各方主体的约束力，从而有利于推动社会救助事业的多元化、社会化发展。

四、社会救助的规模及方式方法的把握

社会救助中规模及方式方法的问题是社会救助在具体施行过程中需要考虑的问题。在我们的调查中，认可社会救助，但往往引起争议的是在具体操作过程中的规模及方式、方法。规模太小，无法解决问题，规模过大，会损害公众参与社会生产劳动的积极性，同样会产生救助依赖，不利于积极向上，勇于进取和创新的社会精神的导引。救助是慈善之心，救助要适度，与当地经济社会发展水平相应；要与政府可承担的社会保障能力一致；还要兼顾当地的风俗民情。

第一，救助规模要与当地的经济社会发展水平相适应。社会救助与经济社会发展水平是辩证统一的关系。经济社会发展水平决定社会救助水平，适度、合理的社会救助又可以促进经济社会的发展，反之，则会阻碍经济社会的发展。一般情况下，社会救助的广度及水平受经济社会发展水平制约，要与经济社会发展水平相协调。社会救助需要注意的几个问题：一是要注意效率问题。立足于经济发展的实际，精打细算，合理安排，力求快见成效。社会救助尽可能地用较少的投入获取最大的效益，力求花钱少，时间短，速度快，干部群众对社会救助项目的接受就快，评价和认可度就高，参与热情就高。二是兼顾公平。社会救助的对象只是一部分弱势、受困群体，很多项目往往是最弱势的最特殊的受困群体。但是在欠发达地区需要救助的对象很多，如城乡生活贫困户、自然受灾户、残疾人、大病特困户、自然灾害受灾户等。作为公共支出的社会救助要兼顾的救助群体很多。救助的项目也很多，如生活救助、医疗救助、教育救助等。兼顾利益，尽量照顾是工作中需要注意的问题。三是防止救

助依赖。人的道德水平是有差别的,就目前而言,大多数人还未达到自觉劳动的道德境界,好逸恶劳似乎仍是与生俱来的本性。如果靠救助过日子的人比从事劳动自食其力的人生活得更好,会助长一些人的好吃懒做,产生救助依赖,不利于独立人格的形成。因而在社会救助的具体实施中,需要注意救助对象生活、工作能力和潜能的发挥。如加强自我管理,有组织地开展生产劳动,帮助他们建立互助友爱的人际关系,努力投身于生活劳动之中等。

第二,救助规模要与整个社会保障制度的发展状况相协调。世界各国社会保障制度的建立虽然各有特点,但普遍是先城镇后农村。从保障的内容看,一般是以解决温饱等基本生存问题为起点,逐步扩大到医疗、卫生、教育等方面。从救助的方式看,一般是实物或实物与救助金结合。社会保障制度有个渐进的过程。如目前社会救助解决的主要是吃、住、穿等基本生活问题,这样的救助水平与当前社会保障制度的发展状况是一致的。帮助救助对象从身居陋室到住上宽敞明亮的住房,从为一日三餐发愁到基本解决吃饭问题就是一个很大的进步。这种鲜明的生活、生存境况的对比也是人们对社会救助项目给予高度评价的依据。但是人们的幸福感、满足感不是一成不变的,人的生活本身是带有物欲的,人的物质需求也具有刚性,如果生活境况经久不变,原先因生活改变而获得的幸福感和满足感,就会随着时间的推移而逐渐淡化和消退。因此,社会救助既要充分考虑现实性,又要适当考虑前瞻性,如救助规模上考虑目前的社会保障水平,又要预见 5—10 年后的发展前景,预留发展空间。在保障水平上,应随着社会保障层次的提高适时拓宽保障内容;在救助方式上,应注意实物供给与救助金相结合,给受益者更多的自主支配权。力求一年小变,五年中变,十年大变,让救助对象的生活也"与时俱进",不断获取新的满足感和幸福感。弱势及受困群体是特殊的少数群体,当我们基于中国梦的理想,追求社会主义和谐,共同享有中华民族整体的归属感、幸福感时,社会救助必然要与社会保障制度挂钩,与之保持协调。这样的定位,让受助对象解决困难的同时,通过他们的实际受益,使全体民众从制度设计和实施的过程中,直觉地感受到社会主义共同富裕目标是具体的,可实现的,让他们对未来生活充满理想和信心。

第三,救助方式方法要考虑当地的风俗习惯。对弱势及受困群体救助方式认可与否直接影响到人们参与救助的积极性。如涉及农村孤寡老人养老问题的救助项目,在具体运作时,要特别注意方式方法,充分考虑当地的风俗习惯,并兼顾老人和村民的生活方式。因为农村风俗习惯根深蒂固,同时老年人的可塑性又不强,处理不当极易引发矛盾。如受传统宗族和血亲观念的影响,在农村往往有一种错误认识,即认为赡养和救助孤寡老人是其亲属的责任,无血缘和宗亲关系的人去赡养和救助孤寡老人,则是别有动机、另有图谋。对于这种错误认识,就通过法制化、规范化的方式去解决,如事先签订合约或协议,按法定程序界定责任和义务,明确财产使用和继承等具体事项。至于那种受旧观念影响,认为孤寡老人是不吉之人,从而不愿意、不赞成救助孤寡老人的迷信观念,则要通过耐心细致的思想工作予以解决。要动之以情,晓之以理,引导、帮助人们科学分析、正确认识孤寡老人产生的原因,使人们既在理性上认同救助孤寡老人的意义和价值,又在情感上接受救助的具体实践,在行动上积极参与和大力支持孤寡老人救助。总之,社会福利、社会救助的规模过大,方式方法过于超前,不利于效率的提高,不利于社会的发展;社会福利、社会救助的规模过小,方式方法过于陈旧,不利于公平的实现,不利于社会的稳定。稳定、适度、有发展的潜力是社会救助中需要预见的。

第三节　我国与西方福利国家社会救助伦理观比较

我们前面分析了社会救助中现实存在的伦理道德上的冲突,反思了解决这些伦理冲突要注意的关系和问题。这些分析、反思更多的是基于我国的社会现实进行的分析。为使问题分析的背景更为宏观和清晰,在此,再讨论一下我国与西方福利国家社会救助伦理观上的异同,以使我们能更好地理解社会救助中的伦理道德冲突的问题。

以目前的发展形势,可认为社会救助是社会福利的保底内容或保底方式。社会福利思想在西方萌芽很早,到中世纪就开始建立社会保障制度(有人认为从 1601 年英国女王伊丽莎白颁布《济贫法》开始建立;也有人认为从德国俾斯麦实施一系列的社会保障法开始建立)。① 此后,随着资本主义经济的不断发展,西方发达国家的社会福利制度越来越完善,越来越成熟。"对急难和贫困进行救助,使每一个人都能达到合乎人的尊严的最低生活水平","通过缩小贫富差距和控制依附关系实现更多的平等","对生活的沉浮提供更多的安全保障",成为西方福利国家社会管理的目标之一。② 在伦理观念上,把我国社会救助伦理观与西方福利国家社会救助观加以比较。通过比较,有利于解放思想,提高认识,有助于我们从观念上走出社会救助的伦理困境,促进社会救助事业的发展。

一、政府应当承担社会救助的主要责任。西方国家不像我们把社会救助群体区分得非常细致,如农村的孤寡老人、失去父母的儿童,作为特殊的特别的五保户给予救助;失业的有失业的救济;暂时找不到工作的大学生有大学生的生活扶助……西方国家往往把无依靠无劳动能力的残疾人、孤儿以及因病丧失劳动能力的失业者以及老年退休贫困人员统一纳入弱势群体范畴,统一救助。从发展的方向上,慢慢根据救助的具体内容进行统一,以内容为救助的主要区分方式。虽然救助的群体定义有具体的差异,但是目前我国社会救助中与西方福利国家的救助在责任担当上有相似之处,即由政府承担主要责任是基本一致的。我国是以社会和谐、共同富裕为社会理想的国家,以各种具体救助群体为对象的救助项目,大多数都是由政府倡导并通过行政手段来进行组织、实施和推进的民心工程,政府在整个社会救助的过程中扮演主角。西方福利国家在社会救助上,虽然不以民心工程推进,而是以社会保障、社会福利制度推行,但政府也承担主要责任。虽然在西方旧有的观念中,人们也曾认为,贫穷是个人没有努力工作或过度消费、缺乏积累所造成的,是上帝对懒惰

---

① ［加］R.米什拉:《资本主义社会的福利国家》,郑秉文译,法律出版社 2003 年版,第 135 页。
② ［德］弗兰茨·克萨韦尔·考夫曼:《社会福利国家面临的挑战》,王学东译,商务印书馆 2004 年版,第 4 页。

和奢侈的惩罚。① 但是,在现代西方的观念中,则认为贫困产生的原因虽有个人的因素,但对于有愿意就业而没有机会就业的人而言(包括那些残疾、年老多病、缺乏技能的人),主要还是社会结构不合理、社会关系没理顺所导致的,是社会资源相对稀缺,从而不能提供充足的工作岗位造成的。他们认为政府有保护公民生存和发展的责任,政府对社会中存在的弱势及受困群体进行救助是义不容辞的。对于无力通过自身的努力改变命运的个人,应该不问贫困产生的原因,让他们都能得到社会救助。我们社会救助事业虽然开展得很顺利,很有成效,我国各级党委和政府在社会救助的过程中也承担了主要责任,但是,它更多地被视为贯彻落实"执政为民"重要思想的切入点,建构和谐社会、实现全面小康共同理想的必然指向。社会主义是一个大家庭,社会发展的成果应当为全体公民所共享,对弱势及受困群体的救助,往往被视为政府所做的好事、善事,解读为社会制度或意识形态优越性的必然行动。社会救助的项目或行动,在救济责任的认知上虽然上升到政府必然责任的高度,但是,受社会主义初级阶段的社会现实的制约,再加上 14 亿人口,960 万平方公里土地的大国,弱势群体或困难产生的复杂性,多样性,在具体的社会救助中,有些项目或救助活动不一定完全上升到政府必然责任的高度,社会救助中责任推脱不同程度存在。

二、维护弱势及受困群体生存权的观念基础是人生而平等。在西方观念中,生存权是最基本的公民权利,生命个体从其来到人间的第一刻,就享有生存权,这是与生俱来的天赋权。从表面上看,拥有可支配财富能力的大小主要取决于个人的因素,即先天的禀赋和后天的素质。身体健康,勤奋努力,技术娴熟就可以得到较多的财富,这是上帝的嘉奖,是完全属于个人的,理所当然的。② 但是,从深层次看,人并非生而平等,人一出生就存在种族、地域、家庭、性别等差异,这些差异的存在,使人们在现实生活中的竞争并非是完全平等

---

① [德]弗兰茨·克萨韦尔·考夫曼:《社会福利国家面临的挑战》,王学东译,商务印书馆 2004 年版,第 5 页。

② [美]威廉姆·H.怀科特、罗纳德·C.费德里科:《当代世界的社会福利》,解俊杰译,北京法律出版社 2003 年版,第 103 页。

的,先天的局限和后天环境的制约,使人们能力发展和获取财富的机会差别很大。① 更何况社会文明、社会财富不是个人独自创造的,而是人类全体共同努力、共同积累的结果。因此,通过社会再分配的方式对社会财富进行再分配,从而给贫困者予以及时的救助,是非常必要的,也是有可能的。在社会救助中,首先要确保公民与生俱来、生而平等的生存权,唯有如此,才谈得上其他的权利。社会救助立足于解决生存无着、遭遇生存和发展困境的基本问题。社会救助,无论是哪一方面的内容,在最终及实际上的价值指向上都是维护其生存权,或者是在维护生存权基础上的发展权。以我国目前的社会救助现状,维护弱势群体或受困群体的生存权的行动,并不是完全基于生命存在本应生而平等的观念,而是更多地基于别的观念或情感,如有的人感觉弱势群体或受困的人们太可怜,基于同情而救助;有的人相信与人为善,善有善报,基于功利而救助;甚至有的人认为弱势群体或受困群体的生存、生活、发展的困境是咎由自取,自己参与社会救助,是基于施舍而救助,甚至是由于一些救助活动是由单位或邻里组织的,抹不开面子,不好意思不参与,迫于舆论、环境压力而救助。

三、社会救助是人类社会合作的必然。达尔文的进化论把生存竞争看作生物进化的主导因素,在一段时间里,人们把进化论从自然界引入人类社会,认为人与人之间也是竞争的关系,同样是物竞天择,适者生存。事实上,人的社会性使人与人之间的关系不全然只是竞争,更重要的还有互助与合作。正如克鲁泡特金所认为,动物求得生存不是靠竞争,而是靠患难相扶。对于人类而言,团结互助是人类存续发展的重要条件,互助是人的天性和本能。② 西方国家在认识到社会救助、社会合作的重要性之后,还在实践中较早地构架起社会保障制度,并不断加以健全和完善,这是把社会救助、社会合作规范化、法制化,这就使弱势群体的救助获得了制度保障。我国社会救助当然是人们互助合作的一种形式,但是,在社会救助的过程中,并不是每个人都把社会救助看

---

① ［美］威廉姆・H.怀科特、罗纳德・C.费德里科:《当代世界的社会福利》,解俊杰译,北京法律出版社 2003 年版。第 76—77 页。
② 参见宋希仁:《西方伦理思想史》,中国人民大学出版社 2004 年版,第 418—420 页。

作社会合作的必然。因为弱势群体之所以弱势，就是因为他们是泥菩萨过河，自身难保。当他人遇到困境时，弱势群体基本上是无能为力、爱莫能助的，因此，对弱势群体的救助是单向的。正因为这样，有些人参与社会救助的热情就不是很高。救助他人，心存期待，甚至企盼回报，无可厚非。但应当看到，有些社会救助，如对农村中的特殊群体孤寡老人的救助，提供救助者虽无直接受益，但却能间接受益：人们对社会救助活动的积极支持和广泛参与，会使互助合作在全社会蔚然成风，会推动社会保障制度的建立和完善，这就无形中为每个人预设了困难救助的保险机制，使生活于这个社会的每一个人更加温暖、更加安全、更有保障。随着我国和谐社会建设的推进，社会救助在社会保障上的推进越来越为人们所认识。我们在一些慈善捐助会上，与自愿捐助者交流中，对于参与捐助的感受或想法，最普遍最常听到的是：遇到困难很不幸，谁都有可能遇到困难，能帮就帮帮吧。

四、法制化的管理程序是确保社会救助公平、正义的前提。社会保障是公权对利益的再调整再分配，其实质是调整隐藏在利益关系背后的人与人的关系，其最终目的是实现社会的公平正义。一个公平、正义的社会，不仅要考虑最大多数人的最大利益，还要确保少数人的最大利益。这些少数人往往是社会中的弱势群体，他们在社会中地位卑微，缺乏经济后盾，没有话语权，在社会生活中处于绝对的劣势。为确保公平、正义的实现，西方国家非常注重社会福利活动的规范化、法制化管理，他们的社会福利制度有一系列健全的法律、法规与之配套，如英国有《济贫法》、《贝弗里奇报告》，德国有《劳工疾病保险法》、《劳工伤害保险法》、《老年及残废保险法》、《孤儿寡妇保险法》等。法制化管理为社会福利活动的开展提供了制度保障，使社会中的弱势群体能够依托确定的法律程序，争取自己的利益。实践证明，西方国家社会保障制度的规范化、法制化，对推动社会福利事业的发展，对维护弱势群体的应有利益，起到重要作用。我国社会救助也在走制度化、规范化的道路，但是其法规、条例仍有待进一步健全和完善。目前，社会救助的管理条例是比较普遍的，往往针对各项具体的救助项目和内容有相对应的条例。由于救助本身的地方性和群体性，为使救助项目能更好、更现实地落实，许多救助项目都有一些地方性规定。

目前,针对我国慈善救助中的一些现实问题,尤其是中国红十字会出现一些丑闻之后,立法成为完善社会救助的重要环节。需要指出的是,从 2009 年开始呼吁、计划,历时五年,《中华人民共和国社会救助法》于 2014 年 5 月 1 日正式颁布实施。除这一部救助法之外,一些具体的救助项目在具体的实行中还是以地方性法规为主,大多数还没有制定国家一级的法规和条例。这部法规本质上是社会救助伦理道德准则在法律上的体现。这部法律准则中的第一、第二条,旗帜鲜明地表明制定社会救助法的目的是促进社会公平、维护社会和谐稳定,保障公民基本生活。以托底线、救急难、可持续,力求使社会救助与经济社会发展水平相适应的同时,与社会保障制度紧密衔接。为确保社会救助工作的顺利可持续发展,尤其强调社会救助工作要遵循公开、公平、公正和及时的基本原则。①

五、合理有效的救助有缓和矛盾、稳定社会发展的功效。西方国家建立健全社会保障制度,积极开展社会救助活动,其最初目的是为了解决各种日益凸显、越趋激化的社会问题,其根本动机是缓和阶级矛盾,稳定社会发展。如英国女王伊丽莎白颁布的《济贫法》,是源于当时存在的大批流浪人口有可能因生存问题铤而走险,酿成社会动荡的压力。当时,正值工业革命前夕,大批失地农民成了无家可归的流浪者,这批农民人多势众并有不断扩大的趋势,靠亲朋好友和教会的救助已经不能解决生存问题。为了避免因过度贫困而引发大规模的社会动荡,伊丽莎白女王通过了《济贫法》。对社会福利制度影响较大的《贝弗里奇报告》,则源于朗特里的社会调查所反映的因贫困和失业而产生的日趋激烈的社会不满情绪的刺激。俾斯麦系列社会保障法的颁布,主要是为了抵制社会主义运动,通过工人福利待遇的改善缓和矛盾,消除对抗情绪。实践也表明,福利制度的建立健全,合理有效的救助,确实能改善劳资关系,缓和阶级矛盾,使社会稳定发展。与西方福利国家建立健全社会福利制度的动机和目的不同,我国大力发展社会救助,积极开展社会救助的项目和活动,是

---

① 参见中华人民共和国国务院令(第 649 号),《社会救助暂行办法》,中华人民共和国民政部网站,2014 年 2 月 27 日,见 http://www.mca.gov.cn。

各级党委和政府贯彻"执政为民"理念的具体行动,当然这一深得民心的做法,让广大群众感受到社会主义大家庭的温暖,拉近了党群关系,密切了干群关系,同样起到稳定社会秩序、促进经济发展的作用。

总之,构建社会主义和谐社会,是我们党从建设中国特色社会主义事业总体布局和全面建成小康社会全局出发提出的重大战略任务,建设社会主义、努力实现中华民族的复兴之梦,让每一个中国公民都享有社会主义建设的成就,感受社会主义大家庭的幸福是我们共同的理想。宏伟蓝图的实现不是一蹴而就的,伟大的实践离不开一个个脚踏实地的具体行动。社会救助是我国各级党委和政府贯彻落实"执政为民"重要思想的切入点,是我党全心全意为人民服务的具体行动。对于我们而言,社会救助不只是简单的缓解阶级、阶层矛盾的行政管理手段,更是一项共产党人自觉为民,可引起社会反响、得到社会认可的民心工程。加强社会救助伦理建构,对促进社会保障制度的建立和完善,对深化社会主义核心价值观的认识,加强社会精神文明建设,对构建社会主义和谐社会,实现社会发展成果共享,实现中华民族伟大复兴必将发挥其应有的促进作用。

第七章 增强社会救助的伦理关怀，推进社会救助的可持续发展

社会救助最现实的作用是解决部分困顿者的生存及发展问题。社会救助最具有社会性的特点是人们作为类群体存在的人伦关怀。最具人性光辉的是它能反映超越自我个人之私的道德情操。社会救助无论在具体的操作中有多少的争议，但在类群体的相互帮助的伦理道德的认识上是一致的，在人类共同的情感归宿的理想追求的本质上是一致的。一个没有人与人之间彼此关怀，遇到困境没有援助之手的人类社会是不可想象，也是不可能存在的。增强社会救助的伦理关怀，推进社会救助的可持续发展是人类共同的愿望。

第一节 充分认识社会救助伦理建构的意义

在前面几章的讨论中，出现最频繁的词语有同情、怜悯、友爱、互助、公平、正义、类存在、共同体。社会救助是最具实践性质的伦理行动。它的成功运作，能解决人类类群体的生存和发展，使人们在社会救助的过程中更紧密地团结在一起。它的成功运作，能使人们感受到社会人伦的温暖，能体会到地球上，乃至宇宙中灵长类最具人性和智慧的情感和行动。它的成功运作是社会人伦美好、道德高尚的现实且亮丽的风景。作为一个社会主义国家，并且是不断走向现代化，把社会和谐作为自身使命的中国政府，应当充分认识社会救助伦理建构的意义，感受社会救助伦理的作用。

一、社会救助有利于公平正义社会价值观的具体落实

和谐社会,首先必须是公平正义的社会。公平正义的社会,要注意以下问题的解决:

缩小收入差距,共享社会成果。在市场经济条件下,人们收入差距的存在是不可避免的,因为市场经济是竞争经济,竞争必然导致优胜劣汰,从而带来人们收入上的差距。竞争及收入差距的存在,当然是一个社会提高效率、发展经济必不可少的。但是,收入差距过大,贫富悬殊,两极分化,则有违一个社会的公平正义原则。因为一个人的富有并不完全是他努力工作的成果,一个人的贫困也并不完全是他好吃懒做的后果,人们竞争的起点及过程,往往存在许多不公平的因素,因此所谓"优胜劣汰"的竞争结果,很难说就是公平的。正因为如此,全世界实行市场经济的国家,基本上都采取这样的做法:在微观层面,通过竞争并按要素分配以提高效率;在宏观层面,通过再分配以实现公平。无论从基尼系数或洛伦斯曲线看,当前我国的个人收入差距已经拉得很大,基尼系数具体的数字虽然存在争议,但是,相对比较普遍的观点是,我国基尼系数超过4,接近5。如此接近两极分化的敏感数字,对社会公平已产生许多消极影响。在个人收入差距的扩张中,社会救助的对象无疑成为贫困一端的至极者。如我们长期关注的农村五保户,他们没有固定的劳动收入,基本上靠出租责任田换点口粮,日常的开支主要靠亲属不定期不定量的接济,极度的贫困使他们对生活不敢有任何奢想。类似五保户的救助,正是致力于解决农村这一最贫困最弱势的特殊群体的生存问题,在一定的意义上说,是公平正义的价值观在社会实践中的具体落实。当我们看到五保老盼星星、盼月亮巴望着政府给予帮助和关怀的时候,当我们看到五保老人心怀感激、情不自禁、热泪盈眶接过来自政府或社会的救助物资的时候,当他们羞涩又真诚地说"谢谢!"的时候,我们感受到人与人之间的温情。这些农村中的受困者,弱势群体不被社会遗忘,还能得到社会的关怀和帮助,我们很自然地可以感受到作为公民的存在意义。很自然地可以感受到生命存在的平等。很自然的掂量到公平正义在一个开明的社会应该拥有的分量,评估公平正义在协调社会各阶层利益中

的意义和价值。社会救助在让穷困者感受到社会的关爱、人间的温暖的同时，也让更多的社会成员认识到：人类的文明成果是人类共同创造的，也应该是人类共同分享的。社会救助既是协调利益关系，也是追求共同富裕，是社会主义社会追求生命存在的公平正义的应有之义。

兼顾公众利益与个人利益。一个公平正义的社会，应该是一个能化解矛盾、协调各方，使公众利益与个人利益得以兼顾的社会。一个孜孜于谋发展求进步的社会，其出发点和归宿，最终都应落实到个人福利的增进上。人们之所以愿意放弃个人的部分利益去确保社会公众利益的实现，是因为这样可以使个人利益获得更好的保障和更大的拓展空间。在社会救助的问题上，公众利益与个人利益的兼顾似乎并不明显，因为从救助方看，他们只是着眼于公众利益而没有获得个人利益；从被救助方看，他们只是获得个人利益而无所谓兼顾公众利益。但这只是表面现象，这只是从是否直接获益的角度看问题。从深层次看，从是否间接获益的角度看，情形就不一样。因为，由诸如对社会中处于困境的人群的关怀和援助的现实活动项目所推动，社会救助、社会福利事业会在全社会逐渐铺展开来，由最初的对某些特殊群体的关爱，慢慢发展到社会保障制度的越趋健全和完善，因此，从救助方看，他们会间接获得由社会保障制度越趋健全和完善所带来的好处，比如更多的温暖感、更强的安全感等。从被救助方看，他们也并非只有获取不作贡献，社会救助中获得救助的人们会感受到执政党、政府、国家的关心，感受到社会的关爱和人间的温暖，他们会把自己及自己所属的这个特殊群体"被爱"的那种喜悦、满足、感激等情感，自觉不自觉地传递给其他社会成员，这有助于在全社会形成一种爱的情感传递的良性循环，有助于团结互助、充满爱心、富有人情味的和谐社会的构建，使人们更多地认同类整体的存在意义和价值。

二、社会救助有利于增强人们生存、生活、工作的集体归属感

人不仅是自然的生命个体，而且是以一定方式联系起来从事生产劳动的社会人。人的社会性使人渴望在集体中获得一种归属感，这种归属感是一种

以集体为生存需要的心理或情感满足,只有归属于集体,才能更好地获得集体的支持和保护,才能更好地摆脱孤独和寂寞,使情感、精神有更稳定的寄托,使人们能够以更为乐观向上的心态面对生活的挑战。集体归属感建立在集体安全感的基础上,集体安全感主要来源于人们在社会的生活中既各守本分、各得其所,又团结互助、患难与共的情感体验,来源于人们对集体力量的认可。以家国为本位、重情重义的中国人,对集体归属感的感受和需求尤为强烈。在贺州市大平乡木万村(人民公社时期农业学大寨的榜样村),我们曾跟当年参加农业学大寨的人们交谈,他们谈得很投入,很动情,他们说当时为了抢季节,赶时间,促生产,只要生产队长一声哨令,大家深更半夜打着火把下田干活也毫无怨言。他们说他们现在回味、留恋的不是当年那种极"左"的思想和做法,而是当时大家表现出来的那种强烈的集体意识和集体归属感。在我国农村实行家庭联产承包责任制以后,各家各户独立经营,自负盈亏,人们的集体意识和集体归属感大为淡化。这些年,乡镇企业发展缓慢,基层组织相对涣散,人们越发感受不到集体的力量,感受不到集体的存在。社会救助的实施及完善在一定程度上让人们重新找回了集体的感觉。

社会救助除政府纳入社会保障底线的救助行动外,往往采用广泛动员、多方参与的运行模式。当身边有人遇到自然灾害发生、当遭遇生活困顿,自身力量无法克服时,总会有人站出来为爱困者鼓与呼。他们帮助受困者陈述困境,从自己身边的熟悉的人开始,一波一波地传递信息,呼吁人们给予困顿者救助。如果是涉及面广、受众多的社会救助项目,人们往往会充分发挥所在基层组织的号召、领导、组织、指挥作用,广泛调动社会各界有钱出钱,有力出力,有物出物,在全社会很快掀起一股"同心协力献爱心、不讲回报讲奉献"的救助热潮,形成一个群情激昂、突飞猛进的不讲回报、只讲爱心的乐善好施的救助弱者、困者的感人场面。社会救助是为困窘者解困、给无助者救助、给无望者希望的行动,它让人们感受到了人间温情和社会关爱的存在,让人们认识到人与人之间团结互助的必要性和重要性。在我国,社会救助还有制度的特征,它能密切党群、干群关系,增强人们对社会主义社会的信心和希望;让人们在社会救助的行动中一次一次地领略集体力量的威力。社会救助中体现的这种威力不是独来独往、我行我素的个人所能够拥有的，而是依靠大家团结一致、同心协力来积聚和焕发的。总之，在社会救助的过程中，人际关系的改善和集体力量的展示，使人们重新找到了集体的归属感：这是一个既不失温情又充满力量的集体，这是一个既可以安身立命又值得为之奋斗的集体。这种集体归属感的获得，会进一步增强人们的集体凝聚力，增强人们万众一心、众志成城的干劲，增强人们排除万难去争取胜利的勇气，从而为建设社会主义、构建社会和谐注入强劲的动力。

三、社会救助有利于深化人们对人生价值的理解

人生价值是一个常思常新的问题。长期以来，人们从人的社会性出发，习惯于以社会贡献的大小来评价人生价值，认为一个人的社会贡献越大，人生价值就越大，反之则越小，甚至没有价值。当人们在思考"人应当是什么"、"人应当怎样活着"等人生问题的时候，也无不横亘着社会贡献这杆标尺。这样一种人生价值观，有助于人们树立远大人生理想，培养高尚的道德境界，力求做一个有益于社会有益于人民的人。问题在于，以这样一种人生价值观观照那些普普通通的人们，特别是观照那些老弱病残等弱势群体，结果会怎么样呢？弱势群体的力量非常微弱，他们不但对社会没作出什么贡献，甚至连自身的生存问题都解决不了，反而需要社会给予救助，那么他们的人生是否就是零价值甚至负价值？他们的人生果真就是零价值甚至负价值，那么他们是否理所当然就应该受到鄙视、排斥甚至打击？这是一个仍需探讨和研究的问题。虽然从救助对象的角度，人生价值的问题解读不同，但是，社会救助有助于深化人们对人生价值这个问题的认识和理解是不容置疑的。

首先，生存权、生命权是人生最基本的价值。黑格尔说过，存在即合理，因为任何存在都有其存在的理由和依据。生命的存在也如此，人类社会是由一个个个体生命组成的，每一个人都是组成社会的单元和细胞，离开对个体生命的关注和肯定，社会存在就变成虚无缥缈的空中楼阁，因此，无论成就高低，无论力量大小，无论他是强者或是弱者，生命存在本身对社会就是一种价值。像

遭遇困境,无法解决生存和发展问题的弱势群体,虽然他们没有通过自己的劳动去创造物质财富和精神财富以满足自身及社会的需要,从而对社会作出贡献,但是,他们作为人,仍然是构成社会的有效成分,他们存在的价值是不应抹杀的:生存权、生命权即是其人生最基本的价值。更何况,有些弱势群体的产生,其主要原因不在于个人,而在于社会及一些不可预测的因素(如天灾人祸等),因而,当某些个体不能凭借个人的力量维持生存时,社会就有责任和义务予以救助,满足他们维持生存的基本需要。从这个意义上看,社会救助是以实在的而不是空谈的形式,引导人们对人生价值进行新的思考,引导人们学会尊重生命,哪怕那是一个非常卑微的生命,卑微到连自己的生存和发展都无能为力。唯有对生命的真正尊重,才有真正意义上的人人平等,才有真正意义上的社会和谐。

其次,独立自主是生命价值的最基本要求。生命个体的存在是责、权、利的统一。从个人的角度来说,人应该对自己负责,即生命价值实现的最基本要求是独立自主,尽量不依赖他人,力求通过自己的努力谋求个人的生存和发展。弱势群体一般都是被同情的对象,有些还可能受到歧视,他们的人格得不到尊重,价值得不到认可。弱势群体遭遇这种社会境遇的一个主要原因是他们生活极度贫困,他们不是通过独立自主、自力更生谋求个人生存,而是需要他人的接济和社会的救助,他们对社会不能作出贡献。社会救助对受困群体提供救助,满足他们的生存需要的同时,也注意受困群体自身潜能的挖掘和余力的发挥。如在孤寡老人救助中,也推行自我服务、自我管理的方式,把助人与自助有机地结合起来,这样既减轻了社会的负担,又有助于受助对象树立自立、自强、自信、自尊的意识,从而对社会中每一个个体生命价值的提升不无积极的影响。正是基于独立自主的生命存续的价值追求,临时性物质救助和技术性自强救助在社会救助中是结合在一起的。

最后,利他是实现生命的社会价值的有效方式。社会的发展有赖于人们作出的贡献,当个人作出的贡献大于他从社会索取的时候,社会才能进步。人的社会性使其人生价值不仅体现在个人财富的拥有上,还体现在个人以自己的劳动和创造满足他人及社会的需要上。正是在这一意义上,我们说生命的价值在于贡献，在于创造，而不在于索取。这就要求人们不能仅仅局限于个人生活的满足，而要注重个体生命存在的社会意义，注重在为社会作出更大的贡献中提升个体生命的价值。社会救助很多模式是广泛动员、多方参与，人们各尽所能，有力出力，有钱出钱，有物出物，只讲奉献，不讲回报。人们的这些表现，即是通过利他的形式，在奉献中提升个体生命价值的具体行动。他们在为受困者提供实实在在的救助时，得到的不是实实在在的物质回报，而是社会的赞誉。社会的赞誉是对他们的救助行动的充分肯定，是对他们的人生价值的积极评价。如果每个人都力求在自己的个体生命之中赋予更多的社会意义，这个世界就会充满爱，这个社会就会温暖如春、和谐美满。在我们的调查走访中，一些长期从事社会慈善和捐助的企业和个人无论是公开表示或潜在意识中都有通过参与社会救助体现或实现存在价值的愿望。

四、社会救助有利于促进社会主义新型道德体系的建设

为了实现全面建成小康社会的奋斗目标，党的十八大把提高社会保障和改善民生作为重要的内容给予论述和强调。报告指出："提高人民物质文化生活水平，是改革开放和社会主义现代化建设的根本目的。"①当前，我国社会主义建设实际上是一个经济、政治、文化、社会、生态五位一体、综合发展的新概念，新型和充满中国特色社会主义当下情怀的伦理道德体系建设，无疑是我国社会主义建设的一个有机组成部分。推进新型社会主义伦理道德体系的建设，需要各方面力量的密切配合和共同努力，需要开展一些实实在在的工作。社会救助作为一个现实载体，在推进伦理道德体系的建设上，必然会有积极的探索，发挥其应有的作用。

首先，弘扬了扶危济困的传统美德。有人说，在中国做一个穷人比在英国做一个富人要幸福得多。这是因为，中华民族是一个讲情义的民族，向来有守望相助、扶危济困的传统，有一方有难、八方支援的美德。我国扶危济困的传

---

① 《中共十八大报告全文摘要》，《科技与企业》2012 年第 12 期。

统美德,最集中体现的救助对象就是老年人。老年人的力量非常微弱,尤其是孤寡老人,其生存很难完全做到自食其力,因此这个群体很特别,是从古至今都需要关心和照顾的对象。人类文明是在承传中发展的,没有前人的努力,就没有后人的幸福。老年人用自己的青壮年为社会创造了财富,老年应该得到社会的尊重。生命是一个过程,老年是每个人都要经历的人生阶段,对老年人的尊重也是对自己未来的尊重。如果把老年人看作负担,认为其老而无用,从而嫌弃厌恶老年人,实际上也是对自己老年生活的否定,因为年迈体衰是每个人都无法逆转的趋势。中国长期以来就有着尊老敬老的传统,它强调"百善孝为先",提倡"老吾老以及人之老"。我国传统以来的对老年人的社会救助以实际行动弘扬中华民族扶危济困、尊老敬老传统美德,这种弘扬有着很现实的意义。到 2020 年我国 65 岁至 75 岁的人口将占总人口比重的 7.6%,按照国际通用标准,一个国家或者地区的 65 岁及以上人口占总人口的比重达到 7%就算进入了老年社会。我国已超过老年社会国际通行的标准,而且从结构来看,农村老年人口的比例会更高。① 因此,我们面临着老龄化带来的一系列问题,解决这些问题,非常需要弘扬中华民族扶危济困、尊老敬老传统美德,在这个过程中,我国对于老年人的救助无疑是社会救助中最集中的实践行动。在我们的调查中,100%的接受调查的对象表示自己对生活中遇到的老年人给予过帮助。100%的接受调查的对象表示愿意力所能及地帮助需要帮助的老年人。当然了,社会救助不只是针对老年人的,所有在社会中遭遇困难,以自身力量无法克服时,若都能得到社会的救助,那么可以想象这样的社会是多么美好!

其次,强调了团结友爱、平等互助的精神。我国历来有重视人际关系和谐的传统,主张仁爱互爱。如儒家思想强调"父慈、子孝、兄友、弟恭",认为"爱人者,人恒爱之"。② 并且这种仁爱不局限于家庭人伦关系等某一特定的领域,而是推而广之的,是"四海之内,皆兄弟也"。③ 社会主义制度的建立,实现了人民根本利益的一致,人们在共同目标的召唤下,更能够紧密地团结在一

---

① 广西区民政厅提供。
② 杨伯峻、杨逢彬注释:《孟子》,"孟子·离娄下",岳麓书社 2000 年版,第 147 页。
③ 杨伯峻、杨逢彬注释:《孟子》,"孟子·离娄下",岳麓书社 2000 年版,第 147 页。

起,友爱的观念进一步演化为社会主义新型人际关系的基本要求:团结友爱、平等互助、共同前进。人心齐,泰山移,团结就是力量,团结可以调动每个人的聪明才智,团结可以发挥每个人的积极性、主动性和创造性,全体人民团结一致,通力协作,步调一致,社会主义建设就无往而不胜。从某种意义上说,社会救助本身就是一个构建团结友爱、平等互助、共同前进的社会主义新型人际关系的有效载体,社会各界饱含爱心,以平等的态度,纷纷向贫困交加的受困者伸出温暖的救助之手,与他们同甘苦共患难,共同前进。

最后,社会救助还有移风易俗的功能。如我们在研究中一直关注的孤寡老人的救助问题,就有利于树立男女平等的新的生育观。几千年来,在中国人的观念中就存在着男尊女卑、多子多福、传宗接代、养儿防老的思想。特别是在农村,没有儿子被视为是人生最大的不圆满。这是因为,男娶女嫁的婚姻模式使养老送终的主要承担者是儿子而不是女儿,没有儿子就意味着老了没有生活的保障。因此,对大多数农村居民来说,养儿子除了能传宗接代、延续香火外,最重要也最直接的利益就是为自己的后半生储备了养老资源。随着我国社会主义市场经济体制的建立健全和发展,社会保障制度也开始建立起来,但还很不健全和完善,覆盖面主要限于城镇。城镇居民一般退休后有退休金、养老金,因此晚年生活无后顾之忧,但农村居民没有退休金、养老金,他们的晚年生活依然要指望儿子,因此男尊女卑、养儿防老等观念在农村仍然根深蒂固。孤寡老人的救助让人们看到,即使是无儿无女者,也并未被社会遗弃,他们有国家、政府及社会各界的关心和帮助,同样可以安度晚年。而且,养儿防老这种传统养老方式是依靠情感来维系的,若儿子不孝,养儿防老就转变为养儿受气,相比之下,老人即使无儿无女,其晚年生活依然可以有制度保障。孤寡老人的救助对传统生育观所带来的冲击和对男女平等的新的生育观的形成,其作用是不可低估的。在调查中,我们也发现,10%的人认为救助孤寡老人对人们的生育观影响很大,25%的人认为有一定影响。虽然这一统计数字不高,但是,让无儿女的农村孤寡老人以社会救助的方式解决生存和养老问题,让他们在人伦环节中儿女缺失的情况下,仍然能安享晚年,无形中给人们增强了社会的安全感。社会救助在移风易俗的方向上还可以改变"穷困受人欺"的社会现实。贫困是生活的无奈,人穷志短,但是,贫困者依然有被社会关注和认可的生存权和发展权,就更能强调并突出社会人伦间的平等、关怀、友爱和帮助了。

第二节　加强社会救助伦理建构应解决的几个问题

社会救助虽然古已有之,但在我国,作为一项社会制度还是新生事物,它探索的时间短,它的发展要受到不少主客观条件的限制,因此它目前尚存在诸多不完善之处。对于社会救助过程中存在的诸多问题,特别是一些思想认识问题,需要高度重视,切实解决,才能促进社会救助的健康发展,使其在建设社会主义、构建社会主义和谐社会、实现全面小康,民族复兴的中国梦的伟大进程中发挥应有甚至更大的作用。

一、树立渐进性的发展理念,解决目标冲突引起的困境

在调查问卷中显示,15%的人对社会救助表示不满意,存有不同看法。由于对社会救助现状的否定评价,这些人表示不愿意参与社会救助的活动和项目,不愿意支持社会救助的发展。通过实地访谈我们了解到,导致这种不满意状况产生的主要原因是社会救助的丑闻或社会救助中的观念冲突。一些干部、群众、村民、弱势群体、受困人对社会救助可能提供的生活保障水平有过高期待,觉得当前、当下的一些救助水平太低,无法解决生活的困难。比如,以低保救助为例,目前一些西部地区的农村,低保救助金有些就150元左右。这150元钱,对穷困生活的援助确实杯水车薪。要解决目标冲突引起的社会救助的困境,首先在观念上需要树立渐进性发展理念。

渐进性发展是先外后内、先易后难、先小后大、先量变后质变的循序渐进的发展观。发展是一种向前的运动和变化,发展的表现形式可以是突变式的,也可以是渐进式的。但是,不管是突变式,还是渐进式,任何发展都是一个过程,是

一个从量变到质变,再在新质基础上开始新的量变的不断前进的过程,是一个前一阶段为后一阶段做积累,后一阶段在前一阶段基础上推进的持续性与阶段性相统一的过程。所不同的是,有的发展量的积累时间少一些,有的发展量的积累时间多一些,因而在人们的视觉感应里有突变和渐变之分。大的自然灾害逼出来的困顿,人们的救助往往是相对比较及时和到位的。疾病导致的贫穷也是人们容易接受并及时伸出援手的。但是,由日常生产和生活中产生的贫穷和困顿往往是人们相对较难坚持救助和认可的。一时贫穷好救,常年困顿难顾。如广西五保户的救助,五保户原来的生活水平起点低,广西通过五保村建设在很短的时间内使五保老人的生活发生了"天翻地覆"的变化:原来低矮破旧的危房变成了宽敞明亮的新房,原来的缺衣少吃,变成了衣食无忧……等等。五保村建设在创立阶段,是一种突变,是一种外延式、形式上的变化,它出色地解决了从"无"到"有"的问题。这个环节,人们的参与热情很高,社会认可度也很高。在五保村的房屋等基本硬件设施、基本管理制度建立起来以后,当五保村建设开始进入发展完善阶段,这个阶段是一种渐变,是一种内涵式、内容上的变化,它致力于解决从"有"到"好"的问题,如保障水平的进一步提高问题,管理的进一步规范化、科学化问题等。此时,人们不再像最初那样积极投身援助的行动,肯定建设的成绩,而是以一种挑剔的眼光审视五保村,审视农村社会救助问题。

社会救助是对穷困者的支援和帮助,我国在一线城市的社会救助水平相对较高,认可度也较好。社会救助引发的困难和冲突往往在落后地区比较多。落后地区的经济基础薄弱,社会福利水平低,社会保障制度不健全,因此,社会救助存在这样和那样的问题是在所难免的。在看待这些问题时,我们应当树立渐进的发展理念。要看到,社会救助具体的落实和执行往往在基层党委和政府。基层党委和政府的工作条件差,工作头绪多,许多问题的解决不可能一蹴而就,它需要具备相关条件,需要一定的时间和过程,不能拔苗助长、急于求成。更要看到,各级党委和政府也正在想办法、定措施,努力推进并提高社会救助水平。如在贫困户救助的资金筹集上,由原来"多方筹措"的做法发展到现在纳入财政预算和国债发行;在社会救助的管理体制上,由原来的简易申请、合约签订等,发展到现在的制度化、规范化管理;在社会救助的内容上,由原来的解决吃、穿、住等物质需求问题,发展到对保医、保教等多途径的探索及对救助对象心理、情感等精神需求的关注。要坚信,只要勇于实践,不断探索,社会救助就会日益完善,越办越好。

二、正确处理责、权、利的关系,解决主体定位引起的困境

社会救助是一项牵涉部门多、工作量大、需要长期坚持、持续推进的事业,其多元主体的参与就涉及各方的协调问题,即在这项工作中哪个部门起主要的、主导性的作用,哪个部门起次要的、辅助配合的作用。主体性定位问题解决得如何,直接影响到社会救助能否顺利推进。要解决主体性定位引起的社会救助的困境,就要正确处理责、权、利的关系。

责即分内应做的事情,权即依法依理可以拥有的支配力量,利即应当获得的好处。责、权、利是三位一体的,责要解决的是压力问题,它通过明确责任和义务,使人有明确的工作目标,并能预见完不成任务可能带来的后果;权要解决的是活力问题,它通过规定或授予,拥有做好某项工作所必需的人力、物力、财力等的支配权;利要解决的是动力问题,它通过提供相应的利益保证,增强人们工作的积极性、主动性和创造性。责、权、利的大小和分配,是由工作的性质及主体在工作中的作用和地位决定的。起主要的、主导性作用的部门,其责任较次要的、辅助配合作用的部门要重,相应的权力就大,利益就多。

社会救助是公益性社会保障及福利性事业,在社会救助工作中起主导性、决定性作用的应该是国家和政府。特别是对于欠发达地区,当地企业、个人的力量有限,在社会救助的起步阶段,国家和政府的号召、组织、指挥的作用是非常明显的,没有国家的支持,没有政府的推进,社会救助就无法开展。作为具体负责各项社会保障及福利事业的各级民政部门,自然就是开展社会救助的具体实施者,其他各部门与民政部门之间则是配合的关系。但是,应当注意,社会救助的主体及其作用的发挥不是静态的,由于社会福利社会化的发展趋势,在社会救助的不同时期,社会救助的主体的作用是变化的,是动态发展的,责、权、利的分配和协调也是有所不同的,初期以政府为主导,中期逐渐向多元

参与转变，后期实现真正意义的社会福利社会化。

　　社会救助在最初发起时，依据我国通行的做法，各部门在社会救助中的责、权、利，主要通过地方文件、责任状、协议书等方式予以明确和界定，它在推动社会救助的发展上，成效还是非常显著的。当社会救助进入维持、稳定、进一步发展阶段时，就开始迈上社会福利社会化的发展道路，其主体呈现出多方参与、多元发展的特点，主体责、权、利关系的正确处理问题也随之凸显。在责任上，往往由原来政府包揽一切事务的方式，转变到政府、非政府组织、个人共同承担责任的发展方式上。在权力上，政府、非政府组织、个人之间要建立一种新型的权力关系，让非政府组织与个人在参与社会救助活动时，享有同等的优惠政策和条件，如组织和个人对自己捐助的资金、物品的使用有监督权和管理权，当捐助资金达到一定的额度，可以降低企业的纳税额，享受政策规定的低价水电费等。在利益上，要适当地注意资源分配，让政府、非政府组织、个人从不同的渠道，在支持社会救助的同时，充分利用公共资源谋求自己的发展，实现利益的双赢。如允许企业和个人在慈善捐助时，利用传媒等手段，宣传自己的形象，打造产品品牌等。参与社会救助的主体，既要承担一定的责任，又能拥有规定的权力，还能获得相应的利益。责、权、利三位一体得到确保，人们参与社会救助的意识就强，愿望就大，热情就高，社会救助的发展就能获得强劲的动力。社会救助得以成立的最大前提条件是善资、善款的筹集。国家从再分配的角度，拿出一些财政预算用于特殊群体或特殊事件的救助。社会非政府组织、企业、个人从社会的角度，从慈善、助人为乐、为社会做贡献的价值导向上倡导、参与捐助，就可以做到社会救助社会化。救助若是单一，往往难以持续发展，而救助要可持续，必然要通过明确责、权、利关系，拓宽救助渠道，选择科学合理的适合长远发展的救助方式。力求实现救而助之，减少输血型救助，扩大造血型救助。

三、推进法制建设，合情、合理、依法维护个人权益，解决利益冲突引起的困境

　　一篇《偷鸡腿妈妈拷问社会机制》的文章讲述：南京警方 2016 年 5 月 31

日,儿童节前一天抓获一个小偷。这位妈妈自称因为两个女儿生病需要大量开支导致生活贫困。想着儿童节,要给孩子礼物,不得已,临时到商场偷窃。偷了一点杂粮、一个鸡腿、一本儿童读物。作者在文章提出:最好的救助方式是建立完善的社会救助制度。① 我们在调查问卷中也显示,58%的人认为社会救助渠道正常,但是涉及个人利益冲突的情况依然存在,不可避免。如,我们关注的广西五保村的建设问题,就涉及土地征用的问题。还有农村低保涉及收入的如实通报和界定问题。当问到在社会救助冲突发生时,人们的态度,72%的人选择主动配合,有偿、合理让步;22%的人选择主动配合,愿意牺牲个人利益;6%的人选择对抗,不愿让步。这些调查结果表明,大多数人民在积极支持公益事业、主动配合相关工作的同时,也非常关注个人利益的得失,有较强的维权意识。在市场经济的背景下,他们更强调通过等价交换原则让渡个人利益。现实实践也表明,在社会救助过程中因利益冲突而影响工作顺利开展的情况一度存在。因此,正确看待和维护个人利益,解决利益冲突引起的困境,是顺利推进社会救助不容忽视的问题。

首先,要承认人们追求个人利益的合理性。在人生的问题上,存在着利己主义和利他主义两种针锋相对的观念。利己主义把追求自己的最大幸福当作人生的终极目标。理想的利己主义者,他们主张通过利他实现利己。利他主义则认为应该始终以他人的幸福为目标,因为这是谋取自己和他人幸福的最好手段。② 但是,不管是利己主义还是利他主义,其终结点是自己能生活得更好。马克思主义的观点也认为应该维护个人的合理利益。社会生活是以"我",即个体的生活为基本单元的,社会的最终发展要落实到每一个社会成员身上。改革开放以来,我国的经济体制改革是以市场经济为取向的,市场经济需要激发人们对个人利益的追求,才能充满生机与活力。因此,受市场经济的影响,过去极左路线下那种个人利益绝对让位于集体利益的偏颇观念和做法,逐渐遭到冷落和遗弃;凭借劳动、资本、技术、管理等要素,努力追求个人的

---

① 江德斌:《偷鸡腿妈妈拷问社会机制》,《联谊报》2016年6月7日。
② [英]乔治·爱德华·摩尔:《伦理学原理》,长河译,世纪出版集团、上海人民出版社2003年版,第125—126页。

合理利益,已成为不可逆转的时代潮流。可见,在社会救助的过程中,民众对个人合理利益的关注和维护,应当可以理解,甚至受到尊重。比如企业界人士的捐助往往不是毫无所求的纯粹的捐助,他们在参与社会救助中希望通过捐助作宣传,有些是通过本企业产品的捐助以达到企业产品宣传的目的。当捐助活动不被报道,不能给企业带来形象包装或产品的宣传时,一些企业对于捐助会持保守意见,或者慎于参与。所以,即使是捐助、救助性的行动,我们也不能要求参与者完全无私,可以认可他们的合理诉求,还可以在条件许可的情况下,鼓励宣传,帮助企业包装、树立社会形象,以推进其参与社会救助的愿望和热情。

其次,要合情、合理、依法维护个人利益。一方面,要维护捐助和受助对象的利益。社会救助对象是社会中的部分弱势群体,与此相连的只是部分人的利益,还不是社会的共同利益。为了满足部分人的利益而损害集体利益和个人利益,显然是顾此失彼。如我们在广西的调研中了解到,有一个乡把救助孤寡老人的项目建在水库大坝上,这对村民个人利益及村集体利益就构成了较大的影响,因此遭到村民的强烈抗议。个别村寨为了便于工作,在征收建设用地、调换耕地时,由于没有充分考虑村民的具体情况,也导致了一些冲突的发生。因此,在进行社会救助时,我们要注意维护非救助对象的个人利益,工作要细致,条件要合理,补偿要到位,程序要合法,不能因为对社会救助有利而损害普通民众的具体利益。实践表明社会救助中工作做得细致的基层或项目,就能得到更多民众的支持,工作开展就顺利,成效就显著。人类社会与动物界的区别在于自主性、目的性、组织性。人类是靠制度凝结在一起的生活群体,因而合理的、理想的解决利益纠纷的处理方式不是你死我活的角斗,而是通过合情、合理、公平、正义的法制建设来完成的。特别是社会主义国家,由于人民内部矛盾的非对抗性,其处理方式更应如此。另一方面,还要维护受助对象的利益。受助对象虽然处于社会劣势,但是,作为其本人或多或少存在个人财产、个人权益的问题。如农村孤寡老人,再差都有自己的一亩半分田,有自己一间草房,当广西基层通过五保村建设的项目,把原来分散居住的五保老人集中供养时,有些老人担心自己的个人财产因集中供养而受减损,担心"百年后事"的处置不妥善等,而拒绝接受救助。对这样的问题,要给予受救助对象自主选择的权利,可通过自愿等方式,解决他们的后顾之忧。社会救助是给予,可是即使是给予,工作也要做细、做实,才能真正把好事办好,才能在社会救助的问题上使受救助对象及其亲属都感觉放心,尽量使好事做好,做实,无论是施助者或被助者都能皆大欢喜。

四、进一步增强社会协作意识,解决责任担当冲突引起的困境

在调查中发现,出于爱心或社会责任感或对民政工作的支持(主要是出于爱心),人们愿意对社会救助给予力所能及的援助。但也有些人认为弱势及受困者的困难应该由其亲属解决,自己与弱势或受困者非亲非故,不必多管闲事;有些人认为救助弱势或受困者是政府及民政部门的事,与个人无关,并表示不愿意对弱势或受困者给予力所能及的支持和帮助。可见,在是否愿意对弱势或受困者给予力所能及的支持和帮助这个问题上,存在较大的差异,这种差异主要因人们对责任担当的认知不同所致。要解决责任担当冲突引起的社会救助的伦理道德困境,就要增强社会协作意识。

早在1917年,德国社会学家齐美尔就认为,个人之间是处在不断地互相作用过程之中的,由于个人的互相作用而联系起来的网络就是社会,社会只不过是对互动着的一群人的称呼。① 互助协作既是个体生命存在的基本形式,也是人类社会凝聚为一个有机整体的基本形式。用马克思主义的理论来说,就是个人与他人、个人与社会是辩证统一的关系。个人的发展离不开他人、社会的支持和帮助。个人活动的合力又推进了社会、他人的发展。社会、他人发展了,反过来也为个人的发展提供更多的保障,更好的条件。在社会救助的具体实践中,社会、政府职能部门、个人等有关各方要注意增强协作意识,协同作战,共克难关。国家、政府肩负着维护社会的安定团结,协调利益分配,让每个社会成员共享社会文明进步的成果,实现社会公平正义的责任和义务。弱势

---

① [美]刘易斯·科塞:《社会学名家》,石人译,中国社会科学出版社1988年版,第128页。

和受困者是特殊的社会群体,他们不能凭借自身的力量在社会财富的支配和拥有上与其他强势群体处于同一平台;或者因为不可抗的自然力,失去了生存和发展的基本条件和能力。国家、政府理所当然应该给予他们一些特殊的关注,因而,国家、政府在社会救助中必然承担着号召者、领导者、组织者、指挥者的职责。作为统一管理国家各项福利事业的民政部门,在社会救助的主要项目的具体实施过程中自然应当扮演主角,成为具体实施者和第一责任人。作为社会救助的亲属,由于血亲的关系,血脉相连,从人伦的角度看,救助自己的亲人那是义不容辞的。作为与社会救助对象没有任何血亲关系的一般群众,一方面,出于同情心和社会责任感,也应当关心社会中的弱势或一时受困者;另一方面,在社会生活中助人也是助己。对身陷困境者伸出援助之手,其实潜藏着这样的潜规则:当你自己身陷困境时,一双双温暖的援助之手也会纷纷向你伸来。随着家庭的日益缩小,生活中的诸多困难和问题,由更多地依靠血亲去解决,转变为更多地依靠社会和他人救助去解决,因此,团结协作,互相帮助,应当成为社会生活的主旋律。特别是对于生活于同一区域、语言相同、习俗相近的群体,更需要也更容易团结起来,同舟共济,共渡难关。社区服务的兴起和发展,就是守望相助、扶危济困精神在现代社会的具体体现。我国城镇管理社区化,农村发展城镇化,使民众的生活逐渐由市场经济改革呈现的松散化向日渐紧密结合的社区化转变,通过社区服务的方式救助弱者,是我国城乡社会救助发展的必然趋势,也是市场化背景下,强化社会主义社会人民生活情感及交流的有益方式。因此,在一定意义上看,重视社会救助,支持受困群体,扶危济困,于己于人都是一件"利益均沾"、"结局双赢"的好事。

五、重视道德舆论的导向功能,形成各方力量大力支持社会救助的局面

社会救助、社会保障、社会福利事业由于其本身并不直接产生经济效益,因而维持其发展的资金只有两个来源:一是国家税收的转移支付,二是社会各界的捐助。一般来说,单纯依靠国家转移支付的社会救助事业,往往都会因为

资金短缺最后举步维艰,难以发展,因此,解决这一问题的通行办法是走社会化多元发展之路,发动社会各界的力量,广泛募捐。在我们的调查中发现,人们对社会救助的了解和认知程度不同,参与和支持社会救助的愿望就不同。如低保生活救助,民政干部、乡(镇)干部、村干部、邻里乡亲这些群体由于亲身参与、亲眼目睹了身边弱势群体的生活穷困,切身地体会到社会救助对贫穷弱势群体的生存及发展的意义,感受到社会救助对社会福利事业,对社会保障制度的促进,对构建和谐社会有着积极的作用,因而他们对社会救助的评价就相对较高、较正能量,并愿意力所能及地支持社会救助事业。但是,有一部分城市的居民、机关干部、学生对社会救助的具体运作方式不了解,或知之甚少,甚至因为社会,尤其是网络传播的一些社会救助的负面信息,对社会救助有一种隔膜感,他们支持或参与社会救助的愿望就要弱得多。因此,要形成各方力量大力支持社会救助的局面,要做很多工作,其中,加大宣传力度,发挥社会救助正向伦理道德舆论的导向功能,是一项基础性的重要工作。

道德舆论是为大多数人所认可的道德规范所形成的能够非正式地影响人们的思想、观念、态度或者一定程度上改变人们行为的道德风气。道德舆论具有导向的功能。当道德舆论成为一定范围内相对稳定的要求人们共同遵守的习俗和准则,必然会影响人们的观念和思想,并使人们按照道德舆论的要求自觉地调整自己的行为,尽可能使自己的行为符合道德舆论所认可的道德规范。道德舆论以非强制性的方式调节、影响人们的内心信念和价值标准,从而使人们朝着道德风气引导的目标行动。若要发动社会组织、企业、个人参与社会救助事业,一方面,社会舆论要对社会救助的现实行动给予积极、正面评价,对参与社会救助的主体的个体价值给予认可,能满足社会组织、企业、个人对善良、美好事物的道德追求。摩尔说过,给予也是快乐,因为给予别人快乐,可以得到同情的快乐、免受妨害的快乐、自尊的快乐。[①] 换言之,就是主体性个体价值得到了社会认可是最大的快乐。另一方面,社会的积极、正面评价,有利于

---

① [英]乔治·爱德华·摩尔:《伦理学原理》,长河译,世纪出版集团、上海人民出版社2003年版,第125页。

社会组织、企业、个人正面形象的树立，从而为企业、个人的发展创造了一个更为和谐的人际关系。事实上，非功利性、利他性的投资会给投资者带来更多的社会正面评价，带来更高的社会信誉和名望，从而使投资人获得更广阔的发展空间和更广泛的社会支持。因而，可以充分挖掘社会救助事业内含的道德意蕴，引导社会各界参与和支持社会救助事业。在社会救助的过程中，就要特别注意综合利用各种媒体，加大宣传力度，充分发挥伦理道德舆论的导向功能，才能使人们对社会救助有一个更全面更深入的了解和认识，才能使社会救助的意义深入人心，从而使人们踊跃参与、大力支持社会救助。如果能像希望工程、西部扶贫那样争取到类似中国扶贫基金会、中国青少年发展基金会等非政府组织的支持，就可以把社会救助的募捐范围从一地一区扩展到另一地另一区，从国内扩展到国外，就能在很大程度上弥补政府资金的不足，社会救助就可以获得更广泛更有力的支持，社会救助的可持续发展就能获得不竭动力。

第三节　大力推进社会救助的社区化发展模式

社会救助主要是解决了贫穷弱势或受困者的生存及脱困问题。穷困最直接反映在生活之中。而生活是具体的，是特定人群中，要使救助及时到位、公正公平，解决社会救助中如资金短缺，部门协调难，保障水平低，救助内容单一，管理的科学化人性化有待加强等问题。我们认为，可结合当前正在推进落实的社区化管理建设，把社会救助通过社区综合服务的管理平台，做实做到位。

一、社区服务管理与社会救助关注有共同的出发点和归宿点。对弱势群体物质、精神生活的关爱，及时有效的救助，也是当前推进的社区综合服务中心建设的主要内容之一。为了让人们过上幸福生活，当前社区综合服务中心建设中借助福彩的支持和各地方政府为民办实事的资助，整合社会资源，把社会救助纳入集文教娱乐、生活服务多项功能于一体的综合服务中心建设的内容。如，社区中最需要关注和救助的对象是老年群体。让社区中的老年人

"老有所养、老有所医、老有所教、老有所学、老有所为、老有所乐"的服务宗旨与对社会救助中对低保户等弱势群体的生活救助,让他们"居有其屋、食有其源、乐有其所、病有其医、寒有其暖"是一致的。总之,社区中的服务和管理的出发点和归宿点在于增进民生幸福,让人们在社会生活中权益保障,生活安全的同时,还能感受到社会的美好和幸福。

二、社区服务管理与社会救助有相同的筹措方式。当前社区综合服务中心的建设是一个政府主导,全面动员,多元参与的过程。民政、卫生、财政、街道办(新农办)等多部门配合的结果,在资金的来源上,也是多渠道、多方式筹集,经济欠发达地区基层政府资金更是有限,靠政府单方投入,很难完成任务。而社会救助项目本身也不是孤立的政府行为,常常有面向社会、广泛动员、多元参与的经验和基础。如救助资金,往往通过"几个一点"的办法多方筹集,救助过程强调民政、财政等各个部门的密切配合等。社会救助的蓬勃发展更是各界干部、群众、各方人士广泛参与、密切配合的结果。社区综合服务承接社会救助,通过社会救助的项目,可增强社区民众的关怀、互助意识,在多方筹措救助的过程中提升社区综合服务的品质,树立社区管理的良好形象。

三、社区服务管理与社会救助有相近的服务内容。从各地社区综合服务中心设置的服务范围和服务功能看大体是社区经济、社会事业、公共卫生、劳动保障、综合治理、文化体育的服务。社会救助不仅需要解决救助对象的吃、住、穿等基本生活问题,而且还关心他们的心理、情感等问题。社区定期为民众提供各种服务,适当地组织生产劳动,不定期地开展集体学习、娱乐活动。一些企业、行政、事业单位作为挂靠单位,一些共青团、中小学为开展社会服务活动也需要与社区建立共建关系。在具体的运行中,如果一个社区在社会救助上较为关注,有需要救助的对象,往往是这些企业、行政、事业单位、共青团组织、中小学校乐意结对子的社区。以弱势群体的服务和救助为基点,以困难户为主要对象,集医疗、娱乐、中介、维权、社会救助等于一体的综合社区服务平台更得居民认可,并受社会欢迎。

四、社区服务管理与社会救助有相似的管理方式。管理的规则化、规范化是社区综合服务中心与社会救助发展的规则化、规范化,并有现实的落点的工作管理方式是共同。社区综合服务实行的是自主管理,通过一系列的规章制度规范工作的职责,通过制定明晰的工作流程提高工作的效率,通过居民的自愿参与,自主管理降低管理成本。社会救助若要在微观管理也做得很规范,也需要社区服务管理的方式介入。大的社会救助项目在管理制度上,最终要落实到人,落实到在确定社区中生活的人们。各级民政部门的管理职责、社区居民委员会职责、受助对象等,共同构成了社会救助工作责任体系。充分发挥计生部门、共青团、妇联、学校、基层党组织对弱势群体及受困者的帮扶作用,通过单位与社区服务管理机构挂靠共建的方式,建构相对稳定的社会扶助机制。通过落实具体的社会服务管理人员的方式,使制度明确,工作流程明晰,责任与权利分明可促进社区工作的同时提高社会救助的受益面,扩大社会救助的正向社会影响力。

　　总之,社会救助犹如一缕和煦的春光,温暖着弱势群体及受困者无奈、无助的心灵。充分认识社会救助的伦理价值,共同关注和参与社会救助事业,在构建和谐社会和实现中华民族的伟大复兴的中国梦的历史进程中写下灿烂的一页。

参 考 文 献

1. 王海明、孙英：《美德伦理学》，北京大学出版社 2011 年版。

2.《马克思恩格斯选集》，人民出版社 1995 年版。

3. 史习成主编：《东方神话传说》第二卷（西亚、北非古代神话），北京大学出版社 1999 年版。

4. 翟文明、杨杰主编：《世界上最经典的 100 个神话故事》，中国和平出版社 2006 年版。

5. 袁珂主编：《中国神话传说》（上册），中国民间文艺出版社 1984 年版。

6. 赵霞主编：《西方神话故事》，天地出版社 2008 年版。

7. 邓殿臣主编：《东方神话传说》第五卷"佛教、耆那教与斯里兰卡、尼泊尔神话"，北京大学出版社 1999 年版。

8. ［俄］塞尔格叶夫：《古希腊史》，缪灵珠译，高等教育出版社 1955 年版。

9. 赵子仪主编：《诸子百家精粹》，中国纺织出版社 2007 年版。

10. 夏勇：《中国民权哲学》，三联书店 2004 年版。

11. 文聘元：《西方历史的故事》，百花文艺出版社 2001 年版。

12. 水渭松：《国学经典导读·墨子》，中国国际广播出版社 2011 年版。

13. 刘文泰：《古希腊城邦政制》，吉林人民出版社 2005 年版。

14.（晋）范宁注：《四库家藏 春秋穀梁传注疏》，山东画报出版社 2004 年版。

15. 焦循：《诸子集成》，中华书局 1954 年版。

16. 蔡勤禹：《国家社会与弱势群体：民国时期的社会救济（1927—1949）》，天津人民出版社 2003 年版。

17. 丁建定、杨风娟：《英国社会保障制度的发展》，中国劳动社会保障出版社 2004 年版。

18. 虞祖尧：《历代食货志今译》，江西人民出版社 1990 年版。

19. 线装经典编委会：《白话明清史》，云南教育出版社 2010 年版。

20. [古希腊]柏拉图:《理想国》,郭斌和、张竹明译,商务印书馆1986年版。

21. [英]约翰·斯图亚特·穆勒:《功利主义》,叶建新译,九州出版社2007年版。

22. 中国第一档案馆编:《乾隆朝上谕档》(第2册),档案出版社1991年版。

23. [法]皮埃尔·勒鲁:《论平等》,王允道译,商务印书馆1988年版。

24. [古希腊]亚里士多德:《政治学》,吴寿彭译,商务印书馆1965年版。

25. 邓云特:《中国救荒史》,上海书店1984年版。

26. 西北大学历史系分段标点,傅东华整理,(东汉)班固:《汉书·食货记》,中华书局1962年版。

27. 施谔:《淳祐临安志》(复印本卷7),江苏古籍出版社1988年版。

28. 李文海:《中国荒政全书》第1辑,北京古籍出版社2003年版。

29. (宋)范仲淹:《范文正公文集》,文渊阁四库全书本1987年版。

30. [德]汉斯·彼得·马丁·哈拉尔特·舒曼:《全球化陷阱——对民主和福利的进攻》,张世鹏等译,中央编译出版社1998年版。

31. 周辅成:《西方伦理学名著选辑》(上卷),商务印书馆1987年版。

32. 浙江事典编委会:《浙江事典》(上),浙江教育出版社1998年版。

33. 中共浙江省党史研究室、当代浙江研究所编:《当代浙江简史》,当代中国出版社2000年版。

34. 浙江年鉴社:《浙江年鉴(2001)》,浙江人民出版社2001年版。

35. [美]雅克·蒂洛、基思·克拉斯曼:《伦理学与生活》(第九版),程立显、刘建等译,世界图书出版公司北京公司2008年版。

36. 万丽华、蓝旭译注:《孟子》,中华书局2006年版。

37. (春秋)孔丘:《论语》,新疆青少年出版社2005年版。

38. 张以文主编,邬恩波、吴文亮译注:《荀子全译·荀子·子道》,三环出版社1991年版。

39. 唐凯麟:《伦理学》,高等教育出版社2001年版。

40. 中国社会科学院语言研究所词典编辑室编:《现代汉语词典》(第5版),商务印书馆2005年版。

41. 左丘明传,杜预注,孔颖达整理:《春秋左传正义》(上),北京大学出版社1999年版。

42. 应劭撰:《风俗通义》,中华书局1985年版。

43. (宋)朱熹:《四书集注》,岳麓书社2004年版。

44. 刘国盈:《韩愈》,北京出版社1979年版。

45. (春秋)老聃:《老子》,山西古籍出版社1999年版。

46. 巴克莱:《马太福音注释》(上册),方大林、马明初译,人民出版社1969年版。

47. 朱越利:《墨子》,辽宁教育出版社 1997 年版。

48. 张震点校:《老子·庄子·列子》,岳麓书社 2006 年版。

49. [古希腊]荷马:《荷马史诗》,何兆泉编译,戴晓明绘画,浙江少年儿童出版社 2003 年版。

50. 杨永胜主编:《古希腊罗马神话故事》(全译本),百花洲文艺出版社 2013 年版。

51. 章海山:《西方伦理思想史》,辽宁人民出版社 1984 年版。

52. [英]休谟:《人性论》,关文运译,商务印书馆 1997 年版。

53. 万俊人:《现代西方伦理史》(下卷),北京大学出版社 1992 年版。

54. 李德顺:《价值论》,中国人民大学出版社 1987 年版。

55. 李德顺、马俊峰:《价值原理》,陕西人民出版社 2002 年版。

56. 崔高维校点:《礼记》,辽宁教育出版社 2000 年版。

57. 许苏民:《人文精神论》,湖北人民出版社 2000 年版。

58.《四部精华》(史部经部)中的《尚书·无逸》,北京古籍出版社 1988 年版。

59. 杨伯峻、杨逢彬注释:《孟子》,岳麓书社 2000 年版。

60. (清)孙诒让注释:《墨子间诂》,上海书店 1986 年版。

61. 杜预注,孔颖达疏:《春秋左传集解》,上海人民出版社 1977 年版。

62. 蓝志流:《广西民政志》,广西人民出版社 1996 年版。

63. 丁建定、魏科科:《社会福利思想》,华中科技大学出版社 2005 年版。

64. [英]马尔萨斯:《人口原理》,朱泱等译,商务印书馆 1992 年版。

65. [瑞士]西斯蒙第:《政治经济学原理》,何钦译,商务印书馆 1964 年版。

66. [美]约翰·罗尔斯:《正义论》,何怀宏译,中国社会科学出版社 1988 年版。

67. [英]边沁:《政府片论》,沈叔平等译,商务印书馆 1995 年版。

68. (魏)曹植:《曹植集校注》,人民文学出版社 1984 年版。

69. [英]乔治·爱德华·摩尔:《伦理学原理》,长河译,上海世纪出版集团、上海人民出版社 2003 年版。

70. [美]刘易斯·科塞:《社会学名家》,石人译,中国社会科学出版社 1988 年版。

71. (春秋)孙武:《孙子兵法》,中央民族大学出版社 2004 年版。

72. 刘向集录:《战国策》,中州古籍出版社 2007 年版。

73. 田久川注译,王利器主编:《史记注释》,三秦出版社 1988 年版。

74. [英]约翰·穆勒:《政治经济学原理》(下卷),胡企林、朱泱等译,商务印书馆 1991 年版。

75. [加]R.米什拉:《资本主义社会的福利国家》,郑秉文译,法律出版社 2003 年版。

76. [德]弗兰茨·克萨韦尔·考夫曼:《社会福利国家面临的挑战》,王学东译,商务印书馆 2004 年版。

77. ［美］威廉姆·H.怀科特、罗纳德·C.费德里科：《当代世界的社会福利》，解俊杰译，法律出版社 2003 年版。

78. 戚小村：《论西方公益伦理思想的两大历史传统》，《湖南科技大学学报（社科版）》2006 年第 4 期。

79. 胡锦涛：《坚定不移沿着中国特色社会主义道路前进　为全面建成小康社会而奋斗——在中国共产党第十八次全国代表大会上的报告》（2012 年 11 月 8 日），《党建研究》2012 年第 12 期。

80. 中国共产党第十八届中央委员会：《中国共产党十八届三中全会公报》（2013 年 11月 12 日），《中国合作经济》2013 年第 11 期。

81. 刘厚琴：《汉代社会保障体制及其特征》，《开封大学学报》2004 年第 4 期。

82. 耿国彪：《汶川地震救援中国跑赢时间》，《绿色中国》2008 年第 11 期。

83. 方福前：《福利经济学前沿问题》，《光明日报》2000 年 4 月 20 日第 3 版。

84. 曹明睿：《社会救助法律制度研究》，西南政法大学 2004 年博士学位论文。

85. 国务院：《国务院关于建立健全普通本科高校、高等职业学校和中等职业学校家庭经济困难学生资助政策体系的意见》（国发〔2007〕13 号）。

86. 温家宝：《国务院：明年西部地区义务教育学杂费全免》，2005 年 12 月 23 日，见新华网，http://news.xinhuanet.com/politics/2005-12/23/content_3961514.htm。

87. Lewis, Hunter: *A Question of Values*, *Educational Review*, 1990 4（March）:31-36.

88. Wren, Thomas: *The Moral Domain*, *Philosophy Publication City/Country Cambridge*, Mass United States, Publication date 25 Apr.1990.

89. SB Simon, LW Howe, H Kirschenbaum: *H.Advanced Value Clarification*, *Activities*, *Publication Pfeiffer & Co*, Publication date 1.May.1977.

后　记

选择现实问题作为研究对象,对我来说是一种挑战。这是因为,它既要求"上得去",又要求"下得来"。换言之,它既要求有良好的相关理论的储备,以支撑研究理应达到的学术品位,又要求对相关现实问题熟稔于心,以规避空谈无益的风险。

不能说我就具备了上述研究现实问题的条件,但我还是尝试着接受这种挑战。置身于这个激越多变的时代,有些新生事物的涌现不能不令人怦然心动,从而萌生探究它的冲动。实践之树常青,理论就该总是灰色的吗? 作为习惯于做价值分析的伦理学研究者,若能在尽量掌握中国现实"是什么"的基础上,进而做一些"应该是什么","怎样去实现"的思考,我想是不无裨益的。

这种选择当然要付出代价。埋头去探究中外学者关于社会伦理、社会福利、社会保障制度等各种论文和著作,自然不足挂齿,对一个学习者来说,那是司空见惯的事。令人难以忘怀的是一个个酷热的暑假,冷峻的寒假,跑乡镇搞调研的情景:乘着那破旧颠簸、拥挤不堪的小公交车,闷热的空气不时散发出阵阵汗腥味;采访乡镇居民尚未结束,铺天盖地的蚊蚋借着渐降的夜幕,嗡嗡鸣叫着向人发起疯狂的进攻;与居民交谈,自己那半猜半就的方言,常常令人忍俊不禁……在我想打退堂鼓时,是夫君和女儿给我力量。女儿说:"妈妈,我们与您同行,我们支持您!"

应该说,这个项目的完成还是"互助协作"结果。我的老师苏平富教授、同事王国银教授、张钢成博士,是他们的鼓励和帮助,肯定了我的研究选题,并始终如一地给予悉心指导和帮助。王国银教授以一种宏大的视野,严谨的态

278

度,审阅了整个项目申报书。当项目立项后,王国银教授、苏平富教授、张钢成博士帮助我建构了一个更为合理、立点更高的研究框架。沈晓阳教授,陈维杰副教授、仇喜雪副教授对项目的研究给予了帮助,并对成果的写作提出了很有见地的意见。广西民政厅社会福利处孟光明副调研员、贺州市民政局救济科陈荣林科长、贺州市市委办黄盛光同志,在社会救助相关材料的提供、社会救助调研相关事宜的联系上给予我很大的帮助。罗艺荣、于秋良等协助我在他们的家乡开展调研,林秋琴、廖祖平、童谦平、彭亮等协助我发放、回收调查问卷。应该提到的还有很多人员和单位,篇幅所限,不复具示。对他们给予的无私帮助,谨在此一并致以深深的谢意!

往事如风,爱已成歌。我会怀着一颗感恩的心迎向未来……

陈 文 庆

2016 年 6 月于湖州

责任编辑:赵圣涛
封面设计:王欢欢　山　喆
责任校对:吕　飞

图书在版编目(CIP)数据

社会救助伦理研究/陈文庆 著. —北京:人民出版社,2017.5
ISBN 978 - 7 - 01 - 017509 - 6

Ⅰ.①社… Ⅱ.①陈… Ⅲ.①社会救济-伦理学-研究 Ⅳ.①C913.7

中国版本图书馆 CIP 数据核字(2017)第 058380 号

社会救助伦理研究
SHEHUI JIUZHU LUNLI YANJIU

陈文庆　著

人 民 出 版 社 出版发行
(100706　北京市东城区隆福寺街 99 号)

北京中科印刷有限公司印刷　新华书店经销

2017 年 5 月第 1 版　2017 年 5 月北京第 1 次印刷
开本:710 毫米×1000 毫米 1/16　印张:18
字数:265 千字

ISBN 978 - 7 - 01 - 017509 - 6　定价:49.00 元

邮购地址 100706　北京市东城区隆福寺街 99 号
人民东方图书销售中心　电话 (010)65250042　65289539